河南省高等学校哲学社会科学优秀著作资助项目

区域创新体系建设理论和实践研究
——以河南省为例

董红杰 著

·郑州·

图书在版编目（CIP）数据

区域创新体系建设理论和实践研究：以河南省为例／董红杰著. -- 郑州：河南大学出版社，2021.12
ISBN 978-7-5649-4945-7

Ⅰ.①区… Ⅱ.①董… Ⅲ.①区域经济-国家创新系统-研究-河南 Ⅳ.①F127.61

中国版本图书馆 CIP 数据核字（2021）第 260589 号

区域创新体系建设理论和实践研究——以河南省为例
QUYU CHUANGXIN TIXI JIANSHE LILUN HE SHIJIAN YANJIU——YI HENAN SHENG WEI LI

策划统筹	杨国安　谌洪波
责任编辑	林方丽
责任校对	张雪彩
封面设计	陈盛杰

出　版	河南大学出版社
	地址：郑州市郑东新区商务外环中华大厦 2401 号　邮编：450046
	电话：0371-86059715（高等教育与职业教育分公司）　网址：hupress.henu.edu.cn
	0371-86059701（营销部）
排　版	河南大学出版社设计排版部
印　刷	广东虎彩云印刷有限公司
版　次	2021 年 12 月第 1 版	印　次	2021 年 12 月第 1 次印刷
开　本	710 mm×1010 mm　1/16	印　张	15
字　数	246 千字	定　价	45.00 元

（本书如有印装质量问题，请与河南大学出版社营销部联系调换。）

本著作是以下项目的阶段性成果：

1.河南省高校哲学社会科学创新团队(2015-CXTD-09)：河南省国有企业混合所有制改革制度安排

2.教育部人文社科规划基金项目(20YJA790007)：基于遗赠动机约束机制的我国住房反向抵押贷款需求决策研究

3.河南省科技厅软科学项目(202400410100)："区块链+"背景下河南省城乡融合体制机制研究

4.河南省科技厅软科学项目(182400410416)：河南省产业集聚区体制机制创新研究

5.河南财经政法大学2021年度校级项目：全要素生产率视阈下县域经济高质量发展研究

前 言

知识增长与技术创新已成为社会经济发展最强大的驱动力,当今世界的竞争是各国科技实力及科技创新机制间的竞争。我国经济总量跃居世界第二,但创新仍是我国经济发展的"阿喀琉斯之踵"。2003年,十六届三中全会指出要加快建设国家创新系统。2003年11月,沪、苏、浙为提高地区创新能力,签订首个跨省区域创新系统建设协议;2004年2月,深圳市将建立健全区域创新系统作为提高地区竞争力、发展地区经济的重点;2004年3月,东北三省签订联合建立区域创新系统协议书。2006年国务院发布的《国家中长期科学和技术发展规划纲要(2006—2020年)》为区域创新活动的发展指明了方向,明确表示要将区域创新体系作为建设创新型国家战略的重要组成部分。2015年提出的新发展理念中,创新发展居于首要位置,创新发展理念是方向、是钥匙,是引领发展的第一动力。抓住了创新,就抓住了牵动经济社会发展全局的"牛鼻子",抓创新就是抓发展,谋创新就是谋未来。2020年10月,十九届五中全会指出坚持创新在我国现代化建设全局中的核心地位,强调深入实施创新驱动发展战略,完善国家创新体系,加快建设科技强国,提出在2035年要在"关键核心技术实现重大突破,进入创新型国家前列"。2021年9月6日,习近平总书记在可持续发展大数据国际研究中心成立大会上指出在世界正遭受新冠肺炎疫情的巨大冲击下,科技创新和大数据应用将有利于推动国际社会克服困难。

建设创新型国家需要立足于区域创新体系建设。区域创新是国家与区域创新体系的基础和重要支撑,也是创新型国家建设在具体领域的深化。20世纪 90 年代以来,国际上通过发展区域创新来解决城市化进程中出现的城市问题。党的十八大确定了我国自主创新的战略定位,国家发展战略的核心是建设创新型国家。中共十八届五中全会首次提出"创新、协调、绿色、开放、共享"的新发展理念,创新在经济高质量发展中居于引领地位。2012 年召开的全国创新型试点城市工作座谈会,提出应加快创新型城市经济快速发展。"2thinknow"全球创新研究机构最新发布的"2019 年全球城市创新指数"显示:全球创新型城市数量已从 2011 年的 311 个增加到 2016 年的 500 个。2019 年,美国纽约创新指数为 59 分,东京 58 分,洛杉矶、芝加哥、波士顿都进入前十名。亚洲城市排名整体出现上升趋势。中国共有 44 个城市进入前 500 强,北京位列第 26 名,上海第 33 名,香港第 56 名。该研究机构将创新型城市分为四个等级,其中北京、上海、香港属于创新支配型城市,深圳、广州属于创新中心城市,南京、天津、苏州、成都、武汉、郑州等属于创新节点城市,汕头属于创新新兴城市。

河南作为中部地区的重要省份,建设区域创新体系是转变经济增长方式,实现区域经济高质量发展的主要途径和现实选择;中部崛起战略在建设"三基地一枢纽"定位的基础上,又提出了"一中心四区"的新定位,区域创新体系是推进"一中心四区"建设的重要突破口。《2020 年河南省人民政府工作报告》中指出要把创新摆在事关发展全局的核心位置,把创新作为最强发展动能,作为提升区域竞争力的关键,以创新引领高质量发展。

本著作阐述了区域创新的基本内涵与主要特征,在比较研究国内外区域发展过程与经验的基础上,对近年来河南省区域创新发展现状与特点进行梳理,从产业、技术、制度与文化四方面构建出河南创新评价的总体框架和指标体系;在科学定位城市、企业、政府在区域创新中的作用的基础上,提出推进河南创新体系建设的对策,期冀能为河南省区域创新及经济高质量发展提供一定的经验借鉴。

本著作由河南财经政法大学董红杰教授撰写,因视野和能力有限,不足之处恳请各位专家赐教,交流邮箱:497436007@qq.com。

目 录

第1章 绪论 ... 1
- 1.1 现有区域创新研究成果述评 ... 1
- 1.2 区域创新的运行机制 ... 8
- 1.3 研究内容与创新点 ... 27

第2章 区域创新理论概述 ... 30
- 2.1 区域创新的理论基础 ... 30
- 2.2 区域创新的内涵、特征、模式和结构 ... 36
- 2.3 区域经济发展要素与区域创新体系模型 ... 60

第3章 国内外区域创新比较 ... 71
- 3.1 国内外典型区域创新 ... 71
- 3.2 区域创新发展模式比较 ... 97
- 3.3 区域创新发展战略比较 ... 99
- 3.4 国外区域创新对河南区域创新建设的启示 ... 100

第4章 区域创新评价指标体系构建 ... 102
- 4.1 区域创新评价指标体系构建要求及视角 ... 102
- 4.2 区域创新评价指标体系的总体框架及指标选择 ... 113
- 4.3 评价方法与模型 ... 120

第5章 河南创新体系建设的总体框架及实证分析 ... 128
- 5.1 河南区域创新体系构建原则 ... 128
- 5.2 河南创新评价指标体系的总体框架与路径设计 ... 130

5.3 河南创新评价指标体系的选择 ································· 135
5.4 河南创新体系建设的现状评价与难点分析 ······················· 138
5.5 河南创新体系建设的主要战略部署 ····························· 146
5.6 河南创新体系建设阶段安排 ··································· 155

第6章 河南产业创新体系建设 ······································ 158
6.1 产业创新与区域创新体系建设 ································· 158
6.2 河南产业创新现状 ··· 161
6.3 河南产业创新体系建设重点 ··································· 165

第7章 河南技术创新体系建设 ······································ 169
7.1 技术创新与技术创新体系建设 ································· 169
7.2 河南区域技术创新的现状 ····································· 172
7.3 河南区域技术创新体系目标 ··································· 174
7.4 河南区域技术创新体系的构建与优化 ··························· 175

第8章 河南制度创新体系建设 ······································ 183
8.1 制度创新与创新体系构建 ····································· 183
8.2 河南制度创新的现状 ··· 184
8.3 河南制度创新体系建设目标 ··································· 185
8.4 河南制度创新体系建设主要内容 ······························· 188

第9章 河南文化创新体系建设 ······································ 195
9.1 文化创新体系建设 ··· 195
9.2 河南文化创新的现状 ··· 197
9.3 河南文化创新体系建设的目标和主要内容 ······················· 200

第10章 河南创新体系建设的推进行动及保障措施设计 ················· 203
10.1 河南创新体系建设的八大专项行动 ···························· 203
10.2 河南创新体系建设的七大保障措施 ···························· 216

参考文献 ·· 222

第1章 绪论

1.1 现有区域创新研究成果述评

熊彼特(1912)提出的"创新"不仅将创新的领域由新产品、新材料、新方法引申到制度、管理及市场等不同领域,还有效地将生产要素与方式的变革纳入经济发展中。创新在社会经济发展中的作用举足轻重。目前,创新型区域已成为创新研究的重点,研究创新型区域的主要原因是美国硅谷的崛起凸显了区域在创新中的重要作用。硅谷是一个区域网络化的产业体系,公司间既相互竞争又相互学习。随着研究的深入,建设创新型区域也成为国际、国内促进经济增长的关键路径。

1.1.1 区域创新的概念与内涵

区域是经济与社会发展中一个必不可少的空间层次,且各区域存在着自然资源、人力资本、产业基础、科技发展水平、历史背景及文化环境等方面的差异。为了有针对性地解决不同地区的发展问题,提升其竞争优势和核心竞争力,西方学者提出了"区域创新"概念并开展了研究。区域创新理念一经提出就迅速得到了学术界的重视和研究,且在世界许多国家和地区得到了实施。

英国卡迪夫大学的库克(1994)教授进行了较早和较全面的理论及实证研究,库克、布拉茨克和海登里希1996年在《区域创新系统:全球化背景下区域政府管理的作用》中指出区域创新主要是由地理上相互分工与关联的生产企业、研究机构和高等教育机构等构成的区域性组织体系,这种体系支持并产生创新。区域创新应包括:进行创新产品生产供应的生产企业群,进行创新人才培养的教育机构,进行创新知识与技术生产的研究机构,对创新活动进行金融、政策法规约束与支持的政府机构,金融、商业等创新服务机构(刘曙光等,2001)。其他学者也从不同角度论述了区域创新的概念。区域创新系统指由某一地区内的企业、大学和科研机构、中介服务机构和地方政府构成的创新系统(冯之浚,1999)。杨思莹(2019)指出区域创新是一个创新网络体系,由主体、环境和连接三个部分构成,包含社会、经济与技术三大领域,具有输出知识技术、输出物质产品和输出效益三种功能。柳卸林认为区域创新是在一个地区内,由各类创新主体形成的制度、机构网络,其目的是推动新技术的产生、使用。柳卸林(2003)还指出由于不同地区有着不同的创新制约因素,如不同的价值观念、制度框架、消费习惯、产业专有因素,造成了区域创新体系的不同,这些因素是创新型区域的内核,是地区经济获得核心竞争力的关键。黄鲁成(2000)认为区域创新是指在特定的经济区域内,各种与创新相联系的主体要素、非主体要素以及协调各要素之间关系的制度和政策网络。区域创新系统(Regional Innovation System,RIS)是指在一定的地理范围内,经常地、密切地与区域企业的创新投入相互作用的创新网络和制度的行政性支撑安排。区域创新系统的研究是建立在国家创新系统研究的基础之上的(任强,2019)。

2006年1月,欧盟委员会正式提出创建"创新型欧洲"的战略,强调只有依靠研究和创新才能实现将欧盟创建为最具活力和竞争力的知识社会的目标。该战略的核心有三个方面:形成激励创新的市场机制,加大研究创新的资源投入,提高人才、资金和组织机构的灵活性。

1.1.2 区域创新的空间结构

空间结构的研究主要涉及以下几个方面。

①区域创新空间网络的研究。广义的区域创新网络应等同于区域创新系统,狭义的网络则侧重其空间特征。伦德瓦尔和西都(1992)指出网络的两大组成部分为要素和关系,关系包括实体中的网络、理论研究中的网络和分析方法上的网络。依克纳梅第斯(1995)在其题为"网络经济学"的论文中对网络的结构类型进行了划分。部分文献指出区域性网络对于传递可编码的规范化

信息和不可编码的隐含信息在实现创新的过程中起到重要作用。部分学者对实际地域空间网络进行了实证研究,如格罗兹和布朗(1997)对德国技术工程产业地域网络建设的研究。赵雨涵(2017)运用最小生成树法,测度分析了中国区域创新空间关联关系以及中国区域创新网络结构的动态特征,得出中国区域创新活动具有明显的空间关联性,并随着时间的推移显著增强。宋旭光(2018)采用复杂网络理论以及二次指派程序(QAP回归分析法),分析研究中国创新型区域的空间结构网络及其主要影响因素,以及各区域板块在网络中的关联性地位、作用以及彼此之间的关联机制与传导路径。

②区域创新集群的研究。克鲁格曼(1991)、哈里森(1992)、斯卓坡(1992)、朗赤(1993)、梅季布姆(1995)等对区域创新集群出现的原因和地域特征进行了理论探讨,指出参与竞争是高技术企业出现集群的原因,而那些规模小、专业化程度高和灵活性强的企业倾向于聚集在高度创新型区域。部分学者对世界著名高新技术产业聚集地区进行实证研究,如萨克森宁对美国硅谷和美国东北部128号公路地区的创新集群进行了对比研究,分析其形成的原因和存在与发展的特征;哈森克和伍德(1998)在对德国耶拿光学工业集群和慕尼黑电子产业集群进行的实证研究中指出:高技术产业的地理聚集并不一定产生区域研究与开发的合作及区域创新现象;巴斯(1998)对以政府主导为特色的日本园区进行了研究。

③传统产业区创新研究。郝麦尔(1995)对欧洲老工业区的创新与重建进行了比较研究,对德国北莱茵-威斯特伐利亚地区创新进行了实证分析;库克对英国威尔士地区创新系统建设进行了研究。

④对创新型区域差异和空间扩散的研究。卡尼尔斯等(1996)对创新地区差异及扩散研究进展进行总结与评价,认为从新古典主义经济增长理论来看,主导理论是积累因果关系理论和不完善扩散理论,并提出新的创新扩散模型;马尔塞斯和沃斯潘根(1998)对欧洲知识创新扩散及其对区域创新系统的影响进行研究;何明俊等人(2019)利用社会网络分析法(SNA)以数据关系为基础分析区域创新空间的结构特征,借用数学中的图论和矩阵等理论系统研究创新型城市的空间结构特征。

1.1.3 区域创新的组织结构

区域创新的组织创新不同于企业为实现技术创新所进行的组织创新。企业创新的组织主体要素为企业家、科技人员、技术工人、营销人员等;创新型区域的组织主体要素是企业、政府有关部门、科研机构和高校、中介机构等。此外各主体功能不同,主体间的协调机制也不同。目前这一方面的研究主要涉及三方面内容:①各主体应当如何创新才能使其功能归位,如企业作为技术创新的核心主体,如何实现对创新进行投入、实施研究开发并将创新技术商业化的功能;政府作为技术创新的引导者和维护者,如何实现制定政策、制度和规划,提供共性技术和设施的功能;科研机构(包括政府的、企业的与高校的科研机构)与高校是技术创新的铺路石,如何实现提供创新所需的知识源、技术源、人才源的功能;中介机构(咨询机构、技术市场、工程中心、产学研联合体、创业中心)是创新主体的联系者,如何实现催化创新技术商品化的功能;②各创新主体之间应当建立怎样的协调关系,以适应区域创新活动的需要;③区域政府应当建立怎样的组织机构,以便有效地管理创新活动。

弗里曼(1987)对国家创新系统组成单元进行研究后,波特、伦德瓦尔(1988,1992)、帕威特(1994)等进行了进一步探讨,企业、大学、科研机构、教育部门和政府部门被认为是区域创新的主要构成部分,OECD(经济合作与发展组织)认为还应包括中介机构。伦德瓦尔认为"学习"是单元间的主要关联形式,帕威特认为"激励"是其主要关联形式,OECD则认为是"知识流动"。关于组织机构间的作用,学者们认为主要包括企业之间(包括大小企业之间、跨国公司与地方企业之间)、大学与企业、独立R&D(研发)机构与企业、地方政府与其他创新机构之间在创新方面的结合,即通过各种创新要素和创新产品在机构间的流动实现。组织结构整体变动研究主要包括整体创新过程和适应性变化。

1.1.4 区域创新的创新过程

区域创新过程的研究主要包括以下几个方面。

①区域创新运行机制。目前取得共识的是学习机制,包括组织学习机制和集体学习机制。冯之浚(1999)认为区域创新的运行机制主要包括利益驱动

机制、学习培训机制、决策信息机制、竞争协作机制。

②区域创新模式研究。研究者认为自主创新、模仿创新和合作创新是三种基本技术创新模式，而在区域创新模式研究中，文献涉及较多的是通过区域内企业、R&D机构等与其他区域进行合作而实现的区域合作创新模式。任强等(2019)借鉴区域创新理论系统，将区域创新系统划分为四个子系统，即创新投入子系统、创新产出子系统、创新扩散子系统、创新支持子系统，并构建出衡量创新型区域系统协同发展的指标体系。

③区域创新演化过程研究。主流观点认为区域创新系统的发展演化与自身的发展基础密切联系；部分文献认为区域创新系统的演化与横向经济技术分工与合作关系密切。阿卜杜勒(1998)指出城市的专业化和多样化程度取决于因专业化带来的规模经济和多样化带来的运输成本间的平衡。马静(2019)通过研究发现大部分具有知识溢出效应的创新型城市集中分布在经济发达和交通便利区域，多以服务业与高技术产业为主导产业，人力资本所产生的隐性知识溢出效应具有一定的滞后性。刘乃全(2016)证明了城市产业的多样性对高技术产业发展与科技创新的重要作用。程开明(2013)指出高质量的人力资本需要多样化环境促进不同知识主体的接触，促进新知识与新理念的诞生。

1.1.5　区域创新的创新环境

创新环境研究是学术界创新研究的重点领域之一，其研究主要动向包括以下几点。

①对不同层次区域创新环境的研究，主要倾向于对与区域内企业或企业集群创新相关联的区域社会环境的研究，对区域范围之外的区域创新背景研究则较少涉及。金浩(2019)采用QAP回归分析法和社会网络分析法，总结出中国区域创新网络水平大致呈东高西低的格局，其中我国东部地区城市大多处于创新型空间网络的核心地位，地理位置、经济基础、创新资源投入是影响创新网络空间溢出的主要因素。何明俊等人(2019)对创新型区域的创新环境研究得出三个特征。一是复合链接的集群化特征：中国创新型区域在空间视阈的角度呈现出较为明显的网络化特征，演变为由点及面、从主体创新城市到多元化协同创新的复杂网络系统，有明显的核心点和子群。二是网络中心差异化特征，通过对55个创新型城市的点度中心度进行对比，得出创新型城市

在区域创新网络中与其他城市的联系较为紧密的结论。三是地理分布的梯度化特征,以我国人口密度的"胡焕庸线"为例,可发现创新型城市的高值区主要分布在"胡焕庸线"东侧,空间分布特征十分清晰。

②对区域创新环境的动态过程研究,主要分析创新环境的过程演化规律、发展道路或轨迹,如英国剑桥大学战略管理研究所的甘希(1998)指出高技术产业的区域创新环境具有发展过程的遗传特征;达曼珀尔和高帕拉克里斯南(1998)研究了环境变化对区域创新组织结构的影响;李远(1999)研究了创新环境的协同发展过程;邵汉华(2018)通过对创新环境的价值链进行研究,将空间创新分为研发创新阶段和经济转化阶段,同时指出在研发创新阶段网络的稳定性趋于下降状态,在经济转化阶段网络的稳定性则趋于上升状态,但总体上两个阶段的区域创新空间的关联性是逐渐增强的。

③区域创新环境研究:重点研究区域内企业(包括跨国公司和地方中小企业)与区域环境的相互作用问题,如研究跨国公司如何在实现全球经营战略的同时与地方经济有机结合,对于中小企业则侧重于如何优化其实现创新的区域环境。

④区域整体创新环境优化研究,主要从地区政府的角度,分析如何优化其所辖范围内的地域生产(包括物质生产和知识生产)系统的整体环境,以提高区域经济技术的整体竞争力,如麦拉特(1998)等人对区域创新环境与区域政策关系的研究。国内创新环境研究主要立足当地独特的社会文化环境、制度环境和市场环境进行实证分析研究。胡晓鹏(2006)认为城市利用资源的能力是由人力资本、知识要素、制度环境的发育程度所决定的,徐景芝(2010)和Lee N(2011)特别强调制度环境是创新型城市创新能力提升的重要保障条件。谭俊涛(2014)认为创新能力主要体现在技术、产业、制度、文化等方面。

1.1.6 区域创新和创新型城市建设

关于建设模式的研究,魏亚平(2014)构建创新驱动要素评价模型,并运用熵值法对20个创新型城市的创新驱动要素能力水平进行评价。马双和曾刚(2019)以网络视角为基础对2015年我国排名前十城市的区域创新特征和建设模式进行了研究,发现我国十大城市的区域创新建设模式存在明显的差异性。杨开忠(2006)从政府实施的角度将建设模式归纳为自上而下法、自下而上法、上下结合法等三种;涂成林(2005)从动力角度将其归纳为市场牵引型、研发驱动型、政府主导型、重点扩散型等四种模式;有文献从区域发展的角度将其归纳为集成提升型、梯次转移型、特色创新型、虚拟引进型、组合创新型等五种模式。而关于建设实践的研究,国内外各级政府与研究机构就当地实际情况提出过众多方案、建议与对策。创新型城市可借助创新网络溢出效应来提高创新型城市的知识创新资源配置能力,提高区域创新整体水平。

Landry最早系统界定了创新型城市的概念,西方学者将创新型城市分别表述为强调创造性文化的"Creative City"(Florida,2002;Sasaki,2010)和强调创新要素的"Innovative City"(Simmie,2004;Hall,2000)。国内外对创新型城市的概念并没有形成统一认识。Hospers(2003)根据城市发展历程将创新型城市分为四类:技术创新型城市、文化智力型城市、文化技术型城市和技术组织型城市。杨冬梅(2006)认为创新型城市是将创新作为核心驱动力的一种城市发展模式,将创新型城市的发展模式划分为政府主导型、市场主导型和"政府引导+市场驱动"的混合型。我国科学技术部和国家发展改革委员会将创新型城市定义为以科技创新为经济社会发展的核心驱动力,拥有丰富的创新资源、充满活力的创新主体、高效的创新服务和政府治理、良好的创新创业环境,对建设创新型省份和国家发挥显著支撑引领作用的城市。目前国内外学者主要从城市的创新能力和城市的创新绩效来评价创新型城市。在创新型城市绩效评价上,国际方面主要有国家创新能力指数(National Innovation Capability Index)、硅谷指数(Silicon Valley Index)、全球创新指数(Global Innovation Index)和欧盟创新记分牌(European Innovation Scoreboard)等对创新型城市进行评估;国内主要有"中国城市创新能力科学评价"体系,主要从城市的基础创新能力、应用创新能力和品牌综合创新能力三个方面进行评估。金碚(2018)认为发展质量高低应以能否满足人民日益增长的美好生活需要为准则,不能局限于单纯的以物质需求为代表的经济领域,应拓展至优质的生态环境与和谐的社会发展等方面。

综合国内外的研究现状,区域创新的理论框架初步建立,但体系尚不健全,主要表现在:区域创新的科学定义不明,国内外学者对于创新型区域都不曾做出一个明确的界定,与此同时还出现了很多诸如创新型社会、知识型国家、知识型社会等相似概念;国家层次以及跨国家层次的区域创新研究和实践较多,普通地区或落后地区的区域创新研究和实践较少;区域创新的一些主要研究领域被切割成独立的部分,如区域创新体系、产业集群、创新政策等,而每一部分又是由不同学术背景的学者分别研究,导致没有更高层次的理论体系将其各部分有效整合,使得区域创新的理论研究缺乏系统性;研究者多从"技术-经济"范式出发,对于技术创新问题研究较多,忽视对制度创新与文化创新以及三者之间相互关系的研究。

我国在区域创新基本理论研究方面进展较快,但目前总体上研究和建设实践仍处于探索阶段,主要表现在:在创新环境优化方面尚无具有可操作性的举措;创新型区域建设成功案例有限;许多省市制定的区域创新建设规划(实施方案)中创新目标相似,看不出彼此之间谁真正有所创新,尚不能充分为政府决策提供科学的依据和可操作的对策;在研究方法上,以对具体区域创新的研究为主,局限于个体案例的经验总结和定性分析。

1.2 区域创新的运行机制

区域创新本身是一个不断发展与变化的系统,这不仅表现为创新活动环节的衔接与转换,还表现为主要在区域内形成自身运作机制,在外部环境系统作用下实现区域创新的发展与演化,所以别人的成功经验往往难以复制。但一般而言,一个创新型区域的发展往往要经过孵化阶段、成长阶段、成熟阶段与衰退阶段。对于那些具有不同产业特征,处在不同发展阶段,以及位于特定区域间关系中的创新型区域而言,虽然它们有着不同的发展过程与经验,但往往都表现出一种路径依赖的特征,具有相似的内部运行机制。对国内外先进经验的学习与借鉴不是对其具体发展模式、路径、战略及政策的直接模仿,而应结合区域发展路径依赖特征,建立起一套完善的创新型区域运行机制。

1.2.1 区域创新发展中的路径依赖

1.区域创新的路径依赖机制

从一定意义上讲,建立创新型区域就是一个区域变迁过程。然而,不同地区在建立创新型区域过程中为什么会出现不同绩效,甚至两种截然不同的结果,路径依赖理论提供了一定的解释。

1) 路径依赖理论

路径依赖指一个具有正反馈机制的体系一旦在外部偶然事件的影响下被系统所采纳,便会沿着一定的路径发展演进,而很难为其他潜在的甚至更优的体系所取代。Brian Arthur 最早对技术演变过程的自我增强和路径依赖性质作了开创性研究。他指出,新技术的采用往往具有报酬递增性质。由于某种原因首先发展起来的技术通常可以凭借先占的优势地位,利用规模降低单位成本,利用流行引发的学习效应和行为者采取相同技术产生的协调效应得以推广开来,从而实现自我增强的良性循环。相反,一种品质更为优良的技术却可能因为晚人一步而陷入恶性循环,甚至被"锁定"在某种无效状态之中。诺斯进一步把技术变迁中的正反馈机制扩展到制度变迁中,用路径依赖概念来描述过去的绩效对现在和未来的巨大影响力。他指出,在制度变迁中同样存在着报酬递增和自我强化的机制,这种机制使制度变迁一旦走出了某一条路径,它的既定方向就会在往后的发展中得到自我强化,所以人们过去的选择决定着他们现在可能的选择,沿着既定的路线,制度变迁可能进入良性循环后的轨道并迅速优化,也可能顺着错误的路径走下去,甚至被"锁定"在某种无效率的状态中。要改变这种状况,往往要借助于外部效应,引入外生变量或依靠政权的变化。

2) 路径依赖的运行机制

由以上可知,路径依赖具有客观规律性,其运行机理可概括为给定条件、启动机制、形成状态、退出闭锁等过程。"给定条件"指偶然事件的发生。"启动机制"指系统中的正反馈机制随给定条件的成立而启动,其表现为投资一大笔初始成本建立一项制度,适应制度而产生的组织抓住制度框架提供的获利机会,产生学习效应,通过组织间相互缔结的契约实现协调效应,随着以特定制度为基础的契约的普遍履行,适应性预期产生,使这项制度持续下去的不确定性因素随之减少。"形成状态"指正反馈机制的运行使系统出现某种状态和结果,系统演进的路径决定于系统的初始状态,系统一旦采纳某方案,该系统的演进路径便会出现前后连贯、相互依赖的特点。"退出闭锁"指通过政府干预和一致行动实现路径替代。路径依赖的运行是由构成它的要素策动的,这些要素包括偶然性事件、行为主体、制度、市场、政府、压力集团和意识形态等。同时,其运行是依赖宏观环境的,这个宏观环境就是制度变迁体系。

3) 区域创新的路径依赖特点

创新是一个重大的技术、社会和制度的变迁过程,这种过程具有路径依赖的特征是不言而喻的。区域创新有自身的特点,我们之所以把一种变迁(技术的、社会的、制度的)称为创新,是因为它促使区域社会经济得到普遍改善、整体提高或对社会发展带来积极影响。这种变化具体体现在产业结构升级、经济结构趋向合理化、社会文明程度提高、社会结构变迁、人民生活水平提高以及人居环境改善。构建创新型区域就是要把这种发生在区域中的零星的、局部的创新活动系统起来,从而产生协同效应。可见,区域创新与制度变迁的轨道有着不可分割的联系。有一些区域建立的创新型区域与原来的制度、结构和历史相匹配,即制度变迁极大地调动了人们的积极性,使得人们不受约束地把一切可以利用的资源都用来从事收入最大值的活动,产生了协同效应,取得了创新成功,于是出现了市场的发展和区域经济的增长。这反过来又成为推动制度进一步变迁(创新)的重要因素,从而出现互为因果、互相促进的良性循环局面。而另一些区域所建立的创新体系与原来的制度、历史无法很好地协调,而是带来了观念的、技术的和政策上的"锁定"。在"锁定"的轨迹中,制度变迁这把"双刃剑"不能给人带来普遍的收入递增,而是有利于少数特权阶层的利益需要,因而这种制度不仅得不到支持,反而会加剧不公平竞争,导致市场秩序混乱和区域经济衰退。因此,建立创新型区域就是区域内重大制度的变迁过程,在此过程中,应尽力避免坠入"锁定"的陷阱。

2. 区域创新发展中形成路径依赖的主导性制约因素

主导性制约因素塑造了各国创新型区域的发展轨迹的基本特点。一般而言,主导性制约因素主要是指与一个国家特有的历史、文化、制度与思想观念等相联系并且对创新实绩有着直接影响的诸多因素。它主要包括以下几个方面。

1) 历史背景

创新型区域是在市场选择的基础上经过长期的历史发展而逐步形成的,并且受到社会制度、传统文化以及民族习惯等因素的强烈影响。研究表明,每个国家都具有沿技术轨迹发展的倾向,而技术轨迹受这些国家各自的过去和现实知识积累和应用状况的影响。好的经验是大量存在的,但是,这些经验往往难以复制,因为它们是与获得经济发展的特定条件紧密联系在一起的。一些历史经验的存在,很大程度上决定了目前以及未来区域经济技术发展的基本路径,这就是路径依赖。因此,创新型区域虽然不是一成不变的,它具有历史相对性,且随着历史条件的变化而不断变化、发展和扩大,但其基本方向和轨道不会发生根本性变化。

历史传统对于区域创新的发展有着直接而巨大的影响。以东亚地区为例,从历史上看,东亚地区不存在所谓的纯科学传统,现代科学技术基本上是从西方移植而来的。由于东亚国家的后起工业化性质,这个过程是从技术模仿开始的,而后逐步向技术吸收、技术能力培养过渡,最后才是科学研究的引进。这个历程与传统的技术创新模型刚好相反,与发达国家的历程也刚好相反。发达国家遵循着科学探索—技术研究—产品设计—产品销售的路线,而东亚国家则是遵循着合资生产—产品设计—技术研究—科学探索的路线发展的。这或许可以看作是后起工业化国家的普遍做法,也是后发性优势的实现形式之一。在这个过程中,东亚国家普遍非常重视科学教育,一般都在经济尚不发达的情况下很早就建立起了非常发达的科技教育和培训体系。但在历史上,这种教育事实上是一种应试教育,教育的主要目的不是科学技术研究,而是应试做官。然而,一旦认识到西方先进国家的船坚炮利之后,东亚国家的现代教育进程就开始了,官本位的教育转变为商本位的教育。在这个过程中,东亚国家培养了大批能够鉴别和吸收现代科学技术知识的人才,从而为引进西方先进科学技术奠定了基础。另外,东亚地区现代意义上的企业也是从西方国家引入的,但具有典型的东方色彩。东亚各国在建立现代企业制度方面各具特色,比如日本的企业系列制、韩国的大企业制度、中国台湾的中小企业制度、新加坡通过引进跨国公司发展本国经济等等。在这个过程中,历史因素的作用体现得淋漓尽致。

2) 制度因素

制度可以定义为"一个社会中决定人们之间相互作用的游戏规则",它们由正式规则(国家法律、习惯法、规则)和非正式规则(传统、行为规范)以及两者的实施特点组成。制度决定着资源配置、竞争规则以及企业行为,重要的经济制度包括资本市场、劳动力市场及公司治理。技术系统的制度基础设施可以理解为一整套制度安排(包括体制与组织机构),它直接或间接地支持、刺激和管理着技术的创新与扩散过程。这种制度安排可以分为两大类:一是基本制度和政府的作用,二是知识生产与分配的研究开发系统。一个完善的市场经济应该有三套制度,即市场制度,包括企业制度与金融制度;稳定化制度,包括财政制度与中央银行制度;科学制度,包括产权保护等。随着经济社会的发展,第二套、第三套制度也受到了越来越多的重视,其作用越来越重要。20世纪90年代以来美国经济的持续稳定增长,主要就是由于包括对通货膨胀的治理在内的第二套制度在20世纪90年代比在70到80年代更有效率。而且,随着新经济的到来,科学制度越来越多地影响新经济。在许多情况下,新经济的产权制度等可能与传统市场经济的有所不同,即传统的市场经济制度强调保护产权,而新经济对抽象的发明可能有不同的制度形式,确切地讲就是弱化产权,只有这样才能有利于思想的发明和传播,才能更加促进新经济的增长。

在一个创新型区域中,作为约束人们日常政治和经济等行为的规则而存在的制度、为保护创新及知识产权而设计的规则及恰当的法律与法规是制约或促进创新活动的重要因素,也是主导性制约因素的重要内容之一。因此,发展创新型区域重要的是创造一个能够使用户与生产者获得必要知识与能力的制度框架与组织形式。

3) 社会文化

文化因素对于一个地区的经济增长有着直接而明显的影响。以工作勤奋、敬业乐群、关系和睦、协调合作为主要内容的新儒家文化比西方的新教伦理更有利于经济增长。一些源于儒家思想的价值观,比如说对现实世界的进取态度、讲究纪律和自求多福的生活方式、对权威和节俭的重视以及对稳定的家庭生活的强烈关切等,与人民的工作伦理和整个社会的态度有着直接的关系,而这正是理解经济奇迹的关键。具体说来,儒家文化对经济发展的突出作用主要表现在三个方面,即儒家的行仁政思想转换为一种国家导向的发展主义;儒家的家庭本位思想与家族伦理秩序在经济现代化过程中转换为推动家族资本主义发展的契机;儒家思想重视教育与机会均等的教育思想转化为对人力资源的大力开发。因此,传统文化并不是完全被动的,它在新的历史条件下可能发挥出独特的适应力、内聚力与活力。

4) 思想观念

一个社会的思想观念或者说价值观对创新者的行为有着直接影响。以美国为例,作为一个移民社会,美国既是一个文化大熔炉,也是各种思想观念时刻在激烈碰撞的国度。长期的西进移民更使美国孕育出了一种独特的拓荒精神。这种以开拓进取、鼓励冒险为核心的拓荒精神又成为美国技术创新和经济发展的重要精神基础。这是因为创新不仅仅是一个经营机制或技术过程，它首先是一种社会现象。通过创新，个人与社会表达了他们的创造性、需求和愿望。通过创新的目的、方法或结果，创新与其所产生的社会条件紧密地结合在一起。创新是通过交流、比较、相互作用和混合而兴旺起来的。思想的"杂交"和个人的流动性，特别是研究领域、大学和工业界的思想"杂交"和人员流动性，对于开发和传播新的知识是很重要的。每个社会的历史、文化、教育、政府和慈善组织以及经济结构决定了社会产生并接受新事物的能力。从这个意义上说，创新在本质上是一个累积的过程，需要越来越多的合作伙伴参与其中。因此，对成功的创新企业来说，雇员的主动性和积极参与是极为重要的，而这种主动性和积极参与又会受到社会文化和价值观的强烈影响。

总之，主导性制约因素的存在及其在创新过程中的作用意味着任何创新型区域都有其内在的稳定性与合理性，即任何创新型区域都是在一定的历史发展阶段上，在一定的制度框架、社会文化及思想观念的约束下形成的，因而是符合当时当地的社会经济状况的。所谓稳定性，即在主导性制约因素的作用下，在一定的历史时期内，创新型区域的基本内涵与相互作用方式不会发生根本性的变化，类似于物理学中的"惯性"，一旦进入某一路径（无论是好的还是坏的），就可能对这种路径产生依赖。这种"惯性"建立以后，主导性制约因素不断加强区域发展方向，虽然一些相对无效的选择，局部或暂时地使区域发展偏离原先既定的轨道，但根本性制约因素在与这些因素的较量中占据上风，不断自我强化。这些区域特殊的历史传统、地理环境有自己的体制框架，往往决定着其企业的管理模式、研究部门的组织方式和政府资助研究的定向程度，也决定着不同机构之间的作用方式，这使得区域发展表现出一种路径依赖的特征，从这个意义上说，我们将创新型区域视为主导性制约因素的函数也未尝不可。

3. 主导性制约因素"锁定陷阱"

主导性制约因素对创新型区域的影响是通过对创新型区域各组织因素彼此之间相互作用的途径、方式、强度、方向、规模等的影响而展开的。从这个意义上讲，创新型区域各个要素的相互作用就是主导性制约因素发挥作用的主要载体。"锁定"是由于存在正反馈环路,这种环路将技术、产品与市场的开发与产业以及支持性机构的发展联系了起来。然而,这些机构也可能因为各种负反馈环路以及"锁定"效应的存在而延误技术—产品—市场组合的发展。当各要素之间的关系以存在许多正的、不断强化的和负的、抑制性反馈环路为特征时,过程的动力学就变得高度非线性了,使趋势的外推变得非常危险,而且结果的预测也变成不可能的了。这些系统被称为复杂系统。

之所以如此被"锁定"到低效率路径,一个重要原因就是,在创新型区域中,系统的知识配置力比知识的生产更重要。与创新有关的知识配置包括知识在大学、研究机构和产业界之间的配置,知识在市场内部以及在供应者和使用者之间的配置,知识的再利用和组合,知识在分散的研究开发项目之间的配置以及两用知识(军用和民用)的开发。创新型区域的知识配置力影响到在其中从事创新活动的风险的大小、获得知识的速度以及社会资源重复浪费的程度。系统的知识配置力是创新型区域效率的重要衡量指标,是经济增长和竞争的决定性因素。而当一个创新型区域的系统配置能力降低或者不能有效地发挥作用,从而导致上述的学习、知识扩散、知识流动与网络等不能有效地实现时,"锁定陷阱"的现象也就出现了。一般而言,创新型区域中的"锁定陷阱"主要表现为以下几个方面。

1) 学习失效

企业或者政府不能快速而有效地学习,或者说其学习能力或效率不高。当一个企业不能有效地鉴别技术突破所带来的商业机会或者是不能有效地吸收这种新技术时,就意味着学习失效的发生。之所以出现这种情况,首先是因为企业缺乏足以引起创新扩散和创新能力积累的研究开发能力,其次是因为缺乏高层次的人力资本积累,再次可能是因为技术和市场知识向企业员工的扩散不充分,最后组织上和管理上的缺陷也是失败的因素。要想使技术成功,企业需要掌握一系列适用的技能和联入知识网络的能力,也需要拥有使技术和流动适应自身需要的能力。在这个过程中,没有有效的学习技能和高水平的学习能力,科学技术知识的循环流转和应用就会相应地受到影响,从而导致整个区域创新的学习失效。

2) 制度因素失效

基础设施失效包括制度基础设施的供给和投资方面的失效。在创新型区域中,企业和基础设施之间的相互作用有着至关重要的意义。在这里,基础设施首先是指物质方面的,包括与能源和通信相关的物质设施以及诸如大学和公共部门支持的技术机构等科学技术基础设施。基础设施缺乏,特别是制度相关基础设施缺乏,往往会使创新型区域不能有效地发挥作用,从而导致"锁定陷阱"。

3) 制度因素转型失效或锁定

产业可能被锁定到现有的技术,而且不能跃迁到新的技术。这主要是指技术系统转型的失效,即企业或经济整体不能够及时有效地完成从效率较低的技术系统向效率较高的技术系统的转移,因而处于被锁定的状态。动态的学习过程意味着关于技术的知识基础存在着或多或少的非连续性变化。技术锁定的现象暗示着公司、产业界甚至整个经济的适应性问题。政策的重要任务是鉴明这种转变,并加强公司、产业界在这些转变发生时的适应性。技术上的单一化较之生态上的单一化更加危险,甚至当一种技术成熟并且显示出明显的优势和规模经济时,保持灵活性并培育重要新技术和工作组织的替代资源仍然是非常重要的。

4) 制度因素协调失效

系统方法非常强调作为创新的推动力量或阻碍力量的制度或调控框架,包括协调不同的主体和创新系统内部的活动、激发适当的联系或者影响替代主体的预期等。政府应该确定导致阻碍创新系统功能的发挥、阻塞知识和技术的流动,并最终降低R&D总体效益的系统失效的原因,需要将技术的创新政策与总体经济政策整合起来,在管理知识方面扮演一个集成的角色。

4.典型区域创新路径依赖——硅谷与筑波的案例

硅谷是美国加利福尼亚州面临太平洋的条状平坦谷地,面积约1500平方千米。硅谷原来是一个以种植杏树为主的农业地区。到20世纪初,技术创新开创了历史先河;50年代,在斯坦福工业园创立高新技术产业基础(1951年决定建园,1955年园内有7家公司);60年代,富有创新精神的微电子公司成长起来;70年代,有了自己的社会网络、产业基础、金融服务等创新环境;80年代,计算机工业占支配地位,产业结构国际化,新一轮创新公司迅速发展;90年代,成为世界信息技术和高新技术产业的中心。

筑波是日本政府尝试建立的第一个科学城。筑波完全由中央政府资助,以基础科研为主,属国家级研究中心,共有国家技术研究人员1万多人,博士3000多人,外来人员5900多人,另有短期停留外国人员约1万人。筑波有国家级研究与教育院所48个,它们分别隶属于多个政府部门和机构。自20世纪80年代以来,日本全国30%的国家研究机构及40%的研究人员都聚集在筑波。国家研究机构全部预算的50%左右投资在这里。

选取硅谷和筑波作为比较研究的对象主要是因为:首先,硅谷和筑波在其发展的某一个时期都曾声名显赫,被认为是创新区域的典范,但其发展路径却不相同,现状也大相径庭;其次,硅谷和筑波的区域文化分属于西方文化和东方文化,两者差异较大。下面分别对硅谷和筑波区域创新系统演绎发展的"原点",即硅谷和筑波刚刚建立或形成时的历史进行比较分析,以期找出两者形成不同的正反馈机制的原因。

1)在资金投入方面

很多对硅谷和筑波进行对比研究的学者指出硅谷的资金主要来自民间,包括风险投资、银行、股市等,而筑波的资金直接来源于国家拨款,并把这种不同归结为两个地区不同发展轨迹的重要原因。但如果在路径依赖的理论背景下用历史的眼光看待这个问题,可以发现硅谷在早期形成的时期,其资金同样来自国家拨款。

在硅谷发展的早期,美国政府为了发展国防工业为硅谷的发展提供了充裕的资金支持。早在第二次世界大战以及朝鲜战争时期,硅谷由于临近旧金山港湾和众多大学(如斯坦福大学)而成为这一时期国防工业的聚集地。美国国防部门为了在"军备竞赛"以及太空技术上保持领先,投入了大量的资金用于开发先进技术。为了能够获得稳定的技术来源,国防部门有时会不惜重金同时资助不同的公司开发同一技术。因此在硅谷形成与发展的初期,其资金来源也是政府拨款。虽然日本筑波的资金来源于首相办公室而硅谷来自国防部,部门有所不同,但如果从经济学角度分析,两者都得到了来自政府的足够的资金支持,在资金投入这一点上,两者相同。

2)政府管理方面

从政府管理方面来说,当前众多学者将硅谷和筑波分别作为"市场主导"和"政府主导"的典型,并以此作为两者不同成败命运的原因,但很少有学者探讨为什么在硅谷和筑波会出现不同的体制。从经济学角度来说,一个政府的经济职能主要有:促进效率,具体包括抑制或禁止垄断、促进竞争、解决(或减少)外部经济效应、鼓励公共物品生产和提供公共物品等;增进平等;促进宏观经济稳定和刺激经济增长。如果从这几个方面来看,在硅谷和筑波发展的"原点"时期,两者的政府所起的作用也是一样的,都为本区域企业的发展提供了必要的支持。硅谷源于20世纪50年代在斯坦福创立的斯坦福工业园,筑波也是作为一个高新技术园区进行设计、建设的。

3) 人才方面

从人才方面来说,两地都聚集了大量的人才。硅谷的人才主要来源于斯坦福大学、加州大学伯克利分校等世界一流大学,筑波的人才来源于筑波大学和其他国有科研院所。硅谷中涌现出众多企业家是在硅谷发展起来以后的事情了,而在早期的时候,可以说,两地人才的来源和类型都是十分相似的。

在比较了各种因素的影响之后,我们发现资金、政府、人才等因素都不是硅谷和筑波进入不同的路径依赖的原因,文化才是影响区域创新系统的主导性制约因素。硅谷和筑波在建设与发展过程中都形成了自己各具特色的区域文化。区域文化作为一种亚文化(Sub-culture),其在形成过程中依然受到更高层次的文化的影响,这在本案例中集中表现为硅谷和筑波的区域文化分别受到美国文化和日本文化的影响。

美、日两国都以本民族传统价值观为其不同的区域文化的基础。美国传统文化价值观的核心是个人主义,强调依靠自己的力量创造幸福。这种价值观强调以个人为本位的人权、自由、平等、博爱,崇尚个人成就和个性至上精神,认为人人都有平等地发财致富、自由创造、自由竞争的权利;重视个人的作用和个人意志,认为人们必须依靠个人的力量去奋斗、拼搏和冒险,创造属于自己的幸福。这种个人主义的价值观及其外化的冒险创新精神和竞争意识形成了硅谷区域文化的深厚文化基础。在个人主义价值观的支配下,美国人乐于向传统和先例挑战。他们坚信世界上没有什么事情是办不到的,而且不取得胜利绝不罢休。

而筑波的区域文化则反映了其所在的东方文化圈的鲜明特点,因为受儒家思想影响至深,日本文化中有严重的等级思想。日本在江户时代就形成了严密的等级制度,划分为士、农、工、商四个阶层,仅武士阶层就有十多个等级。整个社会强调主从关系,上级与下级、长辈与晚辈、前辈与后辈之间层次清楚,泾渭分明。每个人都十分了解自己所处的位置,大家安分守己,心安理得地为维护自己的集体做贡献。

通过对两个国家不同文化的了解,我们就不难理解硅谷和筑波形成不同的区域文化的原因了。硅谷形成了以"鼓励冒险、宽容失败、崇尚竞争、平等开放"为核心的硅谷文化,而筑波则出现了一个等级制度森严的类似于官僚体系的区域文化氛围。美国文化和日本文化造就了硅谷和筑波,也造就了硅谷和筑波的区域文化,硅谷和筑波的区域文化作为主导性制约要素成了其创新区域发展的路径。

1.2.2 区域创新内部运行机制

由于国家体制不同,区域资源禀赋不同,发展的历史进程不同,导致各国创新型区域发展存在不同的内在运行机制。从严格意义上讲,这些运行机制具有整体的不可复制性,不能全盘照搬。但是,这些运行机制无论有多么不同,它们在创新要素、平台建设、制度安排等方面仍有许多共同的内在接点,而这些正是我们在比较、分析、研究不同的区域创新时可以获得的有益启示和值得借鉴的地方。

1.区域创新内部运行机制的内涵

"机制"源于希腊文,原意指机器的构造和工作原理,已在各门学科中广泛引申和应用。创新型区域的内部运行机制是指创新型区域运行的机理,即在特定的创新型区域中,构成要素之间相互作用过程的原理。其内涵包括三个方面:事物各组成要素的相互联系;事物在有规律的运动中发挥的作用、效应;发挥功能的作用过程和工作原理。

明确创新型区域的内部机制要实现两个目的:一是明确如何实现区域内的技术创新持续活跃,二是明确区域创新如何不断推动区域发展。即在创新型区域的内部运行机制作用下,创新型区域内要素之间处在彼此和谐合作、相互良好协调的状态之上,区域内的创新资源实现优化配置和重组,区域内企业与企业之间、企业与科研机构和高等院校之间的合作及交流不断增多,创新中介服务机构不断发展,创新环境不断完善,区域 R&D 能力不断增强;区域创新能力不断提高,持续驱动区域内经济、社会、科学技术、文化的发展,资源配置优化,人们的观念、思维方式和习惯发生转变。

2. 区域创新内部运行机制设计

1) 创新激励机制

创新激励机制是通过一系列的制度来实现正常运转的。正如前面所分析的,影响大多数人的思维、行为方式的思想体系、价值观念、文化传统等等,都会不同程度地体现在制度中,使制定制度、执行制度和监督执行的人和受制度约束的人能够统一在这个共同的社会背景下,彼此接受对方的选择,使制度能够相对稳定地存在一段时间。换言之,考虑到社会文化、意识形态等的影响,激励机制需要在制度的保障下才能运行。

经济制度分为宏观层次和微观层次两个方面。它在宏观上表现为经济体制,决定了经济的运行机制,对于创新的激励则体现在组织与市场的激励和政府的激励之中。它在微观上的制度主要涉及组织内部的运行机制和管理机制。

从发达国家工业化成功的经验来看,对创新产生激励的重要制度安排如下。

(1) 产权制度激励机制

产权又可分为有形资产产权和无形资产产权。无形资产大致包括专利、版权和商标等三大系列。对于产权尤其是专利权的激励作用,诺斯在考察西方发展经济史时给予了充分的肯定。他认为,直到现代,不能在创新方面建立一个系统的产权仍是技术变化迟缓的主要根源,一套鼓励技术变化、提高创新的私人收益率使之接近社会收益率的激励机制,仅仅随着专利制度的建立才被确立起来。产权的确定、专利制度的实施成为最经济有效、最持久的创新激励手段。

(2) 市场制度激励机制

市场是使商品和劳务买卖关系发生交换的场所与媒介,它起源很早,但只是到了近代才发育完全。一个比较完全的市场制度至少包含买卖自由公平的交换规则和灵活运作的价格机制,同时要求市场主体法人化,生产要素自由流动。各国的经济发展表明,市场制度越成熟,市场价格机制的协调作用就越充分,高收益诱导人们去冒风险创新,竞争又胁迫人们必须以创新求生存。

(3) 企业制度激励

第二次世界大战以来,股份公司成为主导形式,并成为大多数重大创新的策源地。与此同时,创新体制正渐渐从独立的发明制度走向研发企业内部化。

(4) 政府政策激励机制

创新是一项具有很高外部性的经济活动。任何一个产业的创新,不仅推动着本产业,也给其他产业的发展以强烈的推动,一些具有重大经济意义的创新尤其如此。而仅靠市场、产权等制度并不能自动提供一些有利于创新的外部环境。几乎各国政府都采用了各种激励创新的政策和手段,主要包括:教育、科技发展战略、科技政策、金融政策以及针对发明创新的各项奖励制度等。

(5) 社会创新环境与舆论激励机制

社会创新环境与舆论包括:创新服务的发展状况、信息服务咨询公司的发展状况、技术的市场推广速度、金融环境的完善程度、风险投资机构的发展情况、风险资本的数量规模、对技术创新的资金支持来源、社会对创新意识的承认程度、创新者的社会地位等。

(6) 创新主体内部动力激励机制

内部动力的来源可以分为创新主体自发的个人创新意识、外部诱发的个人创新意识。自发的创新意识可以来源于个人的特殊天赋、好奇心、兴趣和内在动机,个人的思维能力、人格特征等;外部的诱发因素可以包括家庭和社区资源的可利用程度、生活环境的文化氛围、家庭投资的方向、家庭引导的力度、家长思想的开放性、教育体制的特点与家长对创新思想的关注程度等。

总之,制度的激励作用主要在于能否有效调动创新行为者的积极性。为了有效激励创新,任何制度都应相对稳定,如果制度或同一制度下的政策经常变化,它就不利于激励技术创新;然而,这并不意味着制度不应变化,恰恰相反,当出现新情况,即原来的制度不再适合创新的需要时,制度也应进行创新,以适应技术创新的需要。制度对有效激励的保障能力需要靠自身的适时创新来维持,当旧有制度的保障能力衰退时,需要改变制度与激励之间的作用关系,建立起新的制度→激励→技术创新的关系体系。

2) 创新形成与扩散机制

(1) 交互式学习

在创新型区域中,企业、机构之间的互相学习处于中心地位。学习与创新是紧密相关的,学习是最具创造性的社会过程,被看作是提高创新效率的源泉。创新网络理论认为,创新是由一个具有相互利益的用户与厂商对话和互动而引发的社会化过程,网络联系具有比技术工具更重要的战略性作用。这从另一个方面说明了由于联系而产生的交互式学习在创新型区域中的重大作用。交互式学习指知识产生的一种交互式过程,当然这个过程要由创新要素(企业、机构)来共同创造,并且共存于一个制度结构中。

知识的快速发展使现存的知识很快会过时,而企业之间的交互式学习能够使企业增加获得技术诀窍信息的途径,能够为企业在创新过程中提供外部的专业知识。成功的创新企业经常会使用外部的技术资源和建议,对于企业来说,创新的外部资源需要充分动员起来,这些都证明了交互式学习的重要性。

企业是专业化知识的集合,因而,一方面各种专业化知识在企业之间是分散的;另一方面,任何企业所拥有的专业化知识都是不完全的。因此,即使是对于现存的知识,企业也必须沿时间和空间向其他企业获取异质性知识。

由于技术变化的速度大大加快,企业必须不断进行技术研究和开发,这大大增加了企业的成本,交互式学习则提供了在生产和销售过程中(如采购和分销)减少固定成本的途径,从而增加了企业的利润空间。除此之外,交互式学习能够帮助减少技术创新上的不确定性。对国外创新型区域进行的研究表明,创新更容易产生于中小企业之间,因为他们更积极地参与同其他组织、企业的合作,中小企业的创新就是源自交互式学习的过程,创新能力因此与创新要素之间通过知识扩散而学习的程度相联系。因此,交互式学习看起来更像是企业所采取的一种战略,用来补充企业自身不能提供的但在创新过程中必不可少的知识。

由于所处的环境和阶段不同,交互式学习发生的形式也是不同的。相互作用既可以以垂直也可以以水平的方式发生。水平的学习网络在创新型区域中是被推崇的,因为这样能够传播对创新至关重要的知识和信息。在工业社会中存在两种水平形式:一种是贸易型网络,一种是知识型网络。贸易型网络的形式就像传统的"生产者—使用者"贸易方式一样,知识型网络则是对创新有利的知识诀窍信息相互交换的流动。很明显,在区域层次上的知识型网络是创新型区域的重要构成部分,增加了企业和机构之间互相学习和共享知识的机会。

(2) 知识创造和分享

知识创造是学习的结果。尽管学习通常是一个社会过程,知识的创造和分享却是在一个非严格的结构环境下进行的。知识的创造和分享拓宽了创新主体(主要是企业)及时获得知识的渠道,提高了储备相关知识的能力。简单的、未加工的知识可以分为什么的知识、怎样的知识、什么时候的知识和谁的知识。对知识进行这样的分类有重要的意义,认识了这些分类,就有了开展相关知识转移的可能性,并且能够使用新的、有效的方法将知识的片断联系起来。知识是通过社会的相互作用而生产、再生产的。它可以分为显性知识和隐性知识,隐性知识是高度个人化的有特殊背景的知识,显性知识则更多地体现在个别企业、企业群甚至整个系统的日常规则和程序中。当企业之间有着共同的价值、背景和对技术、商业的认知,分享就变得简单多了。但是隐性知识是很难被分享的,因为它不像显性知识那样被编码,而且难以表达、传播和沟通。除非这种类型的知识随着时间能够显性化,否则对企业来说是很难交流和分享的。

在知识的创造过程中,要求企业与企业之间进行合作以及科研院所、大学和企业之间进行合作。这些创新系统中的基本要素各自掌握了不同的生产要素,而实现这些要素的新组合正是创新发生的源泉。特别是科研院所和大学是知识创造的生力军,是企业创新知识的主要来源,因此,加强创新要素之间的联系也就具有重大意义。

知识的分享成为创新型区域的主要发展动力。在对一些典型的创新型区域进行研究后,我们发现创新型区域中的创新效率是与本系统内的知识交流有重要关系的。正如萨克森宁(1994)在对硅谷和128公路地区计算机产业的成长历程的比较研究中指出:硅谷的知识共享网络在其快速成长和更有活力的发展中是一个关键的因素。另外,知识的分享能够提高创新要素间交互学习的能力。它同时要求要素之间存在高度的信任,并且要共享一定的文化、制度和社会规范。促进知识创造和交互式学习的发展机制也增强了邻近和社会根植的优势。

(3) 邻近性

随着现代交通和通信技术的发展,区位似乎已经不是经济活动地理分布要考虑的因素了。然而,生产的本地化并没有消失,在创新型区域中,邻近的重要作用体现在三个方面。首先，它们与空间聚集产生的利益相关。有效的经济聚集为企业提供了进行交互式学习的机会，使企业能够应用大规模的投入/产出。聚集的力量还为企业和机构在实践中处理诸如与地方供应商、消费者及其他外部力量的关系，共享基础设施提供了一个通用的框架。其次，邻近与交易成本有关。实际上，实体间越接近，互换和交流知识和信息时的成本就越低。在这种情况下，邻近提高了企业间交流的速度，减少了相关的成本。第三，邻近还与社会和文化有关。由于对隐性的知识来说，要进行交流需要高度的信任和理解，因此缺乏共同的社会和文化基础将会阻碍相关要素间关系的发展。当文化上的差异存在时，一定形式的信息将很难被传递和编码。使用者和生产者之间的文化差异会阻碍相互作用的发生。企业在空间上的聚集如果位于同一区域，分享相同的社会、经济环境，对分享隐性知识是很有帮助的。涉及信息传递的渠道时，邻近也起了非常大的作用，因为许多信息要依靠面对面的传播。

因此，邻近在创新型区域中并不仅仅是地理上距离的接近，在地理区位靠近的条件下，区域内行为主体之间的信息和知识交流得到改善，创新机会也会得以增加。但是，仅有企业在地理上的邻近，并不必然导致创新的发生以及信息和知识的交流互动，更重要的是要分享相同的经济、社会文化、制度等因素。

(4) 社会根植性

根植又称为嵌入，一般将其定义为：与社会行为和结果一样，经济行为和结果受行为人之间的相关关系及其整个网络的结构影响，将根植性作为创新型区域的创新形成与传播机制，就是考虑了个人关系和社会网络在创新中的作用。由于个人关系而形成的企业间、企业与机构间的一些非正式联系，往往是隐性知识和技术诀窍转移的非常重要的渠道。社会网络是一种持久的社会资本，在创新型区域中，社会资本是影响创新要素创新能力的一个重要方面，占有较多社会资本的企业更容易获取信息、资源，减少创新过程中的不确定性。同时，社会资本的获得则受到其所嵌入的社会网络位置的影响。

事实上，不同的区域有不同的社会文化环境，特别是当一个地区存在独特的本地经济基础和产业文化时，根植往往会对区域的创新能力产生很大的影响，也就是说如果不考虑制度和文化背景，就不能很好地理解根植性。从这个角度看，如果一个区域对企业和相关机构高度关注，有着能够共同分享的社会和文化价值,各种资源都能方便使用以生产新产品和创造新工艺,那么根植性就很有可能提高这个创新型区域的创新效率和创新能力。

除此之外,在一个创新型区域中,根植性对集体学习和交互式学习的发生也有重要的影响。根植是通过持续、持久的集体行为而形成的,受社会文化环境的影响,比如它依赖过去信任关系的积累,受各方对共同利益的认知以及行为主体对未来收益的预期,因此,它影响集体学习和交互式学习的内容、范围、效果等各个方面。它主要关注企业和机构之间的交互式学习和集体学习之间的关系以及知识交换的本质。

3) 区域科技创新的"四重"联动机制

(1) 区域科技资源需求拉动机制

区域科技创新的主要功能之一,即在于优化配置、有效整合区域科技资源,为区域发展提供促进作用。然而对于区域发展而言,区域现有科技资源的层次、规模以及布局并不一定与之相适应,即使暂时适应,从区域的长远发展来看,以上因素均需要不断地调整以保证与区域发展相一致。另外,科技资源供给与需求不平衡、科技资源引进与配置不匹配、科技资源增量与存量有差异、科技资源信息不对称以及科技资源限价行为等均造成了区域科技资源(尤其是稀缺性资源、紧缺资源等)需求难以满足。而区域科技创新对于科技资源的生产功能以及调节功能在一定程度上适应了区域发展的要求,并能够保证区域科技资源的需求得到满足。

(2) 区域科技资源供给推动机制

区域科技资源与区域科技创新息息相关,具体表现为:科技资源较为丰富的区域,其科技创新能力较强,科技创新意识超前,科技创新活动亦较频繁。基于此,区域科技资源是区域科技创新的重要物质保证与前提条件,并且区域科技资源供给将大大推动区域科技创新。首先,区域科技创新资源供给与科技成果正相关,当科技资源得到合理配置与使用时,科技成果将不断涌现,与此相对应必然会促进区域科技创新体系中成果转换平台以及中介服务平台的建设。其次,区域科技创新资源供给与创新主体正相关。企业处于区域科技创新的主体地位,科技资源供给融合企业的市场分配机制必然会调动科技资源配置效率,并且科技资源能够有效促进企业的生产力建设,而企业的生产技术水平与生产能力在一定程度上代表了区域科技创新体系的建设水平。

(3) 区域科技创新环境驱动机制

包括政策、法规、体制以及机制等在内的区域科技资源所处的环境对于区域科技创新亦有重要影响。区域创新能力不仅来自企业、高等院校、科研机构内在活动的增加,更来自良好的创新环境,包括基础设施的硬资源环境,也包括像金融、税收和贸易政策等方面的软资源环境,以及有利于高新技术企业创新发展的社会资源环境。培养和建设完善的环境,要以市场为导向,充分发挥地方政府的引导和调控作用,发挥地方政府贴近企业、贴近市场的优势,把地区有限的科技人力资源、科技财力资源以及科技基础条件资源等集中起来,形成一个局部优化的产业化环境,从而驱动区域科技创新。

(4) 区域科技资源流动机制

区域科技资源的配置与使用以及价值创造过程,其本质在于资源在区域科技创新体系中以知识为内核的流通。以高等学校科研院所为中心的资源载体、以企业为中心的资源使用主体、以政府为中心的资源宏观调控机构、以中介机构为中心的资源催化剂,构成了区域科技人才资源、科技财力资源、科技基础条件资源(简称为"三源")迅速、有序流通的区域创新体系。同时,"三源"从无效向有效的速动、从低效向高效的速动,提高了区域科技资源的配置和使用效率,同时亦加速了区域科技创新建设的步伐以及效率的提升。

4) 区域创新对区域发展的动力机制

如果创新活动受到有效的激励,得以形成并有效传播,却没有实现对区域发展的持续驱动,那么创新活动则不具有意义,建立创新型区域也无法达成。因此,创新对区域发展促进机制至关重要。

(1) 自我复制机制

当资源集群时便具有了复制特性。以某特色产业(如光电子、生物工程、新材料等)为发展重点的产业集群,必然会带动相关研究开发技术的涌现以及设备的设计与生产,与此同时相关领域的科技人力资源必将演变为与发展重点相对应的专业型技术人才。特别是产业集群的出现、创新科技人才激励机制的建立、科技人才信息网络和市场体系的建设等一系列创新环境的改善,将使得区域科技资源不断复制、扩散并诞生出新的科技资源。

(2) 自我适应机制

随着市场机制的逐步建立,通过政府部门来配置科技资源的现象已大大减少。同时,随着竞争机制的引入,区域科技人力资源的主观能动性以及市场经济意识已非常明显,因此科技人力资源总能够适应市场需求以及区域发展的需求,使其资源价值得到有效发挥。同时,区域科技创新系统建立在对区域经济、社会、科技等全面考虑的基础上,兼顾其他科技资源的配置以及多方面的因素,当科技资源配置或使用与系统目标不协调时,区域科技资源必然会再配置或流动,从而使得区域科技资源与系统目标变动相适应。

(3)自我稳定性

当外界环境发生变化导致系统内原有的平衡被打破时,系统可以通过自我调节与外界环境进行物质和能量的交换,达到新的平衡。在创新型区域建设中,科技资源的生产系统、消耗系统、促进系统、调控系统等在其流通中是相互促进、相互协调的,即各个子系统不仅可以实现自身的稳定,同时亦可以相互影响,维持大系统的稳定。

如果将区域创新看作一个采取超循环形式的分子自组织过程,则区域科技创新的超循环动力机制包括三个层次:第一个层次是区域科技资源的转化反应循环,在整体上体现为区域科技资源的自我选择、淘汰以及再生过程;第二个层次称为区域科技资源的催化反应循环,在整体上它是个自我复制以及系统之间聚合的过程;第三个层次就是区域科技创新的超循环。超循环是指催化循环在功能上循环耦合联系起来的循环,即催化超循环。实际上在区域科技创新超循环组织中,并不要求所有组元都起着自催化剂的作用,一般地说,只要区域科技创新系统中有一个环节是自复制单元,此循环就能表现出超循环的特征。

转化反应循环:以区域创新生产系统为例,通用型人才或非技术型人才在高等学校、科研院所中经过系统的学习以及训练,参与科研实践,从而为社会输送更多更优秀的科技人力资源,甚至科技人力资源亦可通过继续教育、继续学习来进一步提升其理论水平和实践经验;以宏观调控系统为例,政府通过政策引导、宏观调控以弥补市场机制配置区域科技资源的不足,并通过对区域科技资源配置与使用的监控以及评价来进一步完善其调控措施。

催化反应循环:区域科技资源从高等学校、科研院所等生产系统进入以企业为中心的资源消耗系统,必须借助于中介服务系统的催化剂作用。金融机构、风险投资公司、会计师事务所、律师事务所等中介机构虽然不参与区域科技资源的直接分配与使用,但协作区域科技资源分配并提高了区域科技资源的配置途径及效率。

超循环:超循环是由多个子系统组合成复杂大系统的过程,并且各子系统内部存在一定的反应循环,子系统与子系统之前亦存在一定的催化循环,而若干个子系统的反应循环与催化循环相互作用、相互支持即构成了超循环。区域创新中的各子系统分别为区域科技创新提供创新创业平台、投融资平台、成果转换平台及科技资源共享平台等等,如此多的子系统协同作用,形成区域发展的动力系统。

1.3　研究内容与创新点

1.3.1　研究内容

本著作阐述了"创新型省份"的基本内涵与主要特征,在比较研究国内外区域发展过程与经验的基础上,对"十三五时期"河南省创新发展现状与特点进行总结,并从产业、技术、制度与文化四方面构建出河南创新评价指标体系,指出建设河南创新体系的基本原则与总体框架,在科学定位城市、企业、政府在创新型区域建设角色的基础上,提出推进河南创新体系建设的对策。研究内容主要包括:揭示"创新型省份"的基本内涵与主要特征;结合河南的现状与特点,构建科学的河南创新评价指标体系;在比较研究国内外区域创新发展过程与经验的基础上,提出符合河南实际的区域创新发展路径;从产业、技术、制度与文化体系以及其互动关系的研究入手,明确区域建设的基本原则与总体思路,探讨河南创新体系建设总体框架;在科学定位城市、企业、政府在区域创新建设中的角色的基础上,提出推进河南创新体系建设的主要对策措施。

1.3.2　研究框架

本著作共分十个部分,主要研究内容与基本框架如下。

第1章"绪论",简要介绍区域创新的研究综述和运行机制。

第2章"区域创新理论概述":综合运用创新经济学、区域经济学、发展经济学、产业经济学相关理论与方法,借鉴与吸收现有学术研究成果,全面深入地阐释创新型省份的基本内涵与主要特征,以及区域创新与创新型国家、区域创新体系等概念之间的联系与区别,建立区域创新模型。

第3章"国内外区域创新比较"在介绍国内外典型区域创新发展的基础上,对国内外区域创新的发展模式、发展战略与区域政策进行了比较与归纳。

第4章"区域创新评价指标体系构建",主要就如何从评价指标上界定区域创新展开讨论,提出了以结构方程为主要方法的评价指标模型。

第5章"河南创新体系建设的总体框架及实证分析",从产业创新、技术创新、文化创新和制度创新四个方面构建了创新型河南评价指标体系,并对总体框架和指标的选择进行了具体的解释。在构建了河南创新评价指标体系的基础上,对具体数据进行分析,找出河南创新体系建设过程中的难点,为下一步分析提供数据支撑。

第6章"河南产业创新体系建设",研究河南产业创新的发展现状,分析创新型产业与河南创新体系建设的相互关系,选择河南科技经济发展的优势产业,提出河南的重点产业创新体系。

第7章"河南技术创新体系建设",分析河南区域创新体系结构与特色,提出基于技术创新的区域创新体系。

第8章"河南制度创新体系建设",从区域创新建设的需求分析出发,总结区域创新的制度特色,结合评价指标体系分析河南制度建设的现状,提出河南制度创新体系。

第9章"河南文化创新体系建设",从区域创新建设的需求分析出发,总结区域创新的文化特色,结合评价指标体系,分析河南创新型文化建设的现状,提出河南文化创新体系。

第10章"河南创新体系建设的推进行动及保障措施设计",在分析的基础上为河南的区域创新建设提出八大专项行动和七大保障措施。

1.3.3 研究方法

1.定量分析与定性分析相结合

在数据采集的基础上,通过理论模型与数量模型,定性与定量相结合,评估"创新型河南"建设的现状、成效等问题。

2. 理论研究与实证分析相结合

综合运用区域经济学、创新经济学、制度经济学、产业经济学等相关基本理论与方法,对河南的现状进行实地调研。

3. 横向比较与纵向比较相结合

选取部分国内外建设创新型区域的实践案例进行横向比较,提供借鉴;分析区域发展的历史沿革,在纵向上剖析创新区域形成的发展规律。

1.3.4 创新点与需要进一步研究的问题

1. 创新点

在区域创新的内涵建设上,坚持产业创新核心,体现技术创新、制度创新、文化创新之间存在的相互影响与相互作用的密不可分的关系,建立的区域创新评价指标体系具有一定的新颖性。

在区域创新的设计上,把握产业创新这一核心,着重考虑区域创新建设与区域技术创新、区域制度与文化创新、空间布局创新的关系,将区域创新的设计落在"一个核心、三大支撑"上,且强化城市、企业、政府三大要素的基础性地位,避免空泛化和一般化。

在政策设计上,突出城市、企业、政府在区域创新建设中的作用,分析了国内外企业、政府在区域创新中的地位和作用,提出的推进河南创新体系建设的政策建议具有一定的针对性和可操作性。

2. 不足

仍需进一步系统整合有关区域创新的理论基础,验证与完善区域创新评价对策的可行性。

第 2 章
区域创新理论概述

创新活动在呈现出全球化趋势的同时,在地理空间上也表现出分布高度不平衡和相互作用的特征。区域已成为创新活动的重要载体,创新活动直接推动了区域经济增长、产业结构升级、知识创造、知识外溢与持续学习氛围加强等区域核心竞争能力的提升,进一步加强了区域对创新活动的聚集效应。目前对创新型区域(省份)的研究中,尚没有形成完整的理论体系,存在着对创新型区域的科学定义不明、基本内涵与主要特征描述不全等方面的问题。而全面深入地阐释创新型河南的基本内涵与主要特征,以及创新型省份与创新型国家、区域创新体系等概念之间的联系与区别,需要在对已有研究成果进行总结的基础上,结合相关学科基础理论与研究方法来实现。

2.1 区域创新的理论基础

2.1.1 现代区域发展理论

系统的区域发展理论产生于 20 世纪 50 年代,经历了起步阶段、发展阶段与创新阶段。

1. 起步阶段

20 世纪 50 年代至 70 年代初,在发展经济学影响下,该阶段把发展看作国民生产总值或国民收入增长、农业地位下降和工业地位上升的过程,强调高增长率和工业化,强调资本积累,强调计划。该阶段的主要代表易萨德提出国家干预学说;弗里德曼(1967)提出"使新的核心区域由大到小在边缘活起来"的核心发展战略;克拉克主张国家刺激投资与就业,提出"实行区域工资税和折扣"来对区域发展进行干预等学说。

2. 发展阶段

20世纪70年代初至80年代末,奉行工业化、强调工业化和资本积累、实施计划化的国家,虽然引进了现代工业,但在许多情况下(特别是在发展中国家)并没有产生预期的乘数效应。相反,到处可见农业衰退、农民破产,人们开始反思传统区域发展理论。该阶段无论是在发展目的上,还是在发展的方式与手段上都产生了很大变化。首先认为经济增长率和产业结构的调整不是发展目的,只是发展手段,发展目的应该满足人民的需要。其次,强调发挥农业或农村的作用。诺贝尔经济学奖获得者舒尔茨指出:"低收入国家数以百万计的农民现有的成就显示了他们的学习能力,如在采用粮食高产品种上取得的成功,新型农民把研究贡献和追加资本转换为粮食增产的能力是明显和巨大的。"第三,强调人力资本。舒马赫将物质资本比作漂浮在海面上的冰山,而把人力资本比作海面下的部分,并强调教育对人力资本形成的关键作用,认为教育是最重要的资源。区域经济学研究的重点转向区域经济发展和区域政策问题。但在实践中,各国政府在区域发展中仍然强调经济增长和工业化。该阶段代表性的发展理论和模型有:增长极理论、累积因果理论、输出基础理论、中心-外围模型、新古典区域增长模型等。

3. 创新阶段

20世纪80年代末至今,可持续发展成为世界各国和众多地区的战略选择。随着科技的迅速发展,尤其是信息技术的迅猛发展,发达国家由工业经济向知识经济转变的步伐加快,更加强调知识资产和知识资源的重要性,知识经济显示出对整体国民经济强大的拉动效应。技术资源和智力资本成为区域发展中最主要的因素,大学和科研机构第一次具有了真正的价值,创新成为区域发展的主要动力。该阶段强调创新、市场力量、网络化、互动联系和知识资产,强调由资源主导的经济向创新主导的经济转变。该阶段的代表性理论有企业群理论、三螺旋理论、区域创新网络理论等。

2.1.2 技术创新理论

1912年,熊彼特认为创新是把一种从来没有过的关于生产要素的"新组合"引入生产体系。20世纪50年代,技术变革对人类社会和经济发展产生了极大影响,人们开始重新审视技术创新对经济增长和社会发展的巨大作用,并对技术创新规律进行研究。技术创新研究集中体现为以非均衡、非连续为基本特征的技术变革。20世纪60年代,研究者系统搜集了技术创新的案例与数据并提出技术创新的定义,技术创新也引起了其他学科学者的普遍关注。20世纪70年代后,有关技术创新研究对企业经营活动和政府管理政策制度产生了积极影响。技术创新理论主要内容如下。

1. 技术创新分类

弗里曼将技术创新主要分为渐进性创新、根本性创新和技术革命。渐进性创新是一种渐进的、连续的小创新,它的重要性不可低估,常常出自直接从事生产的工程师、工人和用户之手。根本性创新在观念上有根本突破,这种创新是不连续的,常伴有产品创新、过程创新和组织创新,并可引起产业结构的变化,一般是研究开发部门精心研究的结果。技术革命重在工艺创新,而不是技术扩散,它可以引致其领域里产品或服务新类型出现,还可以改变投入成本和生产及分配条件,对其他经济部门产生影响。

2. 市场结构与技术创新

偏离完全竞争状态是创新的先决条件,但偏离与创新并非成正比,即存在一个不完全竞争阈值,这一值因不同时间、不同产业而不同。关于企业规模与技术创新的关系,熊彼特认为大企业有助于创新。实证表明:当企业规模超过一定限度,企业的研发活动及创新产出之间并不存在显著的相关性。

3. 技术创新过程

技术创新过程涉及创新构思产生、研究开发、技术管理与组织、工程设计与制造、用户参与及市场营销等一系列活动。这些活动相互联系又循环交叉。技术创新过程不仅伴随技术变化,而且伴随组织与制度创新、管理创新和营销方式创新。自20世纪60年代以来,出现了五代具有代表性的企业技术创新过程模型:技术推动的创新过程模型、需求拉动的创新过程模型、技术与市场交互作用的创新过程模型、一体化创新过程模型与系统集成及网络化模型。

在信息经济时代,创新过程变得更加复杂,技术创新已不再是单个企业的独立创新活动,它必须在创新网络中进行。创新网络包括用户、供应商、政府、高校、科研机构、其他公司,甚至竞争对手亦是创新网络的重要成员。创新过程中涉及研发、试验、生产、验证、安装、调试、维护、更新换代和再创新等活动。系统集成及网络化模型强调企业内部集成和外部网络,特点是在方法上更关注创新的持续性,充分利用团队思想,形成开放、交互的复杂创新系统,从而形成创新的融合并产生新的核心竞争力。

4.技术创新与企业发展

当前,中国已跃居世界第二大经济体,但国家的综合技术创新能力与发达国家相比仍存在不小差距,《2019年全球创新指数》报告的数据显示,中国创新能力排名为第14位。对企业发展产生重要影响的是企业对于创新的态度,但由于知识产权对创新保护的不完善的溢出效应等,正如智猪博弈模型所示,许多企业更愿意等他人创新后再图进入市场,模仿获利。技术创新需要大量的研发资金作后盾,需要系统的科技创新战略作支撑。企业的创新战略可分为四种:进取型、防卫型、模仿型和传统型。

5.技术创新的扩散

技术创新研究者认为有效的创新扩散(对于企业而言是模仿)也是创新。扩散分为部门内扩散、部门间扩散及国际扩散。

2.1.3 制度创新理论

1.制度创新的分析对象和工具

诺斯认为,制度就是人为设计的各种约束,它建构了人类的交往行为。制度是由正式约束(如规则、法律、宪法等)、非正式约束(行为规范、习俗、自愿遵守的行为准则等)及相关实施机制构成的,它们共同确定了社会的尤其是经济的激励结构。正式约束一般通过有形的组织或机构来实施,规则、契约(或合同)可以界定人的权利和活动范围;非正式约束体现在人的观念、社会意识形态或文化中。因此,制度变迁应区分规则(或组织)变迁与习惯变迁。

2.制度的经济功能与作用

制度是管束人们行为的一系列规则。在这些规则中,有些服务经济功能,有些服务社会功能,或者兼而有之。经济功能方面,舒尔茨认为:制度应经济增长的需求而产生,制度的经济功能主要体现为四点:①用于降低交易费用(如货币和期货市场制度);②用于影响要素所有者之间的配置风险(如合约、分成制、公司、保险等);③用于提供职能组织与个人收入流的联系(如产权、资历等);④用于确立公共品和服务的生产与分配框架。人之所以需要制度,是因为人理性能力的有限性,由于不确定性,人在决策时要支付信息费用,需要用制度来确保生命期的安全,又需要制度将外部效应内在化(林毅夫)。

3. 制度创新的原因

制度变迁的终极动力在于追求个人利益最大化,具体表现为经济价值不断提高、技术变迁引致要素与产品的相对价格变化、生产性资产的"专有性"驱动分工、组织中机会主义行为和反机会主义行为、市场规模和生产技术发展。

4. 制度创新的主体和途径

制度创新是"第一行动集团"和"第二行动集团"共同努力的结果。制度创新决策者和创始人是"第一行动集团",某组织或个人中至少有一个是熊彼特式的企业家。在制度创新过程中帮助"第一行动集团"的组织或个人,形成"第二行动集团",可能是政府机构,也可能是为"第一行动集团"服务的组织或个人。

诱导性制度创新由个人或合作团体担任"第一行动集团",强制性制度创新由政府担任"第一行动集团"。强制性创新具有诱导性创新难以具备的特点。例如,某种制度创新需要付出巨大费用,或潜在利益将归全体社会成员所有,而不归个别成员或集团所有,或获取潜在利益将会遇到私人产权的重大阻碍,等等,在这些情况下由政府承担制度创新才是可行的。

5. 制度变迁的性质

制度演变通过非正式约束(习惯)的演变,逐渐达到某个"度",正式的规则开始变化;习惯又为正式规则演变设定了方向,沿着习惯演变成本较小(诺思,1990)。习惯的改变取决于个人和组织的学习能力,学习的效率与组织间的竞争和个人压力有关,因此经济变迁的速度决定于学习速率,而经济变迁的方向则决定于获取不同种类知识的预期收益。

2.1.4 创新进化论

创新进化论以生物进化原理作为经济分析的方法论基础,认为经济常态是失衡或多重均衡,利润最大化和均衡假设与创新和企业的有些行为不相符合。而在进化系统中,通过引入创新(新颖性),让经济实体具有选择机制(纳尔逊,温特,1982)。在经济进化系统中,企业作为基本分析单位,具有一系列的"惯例"特征:标准的操作程序、企业投资的扩散或收敛行为、搜寻行为(西弗伯格)。经济系统中维持惯例倾向和生物进化中的遗传相似,新技术、新企业出现等类似于生物进化中的基因突变。

经济学中的自增强机制开创了经济发展的"锁定-路径依赖"思路。锁定解释了现实的经济为什么会长期地陷入一种(可能无效的)均衡;路径依赖解释了经济如何从一种均衡(或非均衡)转变为另一种均衡(阿瑟,1989)。弗里曼和多西等吸收了进化论,以进化理论重构了技术创新,并指出企业的产品和工艺创新一旦进入技术轨道就难以改变,必须对经济系统的发展机制和演进路线作更深入的研究,才能让技术创新、产业组织形式和制度朝有利方向演进。

诺斯把进化理论运用于体制转变和经济发展研究中,通过对当前世界上发达国家和不发达国家加以比较发现:从不发达状态过渡到发达状态存在着某种路径依赖,有些国家停滞在不发达状态中是由于锁定在不发达状态中,状态差别造成了经济发展程度的差别。因此,要改变市场经济不发达状态,必须摆脱锁定,寻找从不发达状态过渡到发达状态的路径依赖。

2.1.5 产业集群理论

产业集群理论主要从波特的《国家竞争优势》中的钻石模型衍生而来,某些发展成功的全球性产业正朝着集群化方向发展(李明轩,2007)。波特认为先进国家中主要的创新机制之一是产业集群,一个国家具有国际竞争力的产业要素包括生产要素、需求、企业策略与组织结构及其竞争环境、相关产业及支援产业,还受政府及机会的影响,人和知识等无形资产也很重要。满足钻石模型要素的产业及企业将构成水平型或垂直型的竞合关系,在某一地域成为集群。集群的钻石结构条件越好,集群中的企业及产业的整体竞争力就越强。

在获得全球竞争优势的同时,企业将面临择址、地域扎根、集群升级和集团行动等问题。在集群中,特有的人际关系使创新活动向上游和下游产业延伸或水平延伸,集群中的大学及各种政府机关、中介组织、企业以及个人等网络关系加速了知识、技术及信息的扩散,并影响创新的价值观及方向。产业集群可能取代垂直整合(内部化)而成为21世纪产业组织的新形态。产业集群中最常见的特征有知识的易扩散性、支援产业的高度专业性、各种机构及公共财产的易接近性、创业精神、低垂直整合度、全球化等。

2.1.6 交易成本理论

1937年,科斯在《企业的性质》一书中首先提出交易成本或交易费用,后经威廉姆森、德姆塞茨和张五常等的持续研究,形成了系统的交易成本经济学或交易成本理论。交易成本是一系列制度成本:信息成本、谈判成本、界定和控制产权的成本、拟定和实施契约的成本、监督管理的成本和制度结构变化的成本等。威廉姆森认为交易依赖于各种各样的契约,指出交易的三个维度:资产专用性、不确定性和交易频率。为节约交易成本,需要建立一些组织性的框架(规制结构)。交易倾向于选择成本最小的规制结构,故可以资产专用性为核心,在不同性质的交易与不同成本与效能的规制结构(例如市场结构、混合结构与一体化结构)中形成适当的配比。

2.2 区域创新的内涵、特征、模式和结构

2.2.1 区域创新的基本内涵

目前对创新型区域(省份)的内涵还没有形成共识,只有在对创新型区域(省份)与相关的概念进行辨析的基础上,才能准确地界定其基本内涵。

"区域"是指具有空间接近,自然、社会、经济、文化等环境相似,具有一定凝聚力的地理单元,表现为区内一致性和区外差异性的特征。"地方"多指省、市等行政区的地理范围,是在行政区划角度与"中央"的对应词。区域不同于地方,区域是可以跨行政区的,地方往往是区域的组成部分。经济学意义上的区域(简称"经济区域")指特定时空范围内社会资源、技术资源和自然资

源的集合。经济区域具有以下特征。

(1) 经济区域是人为区划

区划目的不同,其标准和方法亦不同。区划要考虑自然特点、文化积累、区内居民及生产技术特点。经济区域与行政区域既有联系又有区别。经济区域是经济基础范畴,而行政区域是上层建筑范畴;行政区域的领导者又担负着发展本区域内经济的重任,而经济区域的发展又离不开其所属的行政领导者的管理与协调。从区界角度看,经济区域"区界"与行政区域"区界"可能不一致。

(2) 经济区域是国家多层次区域系统的有机组成部分

一个经济区域的活动及政策与其他区域与全局互为影响。因不同经济区域的要素构成具有差异性,经济区域需要拥有一定的自主权与自我发展能力,故经济区域的政策既要以国家政策为指导,又要根据区域的禀赋优势设定区域内的经济发展目标和各种政策。

2.2.2 创新型区域与创新型国家

创新型区域是创新型国家的组成部分,是建设创新型国家的基础和重要支撑,而创新型国家的建设要充分重视创新型区域的建设。二者相互制约、相互影响,形成有机的创新体系。

1. 创新型区域与创新型国家的差异

(1) 创新要素构成层次与边界不同

创新型国家是由国家所属的企业、大学和科研机构、教育培训和中介服务机构、政府部门等部门,机构和统一的国家制度、法律、政策等创新要素组成的体系,属创新体系的宏观层次,有明确的国家边界。而创新型区域属中观层次,由区域内的上述机构、部门组成,带有较多的特色制度安排和更强的地理文化色彩。当地的地理、语言、文化、习俗与产业聚集的程度都可成为创新型区域形成的重要因素。比如,我国沿海地区的海洋文化,地域意义上的北京文化、上海文化、陕西内陆文化及改革开放以来深圳的移民文化所产生的极强的创新创业精神,等等,对其创新型区域的建设都发挥了重要的作用。随着创新的发展,创新型区域的边界都是变化和模糊的,但区域内(尤其是地方内)创新资源流动性较好。

（2）创新功能不同

从政治学角度看，国家对外职能主要体现在国防和外交等方面，对内体现在执行统治阶级意志和维护社会稳定上；从经济学角度看，国家的职能主要是提供公共物品与克服市场失灵等。而区域（地方）政府，从政治上主要是执行国家意志，经济上主要是保持区域（地方）经济持续发展，由此决定了创新型国家与创新型区域的不同功能。创新型国家的主要功能一是总体战略功能，如我国正在推进的自主创新战略、中科院的知识创新工程、教育部的"双一流"工程，以及以载人航天飞船为代表的国防高技术创新等；二是赶超功能，如我国推行多年的旨在跟踪与局部超越世界科技前沿的科技创新"863"计划、生物技术产业强国工程、5G新基建工程等；三是均衡功能，如配合国家西部大开发战略、振兴东北老工业基地、中部地区崛起的科技创新西行计划等；四是引导功能，如接受国家创新重大工程、项目的引导，各地在资金、人才等方面也予以配合和支持，达到国家与区域科技发展双赢。

相较而言，创新型区域的功能目标则要更具体，没有国防、纯基础研究等公共职能，主要是致力于寻求技术源并使之与本地经济有机结合，使科技与知识更好地服务于区域经济社会发展。围绕这一推动本区域发展的根本功能，创新型区域还具有合理配置本区域创新资源的功能、执行创新型国家目标任务的功能、促进区域间与区域内创新协调发展的功能。

（3）创新活动定位不同

一般而言，技术创新过程技术推动型创新模式包括基础研究—应用研究—试验发展—生产—销售及售后服务等几个相互关联，上、下游互动的完整过程。创新型区域的功能目标决定了其创新活动偏向于中、下游，以区域优势资源为依托，围绕强化本地优势主导产业技术能力这个中心，着重技术开发、应用和普及，使其在本区域产品化、商品化乃至产业化，可以不进行上游的基础研究和国防高技术研发，以拥有自主知识产权的品牌产品的自主创新、对现有技术的集成创新和引进消化吸收再创新为主。而创新型国家则必须在创新活动的上、中、下游全面推进，并偏重于进行基础研究及战略高技术、前瞻性技术和共性技术研究，着重通过实施重大高新技术研发、大型国防科技工程及项目进行战略性、全局性、前瞻性、原始性创新和集成创新。

创新型区域强调产业化，以几个优势产业为主；是产业集聚的延伸，或者是建立在产业集聚的基础上,从而体现出不同的创新和产业特色布局。而创新型国家则必须建立知识创新和技术创新、扩散、产业化的完整体系,建立完整的产业体系,绝不能建立在少数几个产业的聚集上。从这个意义上讲,创新型区域更容易形成区域创新网络,而创新型国家规模宏大,创新网络相对松散。

2.创新型区域与创新型国家的联系

尽管创新型国家与创新型区域在利益和目标定位等方面不同,但完全独立于创新型国家之外的创新型区域和忽略创新型区域的创新型国家都是不行的,两者存在着密切的联系。

(1)两者在目标形成与发展和体系构成等方面都存在一致性联系

尽管创新型区域和创新型国家的利益范围和目标定位不同,但在我国现行制度与体制下,创新型国家与创新型区域都是政府主导的,与企业创新活动遵从的市场原理和利益原则不同,两者遵从的都是政府原理和公众利益原则。从这点来讲,中央政府主导的创新型国家和区域(地方)政府主导的创新型区域的基本利益目标是一致的,即国家目标。创新型区域目标既要根据区情区况展示自身的优势和特色,又要服从创新型国家的战略目标和总体布局,协助创新型国家目标的实现。因此,对于国家而言,创新型区域通过配置创新资源实现两个目标:一是区域发展目标,二是国家创新目标。从创新型区域来讲,它在一定程度上是创新型国家建设区域化的结果,因此,创新型国家对于区域也具有两个目标:一是促进区域的全面发展和区域间的协调发展,进而提高创新型国家的整体水平;二是通过区域创新来实现创新型国家的总体目标。

从历史形成看,两者也是一致的。创新型区域是随着创新型国家的产生而产生,并随着创新型国家的发展而不断补充、调整和完善的。就创新体系的构成要素看,尽管某一创新型区域要突出或削弱某一要素,其联系方式也不尽相同,从而表现出创新型区域的特色和多样性,但无论创新型国家还是创新型区域,其系统构成的基本要素都是相同的,都是由政府、企业、科研机构、大学、中介服务组织等组成的,都强调制度、机制是决定创新能力、活力的决定性要素。互动的学习机制和网络是创新型国家也是创新型区域的生命力所在。

(2)两者存在相互支持的互融互动性联系

创新型区域能力的提高和体系目标的实现,需要一些重大、共性、关键的科学技术及一些基础设施平台,其中有许多需要而且应该由国家来提供,区域创新主体自身不具备解决的能力和条件。因此,从这个意义上讲,创新型国家建设也是对创新型区域的一种支持,尤其是经济、科技欠发达的中西部区域,更需要这种支持。另一方面,无论是创新型国家还是创新型区域都存在着创新资源尤其是财力资源不足的问题。创新型国家的建设任务,除了由国家创新主体承担,也需要区域创新主体提供平台和资源的支持。

创新型区域建设支持创新型国家的公共物品生产,并从中受益;创新型国家建设支持创新型区域特色优势产业发展,有利于实现国家目标。创新型国家对创新型区域建设的支持,一是表现在国家重大科技计划项目和经费投入对创新型区域建设的支持,国家许多重大科技计划如国家科技攻关计划、星火计划、火炬计划等需要区域(地方)承担和实施,这样既解决了区域创新经费不足的问题,又提高了区域创新实力;二是国家通过给予优惠(如财税)政策、搭建平台等措施支持创新型区域建设。创新型区域对创新型国家的支持一是表现在地方(区域)积极争取和承担国家创新项目、科技创新计划;二是将一些国家关注的研究与开发课题同时列入区域创新项目和计划给予支持,如国家西部大开发科技专项课题、科技创新引导项目等;三是区域创新财力投入对国家创新项目计划的资金匹配等。

总之,创新型区域作为创新型国家的组成部分即子系统,受到国家的约束并承担国家的要求或赋予的功能,但子体系的功能不可能是总体系功能的全部,也不应该是总体系功能的等比例缩小,更不是要和创新型国家之间一一对应,而是在创新型国家原则指导下建立适合本区域特点的、能够迅速提升本区域创新能力的创新体系。

2.2.3 创新型省份与创新型区域

以国界为创新型国家的行政边界是很清晰的,关于创新型区域的边界,到底对应于行政区域还是跨行政区域,对此问题不宜简单机械地理解。

1.创新型省份与创新型区域的对应性分析

我国现行的省级行政区划制度是自然、民族、经济、政治等因素综合作用的结果。一个地区的文化特色、产业特色往往有着明显的区分。在农业社会,信息条件不发达,人们的交往范围有一定的局限性,同时,省级区划范围也受自然地理条件的影响,交往范围和自然地理条件就成为农业社会经济区形成以及行政区划分的最主要依据。历经上千年的战争、自然灾害、朝代更迭,在中央集权体制下,中国的行政区划基本上处于相对稳定的状态。行政区划的稳态产生了两方面的影响:一是逐渐形成了具有地方特色的价值观、行为准则、交往方式等文化传统,二是逐渐形成了地方特色经济。

建设创新型区域是从发挥政府作用的角度提出来的,而只有具有行政权力的地方政府才有能力去统筹规划和推动创新型区域的建设。根据波特的钻石模型,一个国家的竞争优势取决于生产要素、相关支持性产业、需求条件以及企业战略和竞争关系,政府对于这四个方面都有很大影响,特别是在中国,这种影响更大。简单来看,对于中国来讲,政府对于创新能力的影响可从以下四个角度进行概括:一是发展教育;二是制定产业与企业政策,如对于民营企业的鼓励或限制、对于国有企业的改革等政策;三是环境优化,如信息网等基础设施建设;四是政府对于研发的直接投资和组织。这几个方面对于创新型区域的建设至关重要,而只有具有行政权力的政府才有能力去推动这些工作的开展,而且政策效应的范围只能在一个行政区域内,创新型区域对应于省级行政区域就成为一件顺理成章的事。

知识经济条件下的产业布局的演变从两个方面展开:一方面,产业分化程度不断加深,使得一个地区往往在产业链的某一个环节实现专业化;另一方面,产业的其他环节向国内或者国外大范围扩散,从而在全球构成一个产业分工网络,这样就导致资源在某些特定区域集中,造成高度不均衡的状况,从而在全球大范围流动而形成技术扩散的普遍化。在资本全球化流动的动态经济中,决定投资效率的关键因素是交易效率,而交易效率又取决于制度和运输条件。也就是说,正是信息技术的高度发展改变了资源禀赋对于产业发展和产业布局的决定意义,也打破了农业社会和工业社会中技术扩散的模式,从涟漪式扩散转变为大范围的、远距离的网络化扩散方式。这时,扩散的节点在什么位置并不取决于一个地区拥有多少丰富的自然资源,也不取决于距离的远近,而主要取决于一个地方交易费用的高低。交易费用一般包括运输、信息通信等基础设施建设,政策法律等制度条件,文化、政府办事效率等软环境,这些因素往往与一个省级地区政府的决策能力有很大关系。

2. 创新型省份与创新型区域的非对应性分析

创新要素如人才、资本、信息的流动与配置应该遵循市场原则，不能有任何人为的限制。也就是说，虽然强调地方政府在创新型区域中的作用，但是其不能成为限制要素流动的理由。要素向高收益地区流动对于地方政府会形成反向约束，鼓励其创造优良的区域环境，吸引要素聚集。由于交通条件的改善和信息技术的发展大大降低了运输成本和信息成本，地区之间的产业联系越来越强了，不仅区域之间，而且国家之间都形成了越来越密切的产业联系。工业化以来，交通的发展推动着产业在更大范围内进行分工，而不再受地理条件的约束。信息技术的发展大大降低了地区之间交流的信息成本，又进一步推动着产业分工的网络化效应。地区之间的高水平分工和国家之间的分工一样，会促进市场的扩大、创新水平的提高和绩效的发展，从而使双方都能从中受益。产业集群往往是创新型区域经济形态的表现之一。由于产业集群一般是在市场配置资源过程中形成的，故往往是跨行政区域的，如美国东北部制造业产业集群不仅横跨几个州，而且包括加拿大的一部分；我国长三角IT产业集群包括上海及江苏、浙江的十几个城市。

总之，从政府的角度而言，创新型区域与创新型省份在空间范围内基本一致，但是从创新型区域运行与发展机制上而言，创新型区域不应当完全受省级边界的阻碍，而应当是一个开放的体系。

2.2.4 创新型区域与区域创新系统

创新型区域是一个地理上的概念，可以看作一个区域内的创新运行过程对区域发展造成的结果。而区域创新运行过程首先是一个区域不断利用区际、国际环境中的条件和机遇，通过选择、转换和吸收将其变成区域创新基本要素的过程，并且通过资金、人才、技术、管理等要素和其他物质要素的结合，形成企业、研究与开发机构、大学、服务机构、地方政府机构等区域创新单元（也可以称为区域创新系统的复合要素，实际上是区域创新有机体的基本器官），而这些单元之间以基本要素的流动、组合、转移、扩散为基本内容，承载区域创新活动的学习与适应、竞争与合作，共同形成区域创新活动的整体结构。因此从系统论的角度将区域作为一个复杂系统，把地理范畴上的区域内的各要素转化为区域系统中的各子系统，即区域创新系统。而区域创新系统研究主要通过对各要素之间的因果关系与反馈关系的研究,对区域创新运行过程以及创新过程与区域发展的互动关系展开分析。一个区域创新系统中的子系统一般包括生产企业、高等院校与研发机构、地方政府机构和服务机构等。这些子系统之间通过11种因果与反馈关系,在区域创新运行中对区域发展产生影响。

①市场需求→企业研发的动力(企业创新实践动力)→企业创新投资→企业R&D成果(企业创新实践成果)→企业收入→宏观经济效益→GDP(国内生产总值)→政府财政收入→政府宏观管理效益→法律法规的合理性→市场机制的完善程度→市场需求。

该反馈回路为正反馈回路,反映的是在市场机制的作用下,以政府为主体的制度创新与以企业为主体的技术创新之间的互动关系。其中,技术创新是核心内容。企业出于自身发展的需要,在市场需求和自身收益的共同作用下,不断进行新技术、新产品和新工艺的研发,并在市场机制和自身发展需求的共同作用下,将技术创新成果应用于生产经营实践。而制度创新则主要是在技术创新的推动下进行的,技术创新的发展对制度体系不断提出新的发展要求,当制度不能满足技术创新发展的要求时,就要求相应的创新,以适应技术创新的需求。市场则是连接技术创新与制度创新的渠道。

②市场需求→高校与科研机构创新动力→高校与科研机构创新投资额→高校与科研机构创新资金总额→平均课题数→技术市场成交额→科技成果转化率→宏观经济效益→GDP→政府财政收入→政府宏观管理效益→法律法规的合理性→市场机制的完善程度→市场需求。

该反馈回路为正反馈回路,反映的是在市场机制的作用下,以政府为主体的制度创新与以高校和科研机构为主体的知识创新之间的互动关系。由政府政策与相关法律法规所营造出的制度环境,在区域市场环境的共同作用下,影响着高校和科研机构的知识创新行为,促使其进行创新成果的市场与产业化转化,从而提升全社会的技术、文化水平,推动区域宏观经济的发展,因此,由区域政府主导所建立的制度体系必须与区域知识创新长期发展的需求相适应。

③市场需求→企业研发动力→企业创新投资(企业与高校和科研机构的合作程度)→企业向高校与科研机构投入的创新资金总额→高校和科研机构

创新资金总额→平均课题数→技术市场成交额→市场需求。

该反馈回路为正反馈回路,反映的是在区域市场环境下,市场需求对企业、高校与科研机构等创新主体之间合作创新的促进作用,以及这种促进作用对区域创新事业的影响。知识创新是区域创新系统得以持续发展的基础,也是技术创新的知识保障。作为知识创新主体的高校和科研机构与作为技术创新主体的企业之间的联合有利于促进创新资源的优化配置,提升区域创新能力。

④市场需求→科技人员需求→引进人才数→区域人口总数→政府部门人数→政府行政开支→政府宏观管理效益→法律法规合理性→市场机制完善程度→市场需求。

该反馈回路为负反馈回路,反映的是在区域内市场环境下,在市场需求和政府相关政策的共同作用下,人才引进、区域人口及其对政府部门的行政开支和管理效益的影响。

⑤市场机制的完善程度→企业创新实践市场风险→企业创新实践成果→企业收入→宏观经济效益→GDP→政府财政收入→政府宏观管理效益→法律法规合理性→市场机制完善程度。

该反馈回路为正反馈回路,所反映的是在区域市场环境下,企业进行创新实践,即将新技术、新工艺、新材料、新设备等研发成果应用于生产实践中所承担的风险,及其对企业创新实践收益的影响,这种影响会进一步影响到企业的总体收益。

⑥政府宏观管理效益→创新服务机构完善程度→创新服务水平→技术市场成交额→科技成果转化率→宏观经济效益→GDP→政府财政收入→政府宏观管理效益。

该反馈回路为正反馈回路,所反映的是在政府的扶持下区域创新服务体系的建设与发展及其与创新活动和区域宏观经济之间的互动关系。技术市场和创新服务机构等是技术成果实现市场化转化的重要桥梁和纽带,其完善程度与服务水平是区域创新系统运行的重要环节。

⑦政府宏观管理效益→教育体制合理性→区域教育水平→在校学生数→高校毕业生数→科技人员总数→平均课题数→技术市场成交额→科技成果转化率→宏观经济效益→GDP→政府财政收入→政府宏观管理效益。

该反馈回路是正反馈回路,反映的是在政府制度创新的扶持下区域教育事业的发展对区域创新人才资源建设的影响,从而反映出区域教育发展水平与创新活动及区域宏观经济的互动关系。在我国,教育事业尤其是高等教育,受政府宏观政策的影响很大,因此政府通过相关的教育政策推动区域教育事业的发展,培育区域的创新人力资源,推动区域创新活动的发展,从而促进区域宏观经济的进步。

⑧政府宏观管理效益→人才政策的合理性→引进人才数→科技人员总数→平均课题数→技术市场成交额→科技成果转化率→宏观经济效益→GDP→政府财政收入→政府宏观管理效益。

该反馈回路为正反馈回路,反映的是区域制度环境与区域创新人力资源流动及创新活动与区域宏观经济的互动关系。人是区域创新系统中创新活动的实施主体,创新人力资源是区域创新系统得以建立与运行的重要资源之一。区域政府应通过相应的人才政策,使得本地区对优秀的创新人力资源具有更强的吸引力,形成较强的吸引和积累人力资源的能力,从而增强区域创新人力资源的整体水平,进而促进区域创新活动与宏观经济的发展。

⑨政府宏观管理效益→创新服务机构完善程度→创新服务水平→创新主体合作创新成本→企业与高校和科研机构的合作程度→企业向高校与科研机构投入的创新资金总额→高校与科研机构创新资金总额→平均课题数→技术市场成交额→科技成果转化率→宏观经济效益→GDP→政府财政收入→政府宏观管理效益。

该反馈回路为正反馈回路,反映的是在一定宏观经济的基础上,政府、企业、高校与科研机构和创新服务机构等创新主体之间的互动关系。

⑩宏观经济效益→GDP→政府财政收入→政府财政支出→教育投资→区域教育水平→在校学生数→高校毕业生数→科技人员总数→平均课题数→技术市场成交额→科技成果转化率→宏观经济效益。

该反馈回路为正反馈回路,反映的是在政府相关政策体制环境下,区域经济发展水平、教育发展水平以及创新活动之间的互动关系。有效的技术创新及其成果的转化将加强区域的经济基础。由于我国教育尤其是高等教育的投入是以政府的投资为主的,因此,区域宏观经济基础的加强将提升区域教育事业的发展,培育创新的人力资源基础,从而推动创新活动与区域经济的发展。

⑪高校与科研机构创新投资额→高校与科研机构创新资金总额→平均课题数→技术市场成交额→科研机构产出额→高校与科研机构创新投资额。

该反馈回路为正反馈回路,反映的是作为知识创新主体的高校与科研机构的研究资金、创新成果、创新收益与其自身创新财力资源的投资之间的互动关系。

除上述主要反馈回路外,该区域创新系统中还有很多具有辅助功能的回路,主要存在于各子系统中,反映各子系统内部要素之间的影响关系,如:科技人员需求→引进人才数→科技人员总数→科技人员需求(负反馈回路);企业创新实践成果→企业创新投资→企业收入→企业创新实践成果(正反馈回路);政府宏观管理效益→人才政策合理性→引进人才数→区域人口总数→政府部门人数→政府行政开支→政府宏观管理效益(负反馈回路);政府财政收入→政府财政支出→政府宏观管理效益→政府财政收入(正反馈回路)。

综上所述,区域创新系统的状态与运行机制是由上述主要反馈回路与辅助反馈回路的相互耦合作用所体现出来的整体结果。研究各反馈回路对系统整体作用的方式和系统中不同变量所处的状态,即可发现区域创新系统运行的基本特征与运行机理,通过对系统内部关键变量进行调控,可以促进创新型区域的形成。

2.2.5 区域创新的概念及内涵

区域创新指在技术、制度与文化创新等要素作用下,持续驱动区域内经济、社会、技术、文化、产业结构、资源配置,及人们的观念、思维方式和习惯转变等,所达到的一种区域现代化发展形态。创新型区域的本质在于两个根本转变,实现区域经济增长方式由要素驱动向创新驱动转变,实现从不平衡发展向和谐、协调发展转变。

1.区域创新的空间内涵

区域创新的空间内涵包含三个层面。一是指相对一致的地域范围。在一定的地理单元内,组成区域的各种要素存在着相对的一致性。二是指中心城市及其辐射地区。区域创新的进程呈现梯度推进的基本特征,在空间上存在着二元结构的特征。中心城市可以辐射、带动处于区域边缘地位的乡村地区,中心城市及其辐射地区也可以界定为区域创新的一种空间范围。三是指生态环境的界定。具有良好的可持续发展状态是创新型区域的重要特征与标志,在一定的空间范围内,必须保持较为完整的生态环境和可持续发展的态势。区域创新建设以可持续发展为基础,区域创新与高质量发展是相互依存的互动关系。

本著作所涉及的经济区域是建立在行政区域基础之上的,二者是一致的。据此,探讨的核心问题是省区级创新型区域问题。

2.区域创新的目标内涵

区域创新是一个动态发展过程,区域创新的相对目标分为两个层次。一是时间目标的确定。在不同发展阶段,确定新的目标,添加新的内容和赋予新的内涵。二是空间目标的确定,如较为发达的区域(实现更高水平的创新并带动较为落后区域的发展)和相对落后的区域(学习、引进和吸收发达区域的技术,以渐进创新为主,推动信息化、知识经济的进程)。

3.区域创新的理论内涵

区域创新是一个复杂的系统,涉及技术、经济、社会、文化等各个方面,各个子系统之间互相作用,互为内容。其内涵表现为内容上的广泛性和空间上的动态演化特征。非创新型区域在实现现代化的过程中主要靠非科技因素实现(如资源禀赋及依附于其他区域的资本和技术等)。区域创新主要是在区域内技术创新和制度创新的驱动下,推动区域经济增长与社会文明程度的提高。区域创新代表了一个时代的一种文明形式。区域的建立过程也是一种心理态度、价值观念、思想和文化理念、精神风貌和生活方式的演化过程,体现时代进步的特征,并表现出该特征所具有的文明形式。

4.区域创新的基本要素结构

区域创新必须具备四个基本要素:创新主体、创新资源、创新制度、创新文化。创新主体是创新活动的行为主体,是最重要的能动要素,位于四大创新要素的最顶端;其他要素为环境要素,共同构成了区域创新的发展环境,它们是区域创新建立的基础,服务于创新能动要素。

创新文化、创新制度以及创新资源这些环境条件可分为两类:一类是硬条件,主要指各种创新资源,是创新的物质来源;另一类是软条件,主要指创新文化和创新制度,是创新活动能够持续进行的软环境支撑要素。创新资源是创新活动的基础,创新制度保障创新体系的有效运转,创新文化提供维系和促进创新的基本环境。创新资源包括基础设施、人才、技术、资金、数据等。创新主体包括区域人才创新主体，政校企行、研究机构、中介机构等机构创新主体，以及以产业集群、产学研联盟等形式存在的创新群主体。创新制度包括创新政策（政策、法律法规等）及创新机制（激励、竞争、评价和监督等）。创新文化包括软环境（区域文化观念、创新氛围）及外部环境（国际竞争与合作）。创新主体、创新资源、创新制度与创新文化协调互动，形成区域创新自我平衡发展机制，推动区域持续创新能力形成。

2.2.6 区域创新的主要特征

1.区域创新的内在功能特征

区域创新是区域发展理念的一种创新，具备创新性、系统性、内生性、可持续性、集聚性和开放性六个内在功能特征。

（1）创新性

创新性为区域创新的最基本特征，表现为区域发展观念创新和发展模式创新，主要包括科技创新、制度创新、文化创新及综合创新。其中科技创新（知识创新和技术创新）是区域创新的核心，体现在知识发现及技术发明、创造和应用，高附加值产品的开发、生产和商业化，自主知识产权的拥有、增加和积累，核心技术开发能力的形成、巩固和提升等。制度创新和文化创新是区域创新的基础和保障。制度创新为科技创新提供利益保障机制和有效的组织结构、激励动因、市场体系和法律、行政及社会制度框架，如知识产权保护机制、经济价值实现机制、风险投资运作机制和社会中介服务机制等。在区域创新力量作用下，区域高技术产业和知识产业的比例不断提升，创新型企业和集群大量涌现，创新能力和效率大幅提高，区域整体创新特征明显。

（2）系统性

从系统学角度来看，现代的区域是一个多目标、多层次、多功能的动态开放系统。区域经济社会系统是由复杂的多元子系统构成的。子系统包括区域资源与环境子系统、区域生产子系统、区域消费子系统、区域创新子系统、区域管理子系统等，各子系统在与区域系统外不断发生能量交换的基础上，保持区域系统协调运行。各创新子系统作为创新型区域的核心系统，其激发的创新效应扩散至其他子系统，形成各子系统下的自适应、自组织结构功能。

(3) 内生性

内生性体现在区域发展模式和区域系统两方面。从区域发展模式上看，创新型区域发展是基于自身的资源和能力的"内生式发展模式"，是一种有序发展的协同效应，是区域系统固有的自组织能力，是建立在内生资本复合体之上的。内生资本复合体包括人力资本、社会资本、文化资本、智力资本、环境资本、自然资本和区域资本。其中，人力资本、文化资本和智力资本是创新型区域的核心内生要素，在这些核心内生要素的作用下，区域发展形成立足于自身资源基础上的、以创新驱动的区域经济发展模式。区域创新的自组织能力具有内生性，是形成区域系统有序发展的内在动力。区域内部各子系统在政府制度的引导下，自动形成有利于创新的结构和功能，推动区域向有序创新的平衡态演进。

(4) 可持续性

区域创新的可持续性表现在五个核心层面：一是可持续的创造就业与财富的区域经济，二是保证可持续的社会和谐发展的区域社会，三是建立可持续的协调稳定的区域生态环境，四是建设可持续的生动活泼的区域文化生活，五是可持续的政府和区域主体积极参与的区域治理。区域可持续发展也离不开现代科技的支撑，科技创新是区域实现可持续发展的基本技术保障。可持续性既是创新型区域的核心特征，也是创新型区域发展的主要方向和目标。

(5) 集聚性

区域集聚着大量高密度的经济要素，能形成强大的集聚效应。产业集聚的动力从过去共享基础设施、降低成本等静态的集聚要素转向有利于技术、知识的创新和扩散等的动态的集聚要素上来。创新型区域也是创新型产业和企业的集聚地，相互关联、高度专业化的产业有规律地集聚形成各具特色的产业创新集群。创新产业的集聚带来了专业化创新人才的集聚，有利于新思想和新技术的产生，又进一步激发了创新精神和创新热情。集聚的自强化机制推动区域经济良性发展。

(6) 开放性

创新型区域必须在全球范围内吸取资源和力量，以保持持续的创新力，其竞争力体现在区域发展的内在动力和外部资源能力的结合。创新型区域要在资源要素高效、规范、快速、有序的流动中实现价值。流量经济是区域以相应的平台和条件,吸引区外物资、人力、资本、技术、信息、服务等资源要素向区内集聚,通过各资源要素的重组、整合促进和带动相关产业升级和扩充,并将形成和扩大的竞争能力向周边和外界扩张和辐射,拓展了区域空间流量的范围;信息化则通过加快各种要素流动的速度与效率,增大了区域空间流量的容量。在区域创新的过程中,信息、资金、技术、人才以及政策等要素顺畅流动,产、学、研、金、政等创新主体在开放式的多边互动中采取有效的运行组合方式,最终实现"整体大于局部之和"的系统创新效应。

2.区域创新的外在表现特征

区域创新的外在表现特征如下。

(1)具有明确的战略规划

区域发展战略是一套具有指导性的谋划、构想或方案,指基于区域发展的现实条件和内外环境而做出的有关本区域总体发展和长远发展的全局性谋划。其功能就在于指明区域发展的方向、方法和步骤,使区域发展能够有目标、有组织、有系统地科学地推进。

(2)企业是创新活动的主体

企业是创新的主体,其创新能力是企业发展壮大的根本动力,也是提升区域竞争力的重要因素。企业有直接面向市场并了解市场需求的灵敏机制,有把科技成果转化为产品的先天优势,有实现持续创新的条件。企业家及其创新行为在区域创新中起着独特而重要的作用。企业家活跃在社会经济舞台的中心位置上,引领创新潮流。企业家群体的存在,是促进创新发展、推动社会进步的先决条件,维系着经济发展的动态进程。制度创新论倡导实行制度创新的第一行动集团中至少有一人具备企业家式素质;创新进化论认为企业家是组织中的核心要素,他们的学习能力决定了搜寻和选择的方向和水平,决定了经济演进及创新活动的锁定或路径依赖状态。

(3)具有创新驱动的区域发展机制

创新不是一个技术概念,而是一个经济概念。创新是一种不断运转的机制。创新活动必须有创新主体,创新主体的动力一是来源于对利益的追逐,二是来源于独特的理性精神或企业家精神。创新的实现离不开发达的金融体系、完善的信用制度及其他配套设施和环境等一定的社会经济条件,如市场制度、市场规模及其决定的有效需求、信息流动、社会政治结构和环境以及法律观念等。界定一个区域创新的标准是区域内是否存在着由创新驱动的经济增长机制与资源配置的优化机制。

(4) 具备完善的创新支持政策及法制保障体系

创新的本质特征是风险、不确定性与高额报酬,良好的激励机制和运行机制是实现创新的根本保证。市场经济条件下,市场机制通过价格体系和竞争机制提供信息、经济激励和决定收入分配。市场本身就是一个自我组织的创新过程,一方面是因为市场具有优胜劣汰机制,进入市场的生产者要么模仿他人创新的但市场仍短缺的产品,要么自己开发更有潜在价值的物品。市场能为创新提供动力,鼓励竞争和分散经营,在争夺创新优先权的市场竞争中有利于提高社会总体创新效率。市场把创新成功与否的裁判权交给消费者,既使创新服务于消费者,又能引导创新。市场机制有利于培育企业家,市场自身能给创新者提供某种自然保护,为创新提供持续的动力。但也存在市场"失灵",特别是对于具有较高外部性效应的创新活动来说更是如此,因此政府在维护市场秩序、健全市场机制的同时,还要构建支持自主创新的政策及法律法规体系,如建立一套完整的知识产权法律体系,大力推动和保护产业的技术创新和科研成果的产业化,实行企业技术创新退税政策,通过立法推动技术转让,促进科研成果向产业转化等。

(5) 营造区域创新的文化氛围

创新文化是区域发展最核心的软实力,是区域生存发展的命脉。创新文化能激发人们的创新意识,增强创新能力和动力,鼓励和支持创新行为,提供扩大创新活动空间的文化基因、文化模式和文化环境。它能够为创新者提供保护,是创新者的"精神家园"。

(6) 具备良好的经济指标

区域创新至少应满足5个基本经济指标:创新投入高,区域的研发强度一般在2%以上;科技进步贡献率高达70%以上;自主创新能力强,区域的对外技术依存度在30%以下;创新产出高;拥有明显的高新技术领域产业优势和完备的创新基础设施。

2.2.7　区域创新模式

各区域之间在科技资源禀赋、产业结构、教育培训及参与创新的要素等方面存在着差异,进而形成了不同的区域创新模式。区域创新模式有三种主要类型:产业集群模式、主动学习型模式和跨行政区模式。

1. **产业集群模式**

产业集群不仅能降低交易成本、提高效率,还能改进激励方式,此外还有利于新企业的形成。创新型区域主要由两类主体及其他相关主体构成:第一类主体是区域内主导产业集群的企业及支撑产业;第二类主体是制度结构,如研究和高等教育机构、职业培训机构、行业协会、金融机构等,对区域创新起着重要的支撑作用。产业集群模式基本框架如图2-1所示。

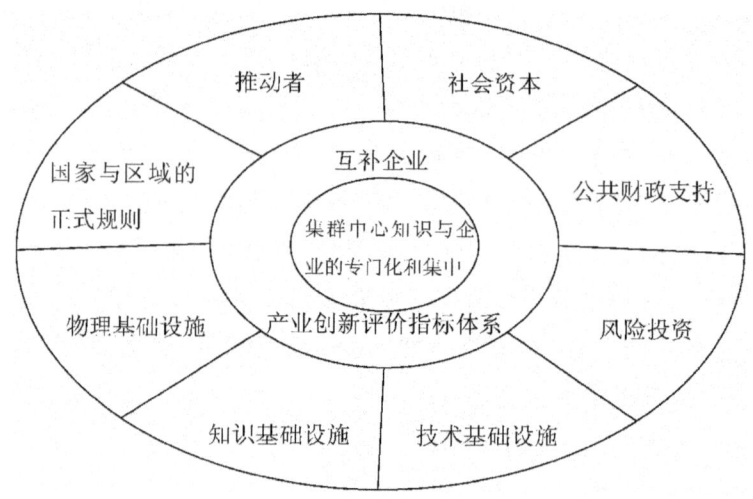

图 2-1 产业集群模式基本框架

我国浙江、广东等部分经济发达地区的区域创新以这种模式为主。该模式主要表现在以下几方面:提供特定领域的原始性创新供给,维持和提升特定产业竞争力及区域竞争力。该模式遵循的原则有:竞争力最大化原则、集群发展阶段性原则、产业和市场针对性原则、低门槛原则、公共资源共享最多原则,以及企业与政府互动定位原则。创新型区域在建设内容上应包括确定产业指导和创新措施的战略定位、共性技术平台建设、针对性的产业政策、人力资本开发体系、产业集群监控体系等。促进该模式形成的政策主要有:建立以产业集群为基础的科技创新平台,形成具有较强创新能力的科技创新网络;消除区域产业集群的制度壁垒;培育促进产业集聚的区域社会文化环境;推进区域产业集群融入全球产业价值链体系;等等。

2. 主动学习型模式

主动学习型模式基本框架如图 2-2 所示。

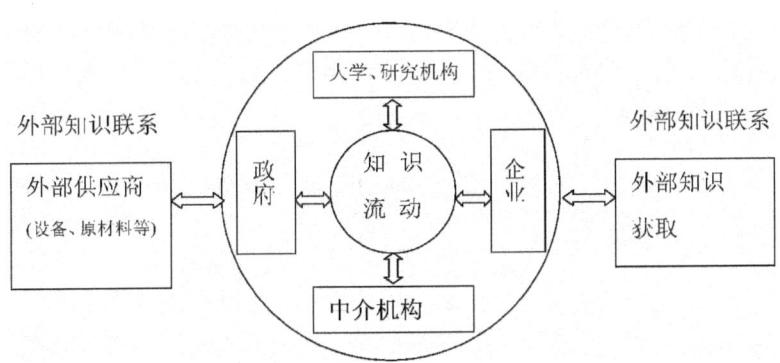

图 2-2 主动学习型模式基本框架

与弗里曼、纳尔逊的区域创新模型及波特的钻石模型相比,主动学习型区域创新既强调区域创新内创新行为主体之间的联系和互动,又强调区域构成要素之间的相互作用,强调一个地区的创新绩效取决于创新型区域的内部效率和外部联系效率。主动学习型创新型区域的分析框架更适合于发展中国家和地区及在某些技术领域落后的工业化国家。主要措施有:通过加强与外部的知识联系促进新技术的获取,以技术转移中心为节点构建技术扩散网络,融入全球生产系统并不断获取新技术。

3. 跨行政区模式

跨行政区模式指由不同行政区内有着密切联系的企业、科研院所、大学及政府在统一的创新环境下相互作用、不断创新而形成的一种跨行政区的创新型区域。我国区域创新主要是基于行政区域的,该行政体制加强了行政区域意识,人为地隔断了创新联系,甚至在一定程度上限制了创新主体与要素的流动,从而降低了创新型区域乃至国家创新体系的创新效率与能力。随着邻近地区的创新主体间联系与合作的加强,跨行政区合作与一体化进程成为区域发展的主流趋势,一些跨行政区创新体系正在逐步形成。采取跨行政区模式的主要措施有:建立跨行政区区域创新协调机构,建设互连互通的基础设施,相互开放和共享科技资源,联合共建创新载体和技术贸易市场及开展重大科技项目联合攻关等。

4.三种模式的比较

从特点、政策建议和典型区域对三种模式进行比较发现：三者均强调创新主体之间的知识联系。如果某一地区缺乏相关的地方创新主体，可选择主动学习型模式；如果产业集群发育，可选择产业集群模式；如果区域间联系密切，可选择跨行政区模式。三种模式的比较详见表2-1。

表2-1　三种区域创新模式的比较

模式	特点	政策建议	典型区域
产业集群模式	产业集群发育；区域内知识联系密切	产业集群与区域创新系统建设紧密结合； 从产业政策转变为产业集群和区域创新政策； 建立以产业集群为基础的科技创新平台，形成具有较强创新能力的科技创新网络； 消除区域产业集群的制度障碍，整合区域经济资源，培育区域社会文化环境；推进区域产业集群融入全球产业价值链。	发达地区
主动学习型模式	缺乏相关地方创新主体；区域内外知识联系密切	通过加强与外部的知识联系获取新技术； 以大学和研究机构的技术转移中心为节点，构建技术扩散网络，增强大学和科研机构在技术转移和扩散方面的支撑作用； 加强本土企业与跨国公司之间的联系，融入全球生产系统，并不断获取新技术。	落后地区
跨行政区模式	创新主体多元化；跨行政区联系密切；多行政区创新活动分工明确	联合开展跨行政区创新发展战略研究和规划； 建立跨行政区创新系统协调机构； 加速交通互连基础设施建设； 实行科技资源相互开放和共享； 联合共建创新载体； 联合共建技术贸易市场； 开展重大科技项目联合攻关。	城市群

2.2.8　区域创新的结构

1.区域创新的空间结构

区域经济的非均衡增长有利于区域空间结构的形成，而区域空间结构的演变又影响着区域创新态势与变化。区域创新也是在逐级扩散、分化及新的集中过程中，各区域之间创新差异不断弱化，多元性和互动性不断增强，各区域创新在更高的水平上趋于新的均衡。

区域空间结构演化过程分为四个阶段。一是低水平均衡阶段。该阶段的经济活动局限于小地域的封闭式范围,区域社会经济方面的空间组织呈持续的低水平状态。二是聚集和二元结构形成阶段。该阶段工业化过程在少数具有优势的区域引起经济聚集,极化增长的优势区位形成核心区,与受其支配的外围区域结合,构成二元式城镇的初步等级空间体系。受二元结构的影响,该阶段会出现污染与资源等方面的问题,在空间上也呈现出不均衡的分布态势。处理好核心区与外围区在创新问题上的关系具有重要意义。三是扩散和三元结构形成阶段。该阶段区域经济进入动态增长期。由于城市产业空间聚集的外部经济及新的劳动地域分工作用,较高层次与非标准化的经济活动向核心区与大城市集中,核心区与发达区的资源密集产业不断地向外扩散和转移,知识与技术密集型产业不断聚集。在此阶段,由于区域经济发展不平衡与创新问题不平衡同时加剧,对于区域内核心区以外的地区而言,实现双赢经济增长的基础与条件也随之恶化,政府应加大协调与调整力度,创造条件解决国家或区域范围内的创新问题。四是区域空间一体化阶段。该阶段是实现工业化发展之后的理想阶段。此时,区域经济发展不平衡基本消失,区域空间组织等级规模基本合理,区域社会经济也处于较高水平的均衡状态。

根据威廉姆森倒 U 型长期非均衡理论,区域创新不均衡可能是获得区域双赢经济发展的一个必要条件。根据区域非均衡增长原理,发展初期是核心区域与发达地域的极化,而后是核心区域发达地域的扩散及不同等级的多核心区形成。外围区或欠发达区域在多核心区形成过程中,要尽快跻身于新核心区行列,使双赢发展曲线尽早地出现向上的拐点,以便获得更好的双赢发展机遇与发展条件。

2. 区域创新的产业结构与城市化结构

区域是一个不断发展的动态的概念。按投影结构理论,区域是产业结构体系的载体,区域经济结构的基本框架即国民经济结构的基本框架在区域空间上的投影和在区域时间上的投影。区域结构具有四维特征。从三维空间看,区域结构是产业结构的投影;从一维时间看,区域结构表现为产业结构的演变,因为城市是区域的核心,区域结构演变的具体表象为社会的城市化进程。区域结构的中心内容包括产业结构(空间)和城市化进程(时间)的结合,具有明显的关联性、同步性。区域结构的演进即产业结构的演变、升级与城市化进程。

产业结构的演变过程:在传统社会阶段,三次产业结构为Ⅰ>Ⅲ>Ⅱ;在起飞前的准备阶段为Ⅰ>Ⅱ>Ⅲ;起飞阶段变为Ⅱ>Ⅰ>Ⅲ,或Ⅱ>Ⅲ>Ⅰ;向成熟推进阶段为Ⅱ>Ⅲ>Ⅰ,以及Ⅲ>Ⅱ>Ⅰ。(Ⅰ表示第一产业,Ⅱ表示第二产业,Ⅲ表示第三产业。)城市化进程的表现特征:在传统的农业社会表现为城镇中心独立发展,无等级体系,呈均衡分布结构;工业化初期(起飞前的准备阶段),呈核心—外围结构,城镇中心的极化作用加强;工业化中期,外围副中心出现,表现为多核心结构;后工业化社会,城镇体系最终形成,城乡一体化得到发展。区域结构演进中产业结构演变与城市化进程的关联与同步如表2-2所示。

表2-2 产业结构演变与城市化进程的关联与同步表

区域结构	产业结构	城市化进程
初级均衡阶段	农业为主体	均衡布局阶段
中心聚集阶段	工业为主体	节点开发阶段 点轴开发阶段
网络阶段	服务业与信息产业为主体	网络发展阶段

3.创新系统结构

从"创新是知识的产生、扩散和使用"的角度看,区域创新系统由知识创新子系统、技术创新子系统、知识传播子系统和知识应用子系统构成;从创新的结构上看,区域创新体系由创新主体子系统、创新基础子系统(技术标准、数据库、信息网络、科技设施等)、创新资源子系统(人才、知识、专利、信息、资金等)和创新环境子系统(政策法规、管理体制、市场和服务等)构成;从创新的动态过程看,区域创新系统由研究与开发子系统、创新引导子系统(创新计划与战略)、创新运行与调控子系统(制度、规则和政策)、创新支撑与服务子系统构成;从创新对象上看,区域创新系统由技术创新系统、制度创新系统、组织创新系统和管理创新系统构成。

根据对以上系统划分的研究,结合各区域创新体系运行的实际状况分析,遵循区域创新体系的构建原则及各子系统的功能和相互关系,区域创新系统结构的总体框架模型主要包括六个部分:科研开发系统、企业技术创新系统、创新成果扩散系统、教育培训系统、区域宏观调控系统以及社会服务支撑系统。这六个子系统分为两个层次,即创新运营层次和创新支撑层次。其中科研开发系统、创新成果扩散系统、企业技术创新系统三个子系统属于创新运营层次,这三个系统从知识的产生、扩散和使用角度来看,呈循环往复的闭环运行发展。此外的教育培训系统、区域宏观调控系统以及社会服务支撑系统属于创新支撑层次,这三个系统内部也有着一定的联系,在自身进行创新活动的同时也支撑着创新运营层次的创新活动。

在区域创新系统总体框架中,科研开发是创新活动的基础和源头,创新成果扩散是关键,企业技术创新是核心,教育培训系统为创新体系提供智力保障,宏观调控系统起着政策引导、系统整合的作用,而社会服务支撑系统则为整个框架体系的运行提供一个适当的物质和文化环境。这六个方面构成了区域创新体系的组织框架。其中科研开发体系主要包括柔性科研组织、人文社会科学研究机构、高校研究中心及实验室、基础研究型科研机构等;企业技术创新体系主要包括高新技术主导型科技企业、技术产业化转化机构及企业自主技术研发机构等;创新成果扩散体系主要包括企业孵化器及风险投资、科技人才市场及培训中心、技术市场及生产力促进中心、技术监督管理中心、信息咨询服务机构等;教育培训体系主要包括创新服务人才培训体系、高素质创新人才培训机构、职业技术培训机构等;区域宏观调控体系主要包括政府相关职能部门、区域创新监督评估体系、区域创新专家咨询委员会、区域创新领导小组等;社会服务支撑体系主要包括创新文化氛围、市场环境、法律保护体系、基础设施支撑体系等。(如图 2-3 所示)

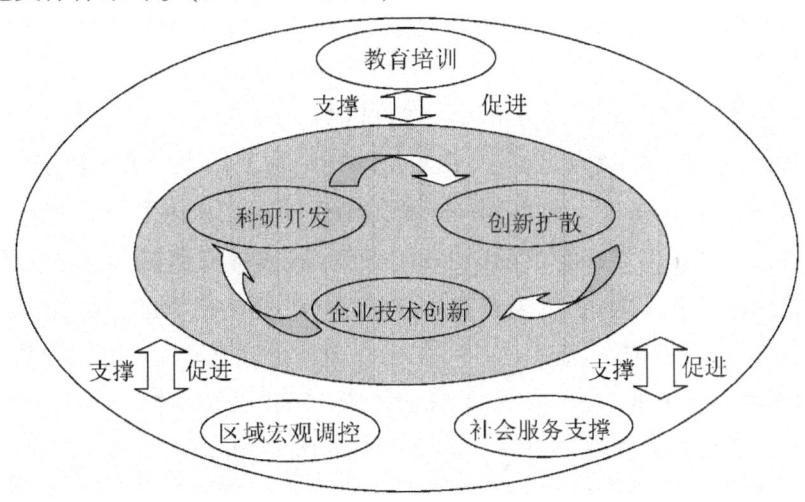

图 2-3　创新系统结构

(1) 区域创新系统的短链线性结构及运行机制

短链线性结构是以某个行为主体为核心点进行创新的线性结构模式。线性合作创新为：研究—开发—设计与生产—市场。该结构体现为创新主体推动创新产品的研发，通过设计与生产实现市场化。

短链线性结构运行机制有三种。一是政府主导、企业参与的合作创新机制。该机制中政府以资金投入和政策扶持为主，是线性组织结构的核心，是创新目标的制定者、创新资源的投入者、创新过程的主导者和创新成果的所有者。该创新体制适于在区域创新体系创建初期使用。二是政府引导、企业自主的合作创新机制。该机制中企业是线性组织结构的核心。企业或企业集群是创新目标的制定者、创新过程的组织者和参与者、创新资源的投入者、创新成果的所有者。其特点是在整个过程中，企业或企业集群是创新活动的主体。政府通过政策（金融政策和税收政策等）引导企业合作创新，通过搭建创新资源平台营造良好的创新环境。高校或科研院所合作参与，合作方式由企业、高校或科研院所共同决定。创新活动的融资及利益分配依靠市场运行。该机制适用于在区域创新体系增强期采用。三是政府倡导、企业自由参加的合作创新机制。该机制中政府倡导企业自由合作创新。企业是创新活动的发起者、组织者，是主要的资源投入者、过程参与者和成果所有者。其特点是企业起主导作用，创新的目标、内容和合作方式由企业确定，企业的创新自主性和创新动力增强，易形成多种形式的创新组合。该机制适用于在创新体系逐渐成熟时采用。

(2) 区域创新体系的网络结构及运行机制

在区域创新系统建设过程中，在短链线性结构基础上应有步骤、有计划地构建区域创新网络系统。创新网络系统是基于国家创新体系与省创新体系的网络平台，以强化区域创新的软、硬环境为支撑，以提高区域创新能力和创新效率为目标，具有开放边界、要素完备、网络互动、充满活力的创新体系。在网络体系中，政府、高校、科研院所、企业、中介机构之间形成复杂的作用机理，在区域内形成以企业为创新主体的技术创新体系、以政府为制度保障的宏观调控体系、以高校和科研院所为依托的科学研究体系、以中介机构为催化和孵化剂的中介服务体系。

在区域创新过程中，各行为主体同处于一个创新网络平台上，形成良性互动的复杂创新网络系统。如高校、科研院所与企业之间主要体现为物质资源、人力资源和技术资源之间的联系。物质资源方面,高校和科研院所为企业有偿或无偿地提供场地、设备等,间接地参与创新活动;人力资源方面,高校和科研院所为企业输送或联合培养各类人才等;技术资源方面,高校和科研院所向企业提供技术的直接投入和以技术创新为内容的技术合作。此外,在创新网络中,企业之间也存在一定的经济文化和联系,如合作开发、相互代理、企业之间的产品信息联系、企业内部刊物交流等。创新体系中的政府、高校及科研院所、企业、中介服务机构等行为主体共同实现知识创造、知识扩散、服务支持、政策支持、环境支撑等职能,促使知识快速高效地流动(如图2-4所示)。

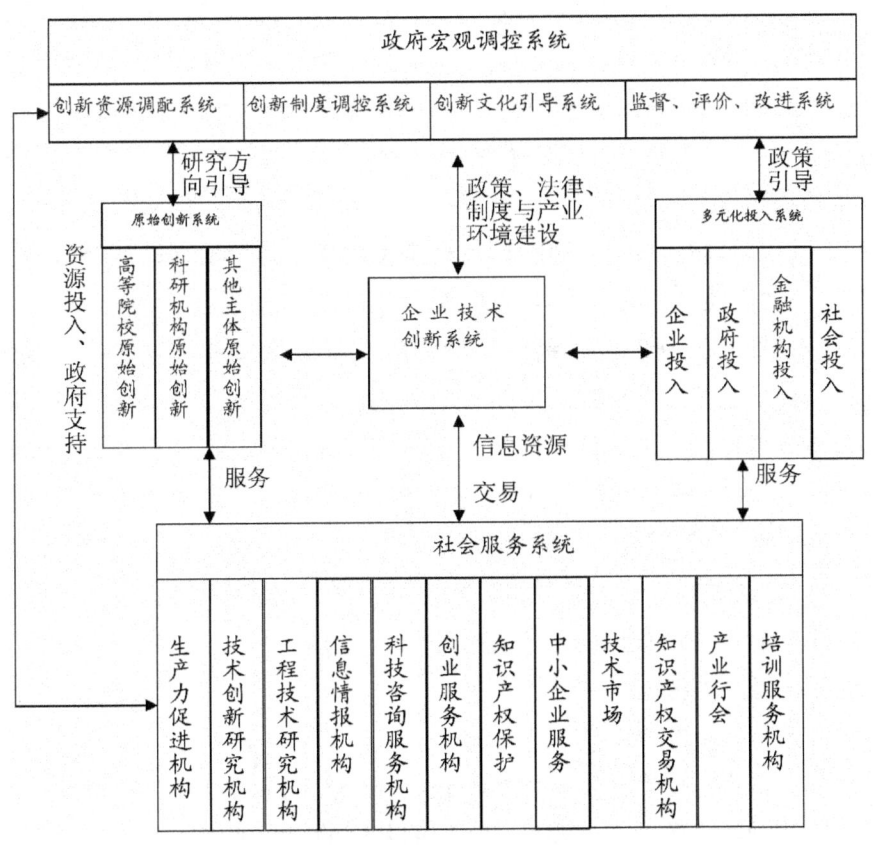

图 2-4　区域创新体系的网络结构及运行机制

2.3 区域经济发展要素与区域创新体系模型

2.3.1 现代区域发展的特征

1. 区域发展和区域经济发展

区域发展是指在一定时空范围内所进行的以资源开发、产业组织和结构优化为中心的一系列经济社会活动。

区域经济发展是区域经济总量的增长和结构演进。在区域经济发展中，经济总量的增长与结构演进是相互关联和互动的。区域经济增长指区域经济总量规模的扩大，经济总量包括总量指标和人均指标，一般用国民生产总值、国内生产总值、国民收入等来衡量。经济总量的增长为结构调整、转换、升级提供经济基础，结构演进增强资源配置能力，提高资源投入产出效率，实现经济总量的快速增长。经济目标增强区域的经济实力，社会目标改善人民的社会福利，环境目标合理利用资源，区域经济发展的目标是实现区域经济、社会、资源、环境的高质量发展。

区域发展和区域经济发展的含义相似，狭义上区域经济发展就是指区域在经济方面的进步，广义的区域经济发展则等同于区域发展，即包括经济、社会和环境等方面的发展。区域经济发展与区域经济增长也存在异同。经济增长是产出的增加（总产出和人均产出），而经济发展在产出增加的同时还伴随产业结构的改善和资源配置（投入结构）的优化。经济增长偏重于数量概念，经济发展既包括数量，又包括质量概念。经济增长是经济发展的基本动力，增长理论常被看作发展理论的重要组成部分。

2. 区域经济的特征

(1) 宏观背景的一致性

区域经济运行是在国家制度之下进行的，整个国民经济的宏观运行态势及国家的宏观经济政策是区域经济运行的共同的宏观环境。

(2) 较高程度的开放性

区域经济比国家经济具有更大的开放性，区域之间的市场关系不存在汇率障碍，不存在关税壁垒，资本、劳动力、技术、数据等要素在区域间具有更大的流动性。国家需要采取各种调控政策与手段,健全与完善国民经济的市场体系,这也能促进区域经济开放程度提高。

(3)经济活动的相对独立性

不同区域在经济增长、发展水平、产业结构以及发展战略上有其自身的特点。区域经济是整个国民经济中具有相对独立性的子系统,随着市场经济体制的建立与完善及地方自主权的扩大,区域经济的相对独立性日益凸显。

(4)经济发展的不平衡性

自然资源差异(位置与气候、地质地貌、土壤、植被、地下矿藏等)、经济活动差异(劳动力、资金、技术等要素流动等)、生产发展水平差异、产业结构与演进的差异、人文环境与其他非经济因素的差异等,导致了区域间经济发展(经济实力、经济增长速度、经济发展水平等)的不平衡。

3. 现代区域发展的特点

受供给侧结构性改革、中美贸易战的爆发和新型冠状病毒性肺炎疫情的影响,全球各国均面临着经济转型和政府职能的重构。各级政府在推动经济、社会与环境协调发展中的作用及管理手段的变化,使区域发展呈现出新特征。

(1)区域崛起与区域竞争程度提高

世界经济的全球化并不意味着各国、各地经济的独立,相反,全球的要素、资源和分工在全球范围内越来越集聚于有个性的地区,形成了特殊的区域集群,如我国北京的中关村、深圳的华强北、温州皮鞋、寿光蔬菜、义乌小商品、海宁皮衣及台湾的新竹等等。

区域是创新网络的空间载体,在新制度经济学中,其理论基础是政区竞争理论。政区竞争包括投资环境竞争、法律制度竞争和政府效率竞争。其核心是"能提供优越的投资环境,能建立严格约束政府权力的公法制度,能建立有效保护产权的私法制度,能提供优质营商环境的行政区域,会在政区间竞争中取胜,从而吸引更多的资本、企业家和人才到区域内投资创业"。

(2)区域的创新与学习型区域

创新区域出现"地域生产体系""产业区""创新域"和"地区创新网络"等。区域创新加速了集体学习过程,信息、知识和技能在整个地区快速地传播,提高了企业和机构的创造能力;创新在某种程度上是一个区域的集体努力,由于区域体中存在贸易网络、技术传播机构等组织形式,其中企业特别是小企业,不用承担全部的创新费用和压力,创新费用和压力就可以分散到区域的各组织承担。

(3) 区域文化作用日益凸显

经济和文化出现一体化趋势,文化力成为区域发展的强大内驱力,不同的区域经济孕育不同的地域文化,而地域文化环境又对区域经济发展产生反作用,各具特色的地域经济与不同的地域文化相伴而生。区域经济的高质量发展依赖于地域文化的优势和资源。新制度经济学认为,意识形态和文化观念在降低交易成本、促进经济发展、维护社会稳定等方面具有积极作用。

(4) 强调区域的高质量发展

我国经济已由高速增长阶段转向高质量发展阶段,高质量发展不仅指经济发展,还包括人类社会的进步、资源利用率的提高、生态环境功能的增强等。经济发展除了关注经济总量增长,还关注经济结构调整与经济增长方式转变。2015年10月29日,党的十八届五中全会第二次全体会议上提出的新发展理念是经济发展的真正内涵。创新注重解决发展动力问题,协调注重解决发展不平衡问题,绿色注重解决人与自然和谐问题,开放注重解决发展内外联动问题,共享注重解决社会公平正义问题。区域经济发展要按照现代化市场体系建设要求,以供给侧结构性改革为主线,推动经济发展质量变革、效率变革、动力变革,提高全要素生产率,建设实体经济、科技创新、现代金融、人力资源协同发展的产业体系,构建微观主体有活力、市场机制有效、宏观调控有度的经济体制。

2.3.2 区域经济发展的影响要素

区域经济运行、增长和发展是多种要素综合作用的结果。据IDC(互联网数据中心)测算,2018—2025年,中国拥有数据量将从7.5 ZB(泽字节)增长到48.6 ZB,全球占比27.8%,高于美国的17.5%。党的十九届四中全会首次将数据增列为一种生产要素。2020年,《中国中央 国务院关于构建更加完善的要素市场化配置体制机制的意见》(以下简称《意见》)印发。《意见》提出坚持建立开放型的要素市场体系,指出五大要素市场协同发展推动形成高标准要素市场体系。五大重点要素为土地、人力、资本、技术和数据。软要素(技术、数据)将大大拓宽生产广度和深度,渗透改造传统生产要素(土地、劳动力、资本)并使其释放新活力,五大要素重新组合,形成各要素价格,引导要素流动和配置,促进产业技术升级和经济结构优化。

1.影响区域经济发展的五大要素

(1)土地资源

《意见》强调建立健全城乡统一的建设用地市场。目前,我国城市化进程的一个重要特点是大都市圈和城市群加快发展,大都市圈和城市群建设均涉及转型升级、创新驱动、经济增长新动能等,这就要求加快城乡接合部的农村集体土地制度改革,打通城乡之间人员、资金、技术、土地等要素的双向流动通道。为便于地方政府从实际出发制定规划,提高土地利用效率,已修改完善《中华人民共和国土地管理法实施条例》和相关配套制度,制定出台农村集体经营性建设用地入市指导意见;深化农村宅基地制度改革试点,完善城乡建设用地增减挂钩政策;完善土地管理体制方面,城乡建设用地指标使用应更多由省级政府负责,探索建立全国性的建设用地,补充耕地指标跨区域交易机制。

(2)人力资源

人力资源包括人口数量、人口结构和劳动力状况。人力资源直接影响区域经济活动水平,影响区域经济产出的产品、劳务以及经济增长的高低。人口数量指区域人口的总量、劳动人口的数量及人口出生率等多项内容;人口结构包括人口的自然年龄结构、文化结构、城乡结构、就业结构等;劳动力状况包括劳动力投入量、劳动力的素质及劳动生产率等内容。与城市化进程相适应,要深化户籍制度改革,放开放宽除个别超大城市外的城市落户限制,试行以经常居住地登记户口制度。建立城镇教育、就业创业、医疗卫生等基本公共服务与常住人口挂钩机制,推动公共资源按常住人口规模配置。畅通劳动力和人才社会性流动渠道,完善技术技能评价制度等,提升劳动力市场的活力和韧性。

(3)资本

区域经济活动中的资本包括原有投资所形成的物质装备和新增投资,包括从事生产、流通和服务性的经济活动的固定资产及经济活动所依赖的能源设施和基础设施等。区域物质装备既是区域经济增长的成果与标志,又是区域经济增长持续进行的物质基础。资本投入增加同经济规模与经济增长成正比。在推进资本要素市场化配置方面,坚持市场化、法治化改革方向,稳步扩大债券市场规模,丰富债券市场品种。改革完善股票市场发行、交易、退市等制度。解决中小微企业融资难、融资贵的问题对经济高质量发展尤为重要。推进绿色金融创新,增加有效金融服务供给。在金融对外开放方面,推动我国金融业主动有序地融入国际金融体系。

(4)技术

科学是关于自然、社会和思维的运动形式与发展规律的知识体系,技术是根据实践与科学原理而创造的各种活动手段。科学技术作为生产力系统中极为重要的要素,可推动区域经济结构发生质的飞跃。从制度上,要完善科技创新资源配置方式,健全职务科技成果产权制度,促进技术要素和资本要素融合发展,探索国际科技创新合作模式。科学技术是提高区域经济活动水平,加速区域经济增长和发展的根本途径。

(5)数据

数据在全球经济运转中的价值日益凸显,各国均在抢夺数字经济制高点。按照我国"智能制造2025"、美国"工业互联网"、德国"工业4.0"计划等规划部署,数据要素将加速向制造业领域渗透。将数据作为生产要素恰逢其时:一是数据促进经济增长,可以提高经济生产效率;二是作为参与分配的要素,尤其是通过替代的原有劳动力、土地、资本和技术等生产要素,将影响经济结构变化和要素变迁。数字经济的核心生产要素是数据,是信息革命的关键成果。数据要素将成为影响未来工业化水平的重要因素,有助于化"人口红利""成本红利"为"数据红利""创新红利"。据IDC统计,近5年美、英、日三国企业服务器保有量分别为中国的2.18倍、2倍和2.13倍。我国产业数字化脱实向虚的趋势较为明显,一、二、三产数字化渗透度分别为1.3%、3.6%和17.2%。鉴于数据要素的重要性,部委层面,国务院组成部门、直属特设机构和直属机构中,超过60%的单位印发了相关推动大数据发展的文件(见表2-3),启动了行业大数据中心体系建设。

表2-3 国家部委推动大数据发展相关文件或措施

序号	部委	文件或措施
1	工信部	《关于印发大数据产业发展规划(2016—2020年)的通知》(工信部规〔2016〕412号)
2	国务院办公厅	《国务院办公厅关于印发科学数据管理办法的通知》(国办发〔2018〕17号)

续表

序号	部委	文件或措施
3	公安部	2018年1月组建"全国公安大数据工作领导小组",全力实施公安大数据战略
4	国安部	建设国家安全部大数据中心
5	司法部	建设全国司法大数据平台
6	财政部	建设全国财政大数据平台
7	人社部	建设人社部大数据分析决策指挥中心
8	环境保护部	《环境保护部办公厅关于印发〈生态环境大数据建设总体方案〉的通知》(环办厅〔2016〕23号)
9	交通运输部	《关于推进交通运输行业数据资源开放共享的实施意见》(交办科技〔2016〕113号),《关于印发〈推进综合交通运输大数据发展行动纲要(2020—2025年)〉的通知》(交科技发〔2019〕161号)
10	水利部	《关于推进水利大数据发展的指导意见》
11	农业部	《关于推进农业农村大数据发展的实施意见》
12	商务部	建设商务大数据应用服务平台
13	国务院办公厅	《关于促进和规范健康医疗大数据应用发展的指导意见》(国办发〔2016〕47号)
14	应急管理部	建设应急大数据应用服务平台
15	审计署	建设国家审计数据中心
16	国资委	建设国资委国有企业大数据综合监测分析系统
17	海关总署	建设全国海关信息中心海关大数据云平台
18	税务总局	建设税务总局、省税务局两级税收大数据平台;成立社会保险司、税收大数据和风险管理局
19	广电总局	印发《关于促进智慧广电发展的指导意见》,建设广电大数据中心
20	国家统计局	成立国家统计局数据管理中心

2018年3月13日,国务院机构改革方案公布,各地方启动机构改革,已有20余个省级地方成立大数据管理机构,表现形式为组建大数据管理局、政务服务数据管理局和大数据管理中心。各地大数据机构设置和职能范围有的属于省政府主管,有的隶属办公厅、发展改革委员会、经济和信息化委员会等职能部委,机构性质的多元使运行机制各有差异(见表2-4)。

表2-4 地方大数据机构及数据一览

序号	单位名称	隶属机构	机构性质
1	北京市经济和信息化局	北京市人民政府	原有政府机构加挂牌子
2	天津市大数据管理中心	中共天津市委网络安全和信息化领导小组办公室	新组建事业单位
3	上海市大数据管理中心	上海市政府办公厅	新组建事业单位

续表

序号	单位名称	隶属机构	机构性质
4	重庆市大数据应用发展管理局	重庆市人民政府	新组建政府机构
5	河北省大数据中心	河北省工业和信息化厅	原有事业单位
6	山西省行政审批服务管理局（省政务信息管理局）	山西省人民政府	新组建政府机构
7	辽宁省信息中心	辽宁省人民政府	统筹整合省级主要事业单位后新组建
8	吉林省政务服务和数字化建设管理局	吉林省人民政府	新组建政府机构
9	黑龙江省政务大数据中心	黑龙江省营商环境建设监督局	新组建事业单位
10	江苏省大数据管理中心	江苏省政务服务管理办公室	新组建事业单位
11	浙江省大数据发展管理局	浙江省人民政府办公厅	新组建政府机构
12	安徽省数据资源管理局	安徽省人民政府	新组建政府机构
13	数字福建领导小组办公室（省大数据管理局）	福建省人民政府	原有政府机构加挂牌子
14	江西省信息中心（省大数据中心）	江西省发展和改革委员会	原有事业单位加挂牌子
15	山东省大数据局	山东省人民政府	新组建政府机构
16	河南省大数据管理局	河南省人民政府办公厅	新组建政府机构
17	湖北省政府政务管理办公室（省数字政府建设领导小组办公室）	省政府办公厅	新组建政府机构
18	广东省政务服务大数据管理局	广东省人民政府办公厅	新组建政府机构
19	海南省大数据局	海南省人民政府	新组建法定机构
20	贵州省大数据发展管理局	贵州省人民政府	原政府机构（贵州省公共服务管理办公室）更名
21	陕西省工业和信息化厅（省政务数据服务局）	陕西省人民政府	原有政府机构加挂牌子
22	内蒙古自治区大数据发展管理局	内蒙古自治区人民政府	新组建事业单位
23	广西壮族自治区大数据发展局	广西壮族自治区人民政府	新组建政府机构
24	四川省大数据中心	四川省人民政府	新组建事业单位
25	云南省数字经济局	云南省人民政府	新组建政府机构

  区域高质量发展归途在于区域间经济、社会、文化和生态等多维度协调发展，缩减区域数字鸿沟；培育数字经济新产业、新业态和新模式；推进政府数据开放共享，制定出台新一批数据共享责任清单；加强数据资源整合和安全保

护,最终满足人民对美好生活的需求。

2. 影响区域经济发展要素间的相互关系

区域经济发展是多种要素如区位条件、资源禀赋、基础设施、政府政策以及社会环境等共同作用的结果。这些要素类型的划分依据不同,按功能分为基础型要素、约束型要素和推动型要素;按生成状况分为自生性要素与再生性要素,或原生性要素与衍生性要素;按照流动性分为流动性要素和非流动性要素;按作用方式分为直接影响要素与间接影响要素;按创新型区域研究需要分为限制要素和动力要素两种类型。这种划分是动态的、相对的,一定条件或背景下两种类型的要素之间可以发生转换。

(1) 区域经济发展的限制要素

经济发展的限制要素指从根本上阻碍或制约经济发展方向、速度、格局的最本源因素。限制要素可归纳为自然方面的限制要素(地理环境、资源等)和社会方面的限制要素(人口、制度、文化传统及国际秩序等)。这两类限制要素对经济发展的影响表现形式不同。如区域的文化传统和社会价值观与现代社会所需要的文化观念相得益彰,就是经济发展深层的促进要素,反之即为阻碍要素。

(2) 区域经济发展的动力要素

经济发展的动力要素指那些能够直接推动经济持续增长、促进社会经济结构发生转变的根本性的决定力量。动力要素与动力主体不同,经济活动的动力主体或是个人,或是群体,或是政府,而经济发展的动力要素是有效地促进社会经济发展,并形成一种良性机制,能真正地促进产业结构转换、提高劳动生产率、推动经济发展进程。区域经济发展速度主要取决于该区域所拥有的动力要素的强弱程度。推动经济发展的动力要素包括制度、文化、产业自组织、技术创新等。

制度动力的一个显著特点是它的强制性。制度创新动力要素包括正式约束、非正式约束、制度安排、制度变迁、交易费用等。动力表现为约束力、竞争力、合作力、引导力、政策力等。制度对经济发展的影响是通过一系列的规则来界定和约束人们的选择空间,改变区域经济结构、收入分配结构及资源配置的可能性。制度创新通过改变交易规则为区域经济增长创造条件,由"极化"向"扩散"转化,构成区域经济发展的过程。

文化动力首先作用于人的思想观念，进而进入经济领域的各层面。人的智力、精神动力能为经济发展提供无限的动力，并形成长久的促动效应。区域文化动力要素包括文化观念、文化定势、文化模式、文化效应、制度文化等。动力的表现形式有激励力、导向力、凝聚力等。激励力赋予区域经济以活力，导向力赋予区域经济以价值，凝聚力赋予区域经济以组织效能。缺乏其中任何一种功能或者功能失调，都会给区域经济发展带来负面影响。

产业内部的组织过程在内在机制的驱动下，组织结构和运行模式不断地自我完善，使系统内部结构经历了原有结构失衡和新的有序结构建立，通过竞争与协同形成了以主导产业为主的格局。随着区域经济发展，主导产业会持续更替与发展。产业自组织动力要素包括产业涨落、交叉、突变、循环、分叉等。动力的表现形式有涨落力、协同力、复制力、循环力、催化力和结构力等。

政府、高等院校、科研院所、企业和中介机构等构成区域技术创新系统，推动区域经济发展。技术创新动力要素包括政府、高等院校、科研院所、企业、中介机构、技术、制度等。动力的表现形式有技术推力、市场拉力、扩散力等，技术推力→市场拉力→扩散力的实现过程即技术创新→进入市场→企业模仿→生产的过程。

2.3.3 区域创新体系模型

创新型区域是一个集经济、社会、生态为一体的十分复杂巨大的开放复合系统。该系统在运行过程中与自然资源、自然条件、环境发生着有机联系，与社会的生产、交换、分配、消费发生有机联系，与区域外（边际之间、区域之间）也发生着有机联系。正是由于区域经济发展的复杂性，构建区域创新体系对促进区域经济发展尤为重要。

1. 区域创新体系的结构模型

创新型区域结构的主要特征体现为整体性、关联性、有序性和开放性。整体性指创新型区域是由许多子系统、子子系统按照某种目的或功能组合起来的有机整体。对于创新型区域而言，判断和分析整个动力系统的功能和效率必须从整体上分析各种要素之间的相互关系。关联性指在创新型区域内部的各要素均以一定的组织形式联系在一起，并彼此相互发生作用和影响。无序性指在创新型区域结构中，在功能和目的上，各种要素之间存在矛盾和冲突创新型区域结构的无序性大大影响着创新型区域的发展,有序性决定了整个创新区域功能的充分发挥。有序性越强,其不确定性就越小。在创新型区域经济发展过程中,创新主体需要积极寻求或采取措施最大限度地增加创新型区域结构的有序性。开放性指创新型区域能与外界的环境交换信息、能量,使创新型区域能够不断演化和发展。开放性是有序性的重要保证。在创新型区域中,要素自身的开放性也是决定动力系统有序性的重要因素。

创新型区域的动力系统主要由技术创新系统、文化创新系统、制度创新系统构成,创新型区域的运行系统主要由产业创新与城市创新系统构成,创新型区域的调控系统主要由区域与中央政府调控构成,创新型区域的传导与反馈系统主要由市场机制构成。创新型区域结构模型中,各系统之间的相互作用如图2-5所示。

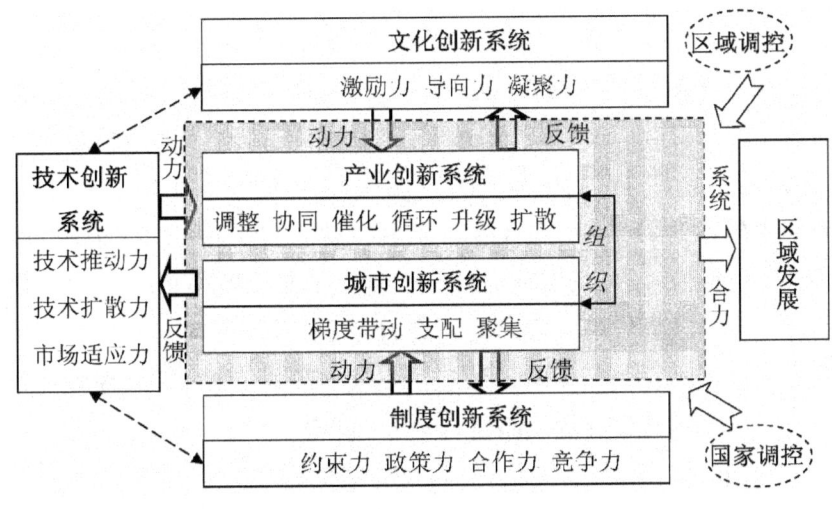

图2-5 区域创新体系的结构模型

2. 区域创新体系发展动力模型

创新型区域发展受各种动力影响,在动态的发展中也要受到不同作用力的影响。区域经济发展的动力模型如图2-6所示。

图中横轴表示时间,纵轴表示区域经济发展水平,斜线 l 表示区域经济发展是一个艰难的负重爬升过程,滑块表示区域经济体,F_i 表示各种作用力,$i=0,1,2,\cdots\cdots,n$。则区域经济发展水平与区域经济发展动力要素的函数关系式为

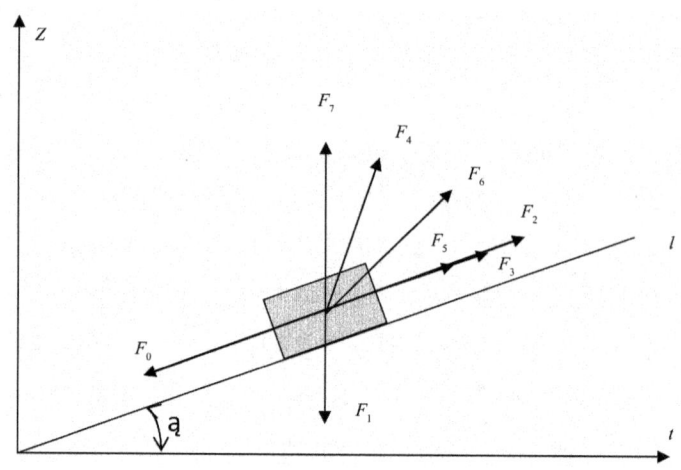

图 2-6　区域创新体系发展动力模型

$$Z=f(F_0, F_1, F_2, F_3, F_4, F_5, F_6, F_7, F_r, \alpha, t)$$

其中：Z——区域经济发展水平；F_0——区域经济发展阻力；F_1——区域经济发展重力，主要指一定条件或背景下，动力性与限制性要素之间的转换产生的作用力；F_2——来自市场的拉动力；F_3——技术创新产生的动力；F_4——制度创新产生的动力；F_5——政府推动产生的动力；F_6——文化创新产生的动力；F_7——区域经济发展的支撑力（产业结构、企业规模等）；t——区域经济发展时间；F_r——其他力，指函数中的一个自变量，因性质和方向具有不确定性而无法在图中体现；α——影响区域经济发展的斜面角度，可以理解为角度的大小反映了区域经济发展的战略目标和外部环境。

第3章
国内外区域创新比较

3.1 国内外典型区域创新

3.1.1 美国的区域创新

1.美国区域创新的现状和特点

1) 美国的区域创新以企业为主体

市场机制是企业间协调的主要机制,资源配置大多采用市场方式,企业的创新活动也由市场决定。政府主要从国家和地区角度为企业技术创新营造环境,通过直接或间接手段进行调控,而企业则根据自身发展战略和在市场中所处的地位,决定何时创新和如何创新。新技术的私有化、利润动机和市场压力依赖于市场力量选择和企业本身。

2) 制度政策和机构安排是多元化的

制度是社会发展过程中的基础性因素,制度由约束个人和团体间相互作用的一系列习惯、常规、既有的经验和规则等组成,它有助于创新环境的形成,并对创新体系效率有影响。市场经济的缺陷是缺乏计划性,产业开发缺乏协调性,与理想状态相比,会造成研究开发配置的低效,不易达到规模经济和范围经济。美国的各级政府从供给、需求和营商环境等方面制定了多元的制度促进技术创新活动开展。制度制定主要涵盖以下方面。第一,选择性地支持三类研究开发(基础研究、与政府自身需求有关的研究、旨在提高某个特定产业或厂商群商业竞争力的研究)。第二,制定加强基础设施建设,制定新的法令、法规及为企业提供有利于创新的营商环境的政策。第三,通过政府采购、国防开支、税收政策(包括鼓励风险投资的税收政策)等政府行为推动工业创新。第四,通过推出科技发展计划,政府促进体系要素间的交互,特别是促进政府与企业、研究机构之间的交互。①

在制定法律、法规方面,美国力图通过健全的法律来规范创新主体的市场行为。美国先后制定了一系列法律,以促进小企业的创新发展立法为例(表3-1),美国已形成以《小企业法》为基本法,涵盖投资、创新、贷款及反垄断等较成熟的小企业法律体系,建立了小企业管理局、小企业委员会和白宫小企业会议等专门机构,为小企业发展提供法律保障和制度支持。

表3-1 美国小企业立法一览表

时间	法律名称
1890	《谢尔曼法》(防范大企业的垄断地位和对国家经济的控制)
1914	《克莱顿法》(通过反垄断立法间接保护小企业)
1936	《罗宾逊·帕特曼法》(保护小企业免受大企业的不公平竞争)
1937	《米勒·泰丁斯法》(保护小企业免受大企业的不公平竞争)
1953	《小企业法》(1961、1967年两次修订,明确小企业的法律地位)
1958	《小企业投资法》(依法制定、协调政策,提供资金支持)
1964	《机会均等法》(以机会均等贷款解决小企业资金不足问题)
1980	《史蒂文森-怀特勒创新法》(国家实验室加强所持有技术向产业界的推介)、《小企业经济政策法》(规定总统向国会每年递交一份关于小企业状况的报告)、《小企业从业人员所有制法》(规定从业人员持股过半仍可向政府贷款)、《监管灵活性法》(为小企业豁免许多联邦政府管制)
1982	《小企业开发中心法》(使小企业有参与政府拨款研究项目的机会)、《准时付款法》(敦促联邦各机构为小企业及时提供贷款)、《小企业技术创新发展法》(鼓励小企业创新)
1992	《小企业研究与发展促进法》
1999	《小企业投资法》《小企业贷款增加法》《小企业项目改进法》《小企业公平税收法》《小企业主孵化法》
2000	《小企业再授权法》
2010	《小企业就业法案》(设立小企业信贷基金、小企业减税优惠政策)
2012	《创业企业扶助法》(提高小企业融资成功率)

---

① 谢华.区域开发中的制度创新:美国经验及其启示[J].生产力研究,2007(13):86-88+163.

续表

时间	法律名称
2020	2万亿经济刺激法案——《冠状病毒援助、救济和经济安全法案》(Coronavirus Aid, Relief, and Economic Security Act, CARES Act)。其中6290亿美元用于小企业专项贷款,3490亿美元帮助小企业应对新冠病毒危机的工资保障计划(Paycheck Protection Program, PPP),2800亿美元用于经济伤害灾难贷款计划(EIDL)

为了提高研发效率,美国制定了一系列促进技术创新和加速科技成果转化的法规,并通过政府采购支持中小企业自主创新:《大学和小企业专利程序法》(1980年)、《小企业创新研究项目计划》(1982年)、《国家合作研究法及其修正案》(1984年)、《联邦技术转让法》(1986年)、《先进技术计划》(1990年)、《制造业发展合作计划》(1988年)、《新一代汽车合作研究开发计划》(1993年)、《国家信息基础设施行动计划》(1993年)。2019年,第三次修订《购买美国产品法》,规定商品中来自国外的原材料成本超过50%被算作国外产品。《购买美国产品法》政府采购报价中,本国中小企业供应商报价不超过外国供应商报价的12%,优先选用本国供应商。

3) 美国在区域创新中的作用是间接和有限的

政府在技术创新中占有重要地位,美国的区域创新在保留产业创新利润的同时,通过大学等有关机构和大量的政府资助,共有技术的很大部分和很多方面,从而在很大程度上避免了私有化的损失。美国国家和区域创新的最大成功在于在私有和公有间建立了适当的平衡,既保持足够的私有性刺激鼓励创新,又保持足够的公有性促进技术推广应用。

4) 美国的区域创新模式以合作创新模式为主

区域创新模式主要有自主创新、模仿创新和合作创新。企业作为区域创新主体,通过合作组建研究机构从事基础研究,依托"科研—生产—设计"一体化体系,积极与大学等专门科研机构合作,联合建立科技研究中心,这些中心已逐渐成为美国高新技术的聚集地。

5) 美国的科研体系特征

①从国外引进优秀人才。据统计,1996—1997年美国的注册留学生达到创纪录的45.8万人;2000年,美国的留学生数量达到50万人;2015年,美国留学生超过100万人。每年获得博士学位的留学生中有50%左右留在美国工

作,扩充了美国的科技队伍,推动了科研发展。2019年11月,美国国际教育协会(IIE)发布的《2019美国门户开放报告》显示:2018到2019学年中,在美国学习的外国留学生总人数达109.5万人,但增长率放缓,仅为0.05%,为十年内最低。其中近56.3%是攻读工程、数学及商科等STEM专业(见表3-2)。工程专业占总人数的21.1%;数学和计算机科学人数占到总数的18.6%。2018到2019学年,中国留学生主攻专业为数学和计算机科学及商科,分别占中国留学生总数的19.9%、18.9%。

表3-2 美国留学生专业选择一览表

SELECTED FIELDS of STUDY	2018/2019	%of total	%change
Engineering	230 780	21.1	-0.8
Math and Computer Science	203 461	18.6	9.4
Business and Management	182 170	16.6	-7.1
Social Sciences	84 320	7.7	0.7
Physical and Life Sciences	81 580	7.4	3.7
Fine and Applied Arts	63 097	5.8	-1.1
Health Professions	35 446	3.2	0.8
Communications and Journalism	24 017	2.2	5.2
Intensive English	22 026	2.0	-14.8
Humanities	17 013	1.6	-0.2
Education	16 786	1.5	-4.7
Legal Studies and Law Enforcement	16 483	1.5	-2.4
Agriculture	13 754	1.3	10.3

在美国的中国留学生接近37万人,占美国国际留学生的33.7%。中国留学生人数从2000年的6万人上升到2019年的近37万人。虽然中国赴美留学人数逐年上升,但增长率连续十年下降,增长率从2009—2010年的29.9%下跌至2018—2019年度的1.7%(见图3-1)。2019年以来,去美国留学的国际学生数量几乎减少了7%,是美国注册在校国际学生数量十年来第一次减少。中国赴美留学生减少最多,主要原因在于中美外交和贸易争端,特朗普政府收紧签证制度,限制中国留学生赴美留学,以及突如其来的新型冠状病毒性肺炎,各国疫情防控影响了留学进程。全球高等教育分析机构QS的报告显示:受访留学生中,疫情影响50%以上的留学计划,其中,有66%的中国留学生受影响。

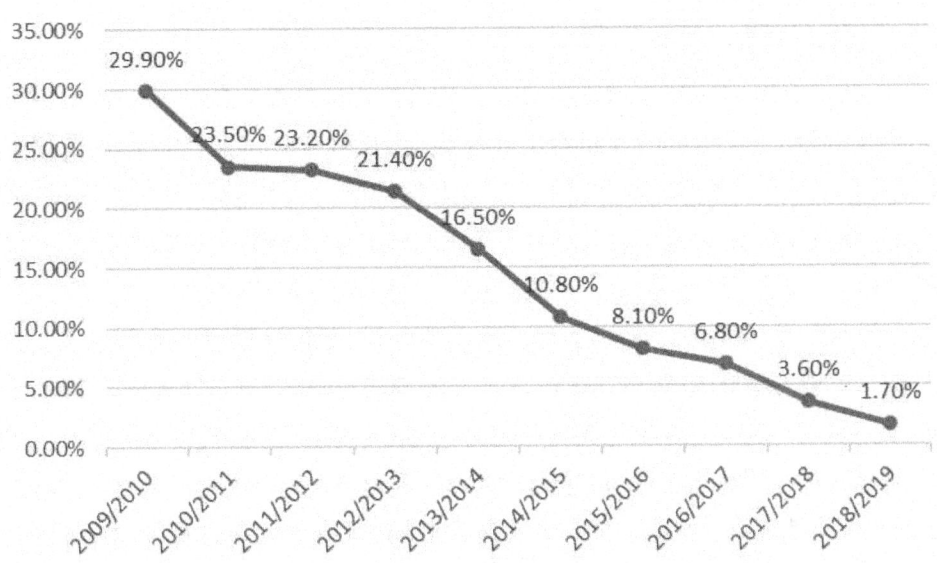

图 3-1　2009—2019 年在美留学生人数增速情况

（数据来源：美国国际教育协会 IIE、中商产业研究院整理）

②重视本科高年级和研究生参加科研工作。美国商务部数据显示：2018年国际学生为美国经济贡献了 447 亿美元，比上年增长 5.5%，创造了 45.8 万个就业机会。如果把学生参加的科研工作量换由专职科研人员承担，美国大学将增加数万名专职研究人员，科研成果所创造的潜在价值更无法估量。教学与科研结合已成为美国科学事业发展和培养高层次人才的一个重要经验。

③突出研究成果转化。20 世纪 80 年代以来，美国研发经费平均增长率达 3% 以上。2018 年美国的研发强度为 2.79%。美国大学科研成果转化力度逐步增强，科技中介机构功能和营利模式日臻完善。

6）科技中介机构功能及性质

（1）科技中介机构功能

科技中介机构可划分为三类：一是生产力促进中心、创业服务中心、工程技术研究中心等直接参与服务对象技术创新过程的机构；二是科技评估中心、招投标机构、知识产权事务中心和各类科技咨询机构等主要利用技术、管理和市场等方面的知识为创新主体提供咨询服务的机构；三是常设技术市场、中介市场、科技条件市场、技术产权交易机构等主要为科技资源的有效流动、合理配置提供服务的机构。

(2)科技中介机构性质

科技中介机构性质分为营利与非营利两类。国家设立的非营利机构数量少,机构的设立、业务范围及经费由政府决定,在整个技术服务机构中占据重要地位。民间设立的非营利机构主要由大学等研究机构或私人投资建设,如威斯康星校友研究基金会。营利性机构以公司运作为模式,已成为美国科技服务业的中坚力量。科技中介机构执行主体主要包括以下五类。

第一类,官方组织。美国小企业管理局1958年被美国国会确定为永久性联邦机构,是独立的美国小型联邦政府机构,是美国政府制定小企业政策的主要参考和执行部门。其职能为向中小企业提供资金支持、技术援助、政府采购、紧急救助、市场开拓(特别是国际市场)等全方位、专业化的服务;已形成庞大的全国性网络,在美国十大城市设有分局,分局下设100多个地方机构,员工总人数超过4000人,成为促进美国科技成果产业化和经济持续增长的重要社会力量。

第二类,半官方性质的联盟和协会组织。它们的职能是帮助新兴高科技企业争取资金、寻找商业合作伙伴、改进管理和推动新科技发明尽快进入市场,此外还参与政府科技经济发展规划,负责政府部分科技项目的评审管理等。

第三类,高科技企业孵化器。孵化器的服务业务有:帮助企业进行资金融通和资金管理;提供法律、会计等专业服务;提供技术咨询、技术转让和技术指导服务;提供"种子基金"等。

第四类,特定领域的专业服务机构。如由IBM(美国国际商用机器公司)等公司赞助的圣荷西市软件发展中心即为此类专业服务机构,帮助小软件开发企业获得专利、资金,提供软件测试设备,组织专题讲座。

第五类,大学里的技术转移办公室。其职能是将大学的技术成果转移给企业,推动大学与企业的合作。

(3)美国科技服务业发展原因

美国的科技服务业最早可追溯到19世纪初期,20世纪中后期取得突飞猛进的发展,原因如下。

首先,营造有利于科技中介发展的营商环境,通过政策制定引导科技中介关注技术创新；科技中介机构在技术成果与市场间架起桥梁,沟通政府与创新主体的联系。

其次,行业自律是基础。政府不直接管理科技中介组织,通过法律、法规给予科技中介发展空间,把一部分政府职能如行业管理、项目评估、市场监管等委托给中介机构。

再次,服务于中小企业是方向。美国大量的中小型科技型中介机构主要服务于科技型中小企业。政府普遍采取"政府扶持+中介服务"来推动中小企业发展。如隶属于美国商务部小企业管理局的小企业发展中心、中小企业信息中心、生产力促进中心等均为中小企业提供全方位服务。

最后,高素质人才是根本。科技中介机构的第一要素是拥有高素质人才。

7) 区域创新包含的重要子体系

区域创新包含的重要子体系包括知识生产和扩散子体系及知识应用和开发子体系。

(1) 知识生产和扩散子体系

该体系的核心主体是高等教育机构和科技中介机构。据美国国家教育统计中心统计,美国共有4298所授予学位的高等教育机构。高等教育机构是传授知识、培养人才的场所,是开展科学研究、创立新学说的重要基地,也是高科技成果重要的研究开发基地。高等教育机构的科研重心由注重理论研究转为重视应用和科研成果转化。高等教育机构和科技中介机构作为知识生产和扩散的主要承载者,在科技进步、经济发展及国际竞争中起着越来越大的作用。据美国国家科学基金会调查,在众多关键领域中,70%的重大进步都来自高等教育机构的科研成果转化。

(2) 知识应用和开发子体系

该体系的主体就是企业。美国的企业体制可称为资本市场驱动的体制,主要表现在以下方面。

从公司融资方式看,美国的金融体制决定融资主要通过发行股票和企业债券筹措长期资本。美国数量众多的商业银行只能经营短期贷款,不能经营长期贷款,公司无法通过银行的间接金融获得足够的长期资本,主要依赖发行债券和股票等直接融资方式,如图3-2、图3-3所示。

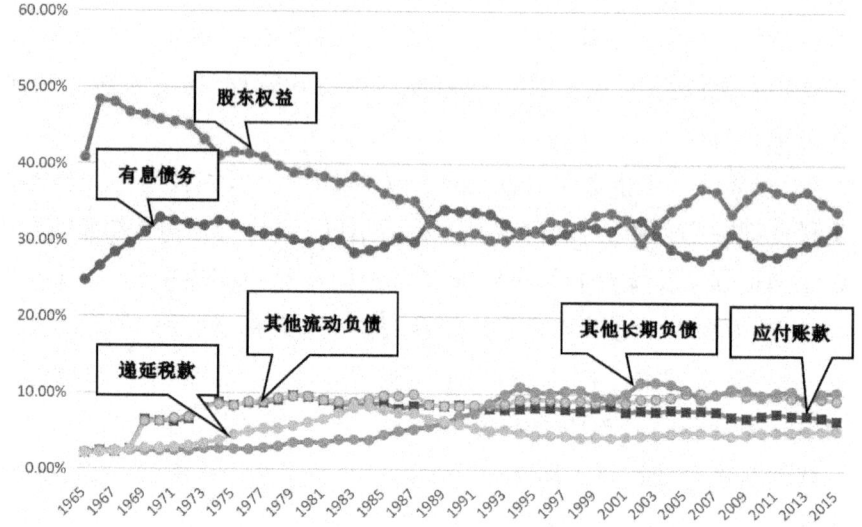

图 3-2　1965—2015 美国上市公司权益结构

（资料来源：根据相关资料整理）

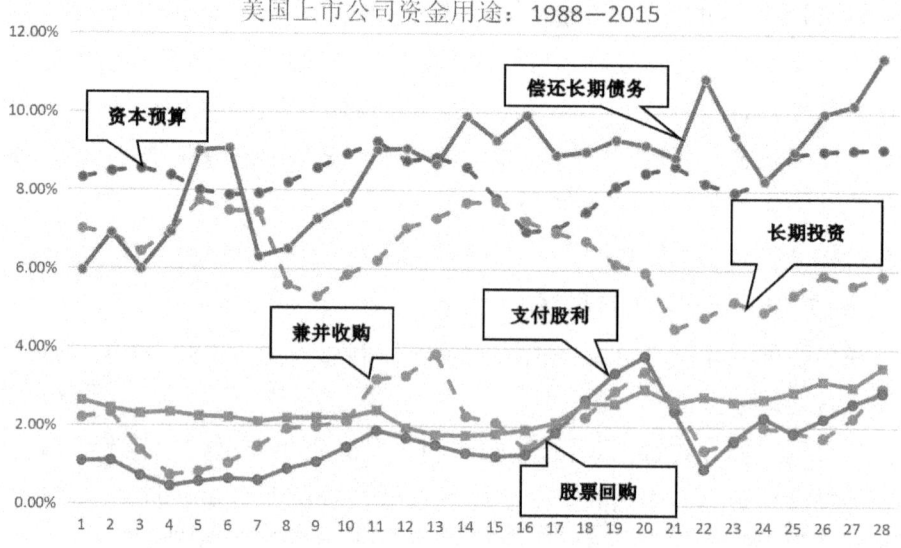

图 3-3　1988—2015 美国上市公司资金来源

（资料来源：根据相关资料整理）

从对企业的监督看,美国公司主要是通过股票市场进行外部监督,其主要股东不是银行,而是共同基金、养老基金等其他机构投资者。根据美国的反垄断法,商业银行不能持有企业股份,小股东的股权十分分散,机构投资者不是真正的所有者,而是机构代理人。美国公司的经营目标一般是股票价格最大化,强调的是股东控制权,股东对企业的收益拥有剩余价值索取权。

2.美国区域创新内部的知识流动

对区域创新而言,最重要的财富是拥有(或创造)一种制度安排,该制度安排通过持续获取新知识并应用到本地生产体系中,把商业机遇变为经济优势和竞争优势。支撑地区经济成功的大部分知识是建立在知识与商业环境相适应的组织能力基础上的,并且企业或知识机构植根于经济和知识交流网络中。

在美国的区域创新中,企业作为创新主体与知识生产机构、中介机构等互动频繁,促进了知识流动。在其创新体系中,企业之间的知识流动和企业与知识生产机构之间的知识流动与企业创新活动关系最紧密。

美国区域创新中的知识流动方法如下。

1) 企业间的技术共享和研究开发合作

美国一些产业之间存在着默许专利合作的做法。这种做法反映出企业间的共识:在某些技术上共同合作比各自为政好,互利共赢。该专利合作限于积极从事研究开发,并对合作做出贡献的企业,而对合作没有贡献只从中渔利的企业很可能会遭到专利侵权的诉讼。

2) 知识生产机构和企业间的知识流动

企业与科研机构(大学)间的知识流动能促进科技成果的商品化,提高区域创新的知识配置力。美国的私营企业为在竞争中取得市场优势和追求利润最大化,越来越把研究开发工作视为提高产品竞争力和关系企业生存的关键,许多公司设立有研究开发部,招聘研发人员,投巨资进行研发活动。

20世纪70年代起,美国企业由注重与直接开发跟新产品有关的应用研究转变为注重基础研究。企业的研发活动日趋社会化,企业还与大学和研究机构联合建立研究中心,此类中心已逐渐成为美国高新技术密集地。

3) 大学科研成果转化

美国大学是高科技产品的摇篮。据统计,全美28%的计算机科学方面的新技术,37%的药品制造方面的新品种、新工艺和新方法及44%的化学药品和新型材料是由大学提供或发明的。其科研成果迅速转化为生产力,转化方式和路径如下。

(1) 强化人才合作与研究合作

大学与企业联系的主要途径是人才和研究方面的互相合作渗透,也是美国大学科学技术转化为生产力的重要途径。首先,政府全面支持。美国政府往往拨出经费,作为大学接受企业应用性研究项目的资助和经费补贴,如为企业的生产技术、产品开发和试制相关方面的科研课题或合作进行技术开发。其次,高校与企业积极配合,许多高校规定在完成自身教学任务时,允许教师和科研人员到企业兼职,从事技术顾问和咨询工作。据调查,美国大学中约1/3的教师从事各类咨询工作,占比最高的是工程类教师,兼职率超过60%,商学类教师超过50%。

(2) 建立向企业推荐科研成果的专门联络系统

大学和企业之间通过中介机构建立联系,这些机构在科研成果转化上起牵线搭桥的作用。美国各级政府还建立了科技成果和人才数据库供双方查寻,其中最有影响力的是政府建立的全国性"技术转让计算机网络"。它将提供资助的700多所大学和科研机构开发的有工业应用远景的技术成果并入网络,为全社会和工业界提供技术转让信息服务。

(3) 建立产学研合作体制

美国逐步建立起高等教育与生产劳动相结合的产学研合作体制,实现基础研究、应用研究、开发研究和商品化的有机结合。基本形式有四种。

一是通过建立高新技术工业区,形成技术密集、知识密集的科研-生产联合体,是高新技术开发的重要形式。该形式以大学、科研院所等为核心,高校与企业共同开发高技术工业,既培养高新科技人才,又开发新技术、新产品,把科研活动、人才培养、研究成果转化等有机结合,带动大批高新技术产业化,形成地区高技术工业中心或高技术工业区,有力推动地区经济发展。如依托斯坦福大学等建立的硅谷最负盛名。硅谷最早于1971年由美国记者Don Hoefler提出,来源于《每周商业》报纸电子新闻的系列文章的题目——"美国硅谷(Silicon Valley,USA)"。随后,硅谷作为最早研究和生产以硅为基础的半导体芯片的地方而得名。除此以外,颇具影响的有依托加利福尼亚大学洛杉矶分校和加利福尼亚大学圣地亚哥分校等建立的洛杉矶-圣地亚哥高技术工业区;依托哈佛大学和麻省理工学院等建立的波士顿高技术工业区;依托霍普金斯大学和西点军校等大学建立的华盛顿-巴尔的摩高技术工业区;依托哥伦比亚大学、纽约大学、耶鲁大学、普林斯顿大学等的纽约-新泽西高技术工业区;依托北卡罗来纳大学、杜克大学等建立的研究三角园区。

硅谷是电子工业和计算机业的王国,是高科技技术创新和发展的开创者,风险投资占全美风险投资总额的1/3,择址硅谷的计算机公司已经发展到大约1500家。硅谷集聚了上万家高科技企业和研究开发机构,是美国半导体的集中产地,半导体产量占全美半导体工业总产值的40%,半导体集成电路和电子计算机的产量分别约占美国总产量的1/3和1/8。近年来,硅谷发展速度放缓,特别是2020年疫情的冲击对硅谷造成了一定影响。甲骨文、惠普等公司搬离硅谷。根据人口普查数据:2019年旧金山全市居民为88.15万人,比上年少了9万居民。据美国邮政局统计:2019年3月至11月,有9万名旧金山居民的邮政地址变更,变更后地址主要位于佛罗里达州、内华达州等。

Layoffs.fyi(主要持续追踪美国科技初创公司裁员情况)数据显示:截至2020年7月13日,至少有529家美国科技初创公司裁员,裁员数量69 904名,旧金山湾区公司约占39%,Uber、Airbnb等公司裁员超过一万。疫情冲击下,大量湾区公司搬离硅谷或允许员工远程办公。美国房地产公司Zumper数据显示:受疫情影响,旧金山2020年5月租金中位数环比下降9.2%。谷歌总部所在区域Mountain View租金下跌15.9%,Facebook总部所在区Menlo Park租金下跌14.1%,Apple总部所在区Cupertino租金下跌10.8%。

二是建立产业合作中心,旨在加强大学与企业之间的正式协作关系,以理工科大学为中心,与有关生产企业成立产业协作规划组织。该组织负责向企业提供多项服务,企业每年缴纳一定会费,可派人到中心从事开发研究并优先享用中心的研究成果。

三是建立高新技术孕育中心,又称"孵化器"。为了扶植新建的高新技术企业,由政府、大学、企业、科研机构联合建立。

四是建立合作研究中心。这些研究中心由产业界和大学共同建立,企业向中心提供资金和设备,高校负责科研开发,研究成果转让给企业。

3.美国区域创新的发展过程与规律

美国历史学家福克纳把 1783—1860 年界定为美国的农业时代。工厂制是在 19 世纪初出现的,1840 年美国制成品价值位列世界第五,1860 年上升至第四,1894 年位列第一,已跃升为全球第一工业大国。1934 年美国哈佛大学库兹涅茨提出 GDP 概念,1944 年,布雷顿森林体系正式将 GDP 确认为一个国家经济总量的统计工具,也是一个国家经济发展水平的重要指标。1960 年美国 GDP 实现 5433 亿美元,美国经济进入快车道,1969 年首次突破万亿美元,增长率达到 8.21%,保持了近 20 年的 10% 左右的增长率,1990 年后增速放缓,2008 年降至 1.81%,2009 年首次负增长,为-1.79%,此后一直维持在 2% 左右,2019 年增长率为 2.3%。据国际货币基金组织(IMF)预测,受疫情影响,2020 年美国 GDP 负增长,为-4.3%。第二次世界大战后美国制造业大体占国民生产总值的 30% 左右,1947 年为 29.6%,1970 年为 30.1%,1997 年已下降到 16.02%。美国研发主要是基础研究到应用研究再到开发研究的全程自主型研发,第二次世界大战后美国科技发展状况分为三个阶段。

第一阶段(1945—1973):1969 年美国的 GDP 突破 1 万亿美元,达到了 10 199 亿美元,R&D 经费为 904.4 亿美元。该阶段企业与其他研发主体的联系很少,政府主要是对大学等科研机构的基础研究和企业开展的科研进行资助,政府在创新体系中居于核心和主导地位。区域内其他主体之间尚未形成紧密的联系网络。

20 世纪 70 年代以前,美国企业只注重与直接开发新产品有关的应用研究。大学主要进行基础研究,其主要经费来源是政府资助。如 1951 年斯坦福研究院开始建立大学科学园等科技园区,硅谷就是在斯坦福大学工业园区基础上发展起来的。此阶段企业对大学的科研投入很少,其他来源的经费波动较大,企业、大学和其他机构之间的联系不紧密,未形成有效的产学研合作机制。此阶段政府对企业科研的资助逐年增加,政府较多地采用直接投资方式支持企业的创新活动。

第二阶段(1973—1992):此阶段企业开始注重基础研究并从大学等研究机构聘请人才。1980 年颁布《贝赫-多尔法案》,鼓励和促进中小企业加强与政府研究机构或大学的合作研究;1985 年政府设立工业-大学合作研究中心、工程研究中心,鼓励大学帮助企业进行研究开发和进行技术转移;1986 年颁布《联邦技术转移法》,提供了联邦政府试验室与私营企业合作框架。除了在企业内部设立研究开发机构,企业还与大学和研究机构联合建立研究中心。该阶段2500家大学与企业合作建立了3500多个科技中心,目前,这些中心已成为高新技术集聚地。

1988年美国的GDP突破5万亿美元,达到52,364亿美元,R&D经费达到了近1700亿美元。该阶段的特点:政府出台一系列相关政策鼓励产学研合作,建立工业-大学合作研究中心等,为合作创造良好环境;政府对大学的直接投入开始下降,产学研合作初见成效;企业作为创新主体开始注重与大学和科研机构等的合作与沟通,企业对大学的科研经费投入呈明显上升趋势,其他经费来源也有稳定增长;企业成为创新体系的核心主体,开始加强对创新能力的培育,在创新体系中起到更大作用。

第三阶段(1992年至今):1993年,美国设立国家科学委员会强化联邦政府对科技的领导。与此同时,国家对科学的投入也大幅度增加。大学和企业的科研经费持续增长,区域创新体系已经比较成熟。该阶段的特点:区域创新以合作为基础、市场为导向,企业具有核心主体地位,政府选择性地有限介入;大学的科研资助来源在政府、企业及其他来源中保持稳定的比例,产学研合作体系日渐成熟,企业成为创新活动中最重要的主体。

除对研究开发继续保持高投入外,政府不断推出促进政府与企业、研究机构之间的互动的大型科技发展计划。1993年,为刺激企业投资面向未来的新技术,政府提出永久扩大研究与试验税款减免;1994年,为促进大学等非营利性研究机构成果向中小企业转移,实施小企业技术转移研究(STTR)计划;1996年,国会保证私营企业在合作中保有知识产权;1997年总统科学技术政策办公室提交国会报告:基础设施是国家开发和推广新技术实力的基础,美国必须保持有效的、高性能的运输基础设施,承诺拥有紧跟技术创新的研究、测试和计量能力。2000年,GDP突破10万亿美元(102 523亿美元),2018年突破20万亿美元(204 940亿美元)。2019年4月24日,日本科学技术振兴机构(Japan Science and Technology Agency,JST)下属的研究开发战略中心(CRDS)发布《主要国家研究开发战略报告书》。报告中指出自2000年以来,美国R&D经费一直位居第一。2016年R&D强度2.74%,经费预算5111亿美元。由康奈尔大学、英士国际商学院(INSEAD)和世界知识产权组织(产权组织)

联合编写的《2017年全球创新指数》显示美国是世界上最具创新力的国家之一。

美国区域创新规律如下。

①20世纪70年代后,政府有意引导企业成为创新体系中的核心,各级政府在区域创新中所起的作用变得间接和有限。大学和企业的科研经费中,政府资助比例不断下降,企业资助比例不断上升。政府主要制定和执行政策和法规、管理和规范体系等,而不过多地直接参与创新过程。作为创新体系核心主体的企业开始注重与大学和科研机构等研究主体的合作。企业根据自身发展战略和在市场中所处的地位决定何时创新及如何创新。

②20世纪90年代后,科研经费投入和专利产出的集中度约为50%。区域创新的各要素及子体系间的作用是非线性的,存在各种反馈机制,科研经费投入和专利产出的集中度不断趋于50%是体系自身调整和演化的结果。

③大学科研经费的来源中,政府、企业和其他机构的出资比例趋于稳定。企业投入趋近10%,政府投入趋近65%,其他机构的投入保持在25%左右。区域创新已建立起有效而稳定的产学研合作机制。各行为主体以各自特有的功能和优势促进体系的完善和发展,各主体之间亦体现出良好的系统性。

3.1.2 日本的区域创新

1.日本区域创新的现状与特点

日本"泡沫经济"后,过度的人口和产业大集中(主要集中在京阪地区)造成了这些地区的负荷过重,导致了其他中小城市和农村地区的经济空洞和衰退。新的不平衡形成了"京阪神圈—地方中核都市—地方小城市—农山村部"等典型化的区域构造。这些变化主要由产业再配置和人口流动造成,也适应了"泡沫经济"时代中枢管理诸功能的再配置变化。如高速增长时期,在太平洋沿岸地区,形成了原材料及其加工的重化学工业地带,资金和人口也随之流动和集中。"泡沫"破灭后,进入了低速增长时期,原有的原材料及其加工的重化学工业遭受重创,汽车、家电为主的机械工业成为龙头产业,进而发展到信息技术等战略性新兴产业领域。此时,以"高度技术化""区域活性化"和"经济国际化"为内容的"三化"引致新的区域创新模块问世,如"TECHNOPOLIS"(高技术开发园区)、"SCIENCE CITY"(科学城)和"健康都市创造"等。

第一,"TECHNOPOLIS"(高技术开发园区)。园区设立各具专业和领域特色的产业育成区域(开发区),立足现有研究成果转化,开拓新的产业机会,兼顾地方就业和财政等问题,产、学、官协同配合,振兴经济。典型园区有日本中部地区以汽车及其关联产业为特征的"丰田城"。

第二,"SCIENCE CITY"(科学城)。建设具有国际一流水平的学术研究都市,集中日本乃至世界范围内的优秀人才,进行超前的基础研究和重大研究课题的攻关。典型的 SCIENCE CITY 如筑波市。

第三,"健康都市创造"。随着少子化、高龄化、环境破坏、降低劳动强度以及健康产业的发展,以文化消费为主的区域创新成了社会各界的共同追求。国家开始从政策和财政方面支持建立新型的集高度的产业、观光等硬件设施和充满爱心的社会氛围于一体的"健康都市"。

此外,日本的区域创造还与研究所及其相关设施的设置有密切关系。20世纪80年代的资料表明,1989—1990年研究所的分布集中于东京、关东圈,集中度最高为53.4%(其中东京为43.4%)。20世纪90年代以后,情况有所改变,相继出现了北海道的惠庭技术园区、石川县的软件开发区、富山县的创新园区等新的核心开发区域。在兵库县,建立了"西播磨科学公园都市",吸引了民间研究所和风险企业的大量涌入。日本政府总务省有专门的区域振兴机构,结合地方自治研究,推出了一系列增强区域经济活力的政策措施。

2. 日本区域创新的特点

日本区域创新表现出研发驱动型特点:战后日本实施了"技术立国"战略,经济发展迅猛,一跃成为世界第二大经济强国。"技术立国"战略推动了社会、科技的创新资源向研发倾斜,日本在进行技术引进与应用创新的基础上,通过对各种技术的消化吸收发展到集成创新和原始创新,助力了经济的快速发展和腾飞。其特点如下。

1) **高效配置研发资源**

日本在区域创新过程中,研发资源的配置来自市场机制和政府政策导向。政府根据市场需要在不同创新阶段、不同创新主体间对研发资源进行配置,既反映市场发展和科技发展需要,也反映政府对创新效率的评估。在市场和政府的双重作用下,科技创新资源向科技研发倾斜,科技投入结构趋于优化。日本 R&D 强度 2002 年达到 3.12%,同期美国为 2.66%,德国为 2.53%,英国为

1.87%,法国为 2.26%。2000 年,OECD 国家从事研发的研究人员接近 340 万人,其中美国占 38%,欧盟占 29%,日本占 19%。几乎所有大中型企业都有自己的研发机构,并与大学和科研机构开展了广泛合作。随着经济的全球化,很多跨国企业纷纷到国外建立研发机构,日本有 42.9% 的大公司把基础研究机构设在了国外。

2)重点推进应用型研发

日本高新技术产业的成功不在模仿,而在于模仿基础上的创新,日本称之为"借来的技术革新"。日本研发机构在大量引进先进技术的基础上,经过应用研究和开发研究,逐步实现国产化并形成规模经济。日本企业擅长在引进基础上进行再发明和对现存产品进行深度开发或品种翻新。美国西屋电器公司发明了晶体管,而索尼公司引进不久就开发出晶体管收音机和电视机等。

20 世纪 80 年代后,日本政府开始振兴基础科学研究。从基础研究、应用研究和试验发展经费支出看,若以基础研究为 1,2000 年日本三者之间的比例为 1∶2∶5,基础性研究经费仍处于最低水平;美国为 1∶1∶3,法国为 1∶1∶2,意大利为 1∶2∶2。2019 年 4 月 24 日,日本科学技术振兴机构 CRDS 发布《主要国家研究开发战略报告书》,指出:2000 年以来,日本研发强度一直保持在 3% 左右,近年来 R&D 经费未出现大的波动,2015 年日本研发经费为 1696.7 亿美元,2016 年为 1686.4 亿美元。R&D 预算中,基础研究占 57%,其后为能源(12.1%)、工业生产和技术(7.0%)、航空探查和运用(6.2%)。

3)集成创新推动"技术聚变"

日本既重视模仿创新,也注重多种技术的集成创新,进而产生了"技术聚变"。"技术聚变"即将多种技术结合在一起产生的杂交技术。如光学和电子学结合产生光纤通信系统,机械和电子技术组合产生机电一体化技术。日本区域创新体制将传统技术与引进技术进行综合、改造,形成一个新的技术体系,进而改造出一个新的产业。日立、日本电气、夏普等在 20 世纪 60 年代就开始进行跨行业的技术开发,最终实现了"技术聚变"。

3.1.3 意大利的区域创新

1.意大利区域创新现状与特点

1994 年欧盟出台《创新绿皮书》,强调了区域创新的重要性。随后,欧盟推出了两大区域创新战略项目,即"区域创新及技术转让战略(RITTS)"和"区域创新战略(RIS)"。欧盟在 1996 年和 1999 年又分别实施了 40 个和 34 个区域创新项目,建立了"欧洲区域创新网络(Innovating Regions in Europe)",欧洲国家共有 100 多个地方政府机构加入了该网络。

意大利结合欧盟 RITTS/RIS 项目的实施,重新评估、充实、调整了自己区域的创新政策架构和创新组织管理体系。在政策层面,着重区域创新支撑体系的建设,如鼓励大学、科研机构参与,大力发展孵化器、技术中介机构,充分发挥地方商会作用,完善创业投资机制和金融服务体系,促进科技园区和工业园区的建设与发展。

意大利政府管辖 20 个大区,大区下属 100 个省和 8600 多个市、镇。在"欧洲区域创新网络"中,意大利共有 10 个大区政府参与,引入了"创新项目经理"体制。各地方政府的创新管理机构除了组织实施欧盟的"区域创新及技术转让战略"和"区域创新战略"项目外,还负责制定本地区的创新激励政策和发展计划,协调本地区科研机构、企业、商会、创业中心、技术中介中心之间的关系,逐步形成了具有地区特色的创新型区域网络体系。

1996 年,意大利托斯卡纳大区政府实施了 RECHAR II 创新项目,项目总投资 3257 万欧元,欧盟区域政策总司资助 90 万欧元,地方政府投入 90 万欧元,其他大部分资金(约占 94%)由当地私营企业筹集。该项目重点在于激励企业参与技术创新,实施能源和环保项目,解决小企业的就业问题。1997—1999 年间,欧盟向艾米利亚-罗马涅和托斯卡纳大区提供了 173 亿欧元的创新型区域资金,用于工业产业结构的调整。该项目重点在于创建新产业,孵化新企业,构筑技术转让网络,提高企业经营管理水平,促进人力资源开发。2000 年,意大利的 7 个大区政府或省政府又获得欧盟 6.1 亿欧元项目资金(意大利北部工业重镇伦巴第大区独自获得了 2 亿欧元项目经费),用于推动区域创新体系建设。

2.伦巴第大区政府建设区域创新的案例

伦巴第大区位于意大利西北部,首府是经济发达的米兰市。在区域经济发展过程中,存在着地域的差别和发展的不平衡,周边地区的 3 个省落后于米兰地区。为改变这一状况,伦巴第大区政府于 1998 年在这 3 个省份启动了"周边区域创新工程",帮助落后地区实施创新,取得了良好效果。伦巴第大区"周边区域创新工程"由曼托瓦省政府牵头,其项目的主要特点是充分利用大区政府的区域创新优惠政策,分析地区创新方面的问题,建立健全区域创新项目管理体系,形成技术创新网络,推广创新经验。具体措施如下。

1) 充分利用优惠政策

伦巴第大区政府为鼓励创新出台了一系列激励政策,1993 年出台第 7 号"关于促进中小企业创新的干预措施"的法令,1996 年出台第 35 号"关于地方政府促进小型企业发展的干预措施"的法令,积极争取欧盟、国家和大区的创新资金支持。在资金方面,伦巴第大区的资助比例达到 45%。

2) 组建区域创新领导体制和项目管理体系

组织 27 家成员单位参加创新理事会,包括曼托瓦、布雷西亚、克雷莫纳三省的政府机构、商会、咨询公司、创业中心等及米兰等的大学和科研机构。理事会主席由曼托瓦省副省长担任。理事会的主要职能:制定创新计划和创新目标,审核、批准经费预决算,最终评估创新政策和项目。项目管理机构的主要职能有:执行理事会的决议,提出创新行动方案和措施;组织创新培训活动;协调创新过程中出现的问题;监测创新项目的实施进程,并提出评估报告。

3) 制定创新措施和实施方案

曼托瓦、布雷西亚、克雷莫纳三省共有人口 170 万,主导产业是纺织、服装、金属加工、机械设备、电子仪器等领域。创新特点是:中小企业众多,已形成中小企业网络和"簇群",形成"一区一业"格局。区域创新理事会和管理机构制定具体创新计划和行动方案,扶持科技型中小企业的发展和壮大,形成新的高技术产业集群。

4) 统筹区域创新网络中的要素关系

在实施"周边区域创新工程"过程中,创新成功的关键要素是加强创新网络中各要素间的联系和沟通。曼托瓦等省的区域创新网络系统分为 3 个体系:第一层次是工业生产体系,技术创新的主体是直接从事产品设计和生产的企业;第二层次是创新咨询、服务、中介机构,地方支持的各类创业中心、孵化器、商会、产业协会等,这些机构既熟悉当地环境,了解企业的实际需求和咨询经验,又与大学和科研机构建立了紧密的合作联系,便于科研成果的推广和应用;第三层次是先进科研体系,即从事知识和技术创造的大学和科研机构。在创新网络中,企业的需求和科研机构的技术成果互相流通扩散,形成闭环的

"信息链"或"创新链",有效地推动创新的应用、实施和推广。

3.1.4 韩国的区域创新

1.韩国区域创新现状和特点

韩国区域创新存在明显的不平衡性。20世纪70年代,韩国工业化发展迅猛,大公司总部主要集中于汉城及周边的京畿道和仁川,西部的光州、南部沿海的釜山等地发展也很迅速。20世纪80年代中期以后,随着产业升级,总部经济和知识密集优势形成,现代服务业在汉城地区发展起来并逐渐扩散,加工制造业逐渐向南亚和中国转移。南部如釜山等工业发达地区在产业转型升级中困难重重。

政府资助的研究机构和国家实验室在公共研究机构中起着重要作用。按照各地区创新主体数特别是公共研究机构的多少,区域创新分为3种类型:发达的、发展中的和欠发达区域的创新。发达区域的创新主体数量分布合理,功能较完善。发展中区域的创新主体实力较弱,尤其是公共研究机构很有限。欠发达区域的创新主体缺乏,缺乏三类创新主体中的某一类,其他两类创新主体实力也较弱。

按照技术结构和层次对区域产业结构的影响可将区域创新划分为高技术产业区、中技术产业区和低技术产业区。区域创新整体特点如下。

第一,公共研究机构规模大,但数量少,区域分布较集中。汉城主要拥有研究机构和大学,但R&D实力有待提升;京畿道、大田拥有大公司在此建立的研究机构,有较好的R&D基础设施和较强的研究实力。仁川、大田、庆尚北道拥有较多的私人研究机构。

第二,传统产业发达地区转型升级困难。全罗南道和釜山的传统产业较为发达,但公共研究机构很少甚至没有。

第三,区域产业布局主要依靠中央政府,地方政府参与不足。地方政府和自治政府的权力有限,财政支出依赖中央政府,R&D预算少,不利于推行针对性的区域创新政策。目前,通过体制改革和权力下放,这种情况已经得到了改善。

2.韩国区域创新与产业集群的关联

韩国的产业集群主要由相互关联的公司、提供专门服务的供应商和研究机构在地理区域上集中,通过政策导向形成大量人为构建的产业集群。

1)20世纪70年代至20世纪80年代,工业集群形成

1969年,政府实施了区域产业发展法,要求每个道至少建立一个工业区,推动区域产业集群发展,制定并实施了多方面的优惠政策,以吸引制造业投资。蔚山国家产业群是韩国政府设立的第一个产业群。韩国政府先后又建设了顺天国家产业群、龟尾国家产业群,LG电子就是龟尾产业园区成功的企业之一。20世纪70年代,韩国实施"据点"开发战略,先后建立昌原机械工业群和Okpo国家船舶工业基地。三星、大宇、宏达等公司借助国家政策,不断提高在国际市场上的竞争优势,迅速成长为联合大企业集团。

2)20世纪80年代区域创新的形成与发展

大学、研究机构是知识的生产源,高技术产业发展围绕大学、研究机构聚集。韩国在产业集中区域着手组建科技产业园区。1978年,在大田市的大德组建科学工业园区(Science and Industrial Park,以下简称DSIP),同时设立相关的研发机构和一所国立大学。通过公共研究机构在地理位置上的集中,实现研发和产业资源的相对集中,提高R&D活动效率,同时也吸引了大量企业建立研发中心。研发机构和科技产业园区在产业集中区域相继建立。2000年,DSIP建有112个企业研发中心,形成了R&D集群。伴随技术合作交流,R&D集群由研究开发功能向复合创新功能发展,逐步形成了涵盖生产企业、供应商、金融机构、服务机构等的完善的区域创新体系。该体系形成和发展的主要推动力如下:

①在韩国科技部的推动下,由中央政府和地方政府、私人企业、地方研究机构共同投资在各地组建了区域研究中心;

②研发机构以研究成果为核心组建新公司,尤其是在信息、通信、生物技术方面的研究机构,孕育出很多有实力的科技型企业;

③在产业升级推动下,企业与研究机构联合,形成一定的研发优势聚集区;

④随着研发活动的扩展,风险投资等金融活动随之活跃,科技服务业配套发展,为中小企业的创新发展提供了强力支持。

3.韩国的区域创新政策

韩国的区域创新是典型的政府主导型的科技发展模式。通过"官产学研

协同技术开发"行为,吸引外资和引进技术发展高技术产业,提高企业研发水平和效率,取得了令世界瞩目的业绩。

1) 明确以科技为中心的国家体制

韩国历届政府非常重视科技创新,1982年,确立"科技立国"战略,在每季度召开的科技振兴大会上,制定和调整国家科技发展政策;1998年,明确以科技为中心的国家体制;1999年,《科学技术革新特别法》强化了国家对科学技术的领导;2003年,提出"科学技术第二次立国"和建立"以科技为中心的社会",树立了"让韩国成为世界第八大科技强国"的目标。为鼓励科技创新,政府提供了大量的税收方面的优惠支持政策,包括技术开发准备金制度、新技术推广所需资产投资税金减免或折旧制度、研究实验用设备投资税金减免或折旧制度、技术及人才开发费税金减免制度、实验研究用样品和新技术开发产品免征特别消费税制度、技术转让收入法人税减免制度等;政府还通过政策性金融扶持(政府财政拨款和各种政策性贷款)和技术开发基金等形式加强对技术创新的资金支援,政府对企业研发费用在50%—90%的范围内给予无偿支援;此外,政府还设立研究开发信息中心,设立科技成果商品化事业团、技术开发洽谈中心及新技术成果实用化支援机构,协助企业新技术成果商品化,设立科学技术奖、优秀产品奖、新技术产品奖,鼓励在研究开发和成果转化方面做出突出贡献的科研人员。

2) 鼓励引进、消化、吸收的技术创新战略

韩国迈向新兴工业国的关键在于引进先进技术,并加以消化、吸收和再创新。韩国各级政府先后出台了一系列政策鼓励外商直接投资,鼓励高技术产业吸引外资和引进技术,放宽外商对国企投资的限制,废除外商对股份投资的限制;制定新《外汇交易法》,实现外汇交易自由化;制定《促进外商投资综合支援方案》,简化外商投资手续,消除投资障碍;1998年,宣布扩充享受减免税待遇的外商投资项目的范围。韩国产业技术振兴协会统计,1962—1994年,韩国企业引进技术达9196件,金额为90.86亿美元。韩国强调在提高引进技术的同时加强国内外合作研发活动,推动引进技术的消化、吸收。20世纪90年代韩国企业引进的技术中,新产品开发技术占比65%,新产品设计占比30.8%,提高产品精密度占比27%。韩国在引进技术的同时重视引进知识产权,进而形成生产、经营比较优势及持久的产品竞争力。在1994年引进的430

项技术中,技术特许权项目占58.1%,商标使用权项目占16%。自20世纪80年代末,韩国企业纷纷建立技术研究所,加强对独创技术和产品核心技术的自主研发。2019年4月24日,日本科学技术振兴机构(Japan Science and Technology Agency,JST)下属研究开发战略中心(CRDS)发布《主要国家研究开发战略报告书》。该报告书显示:2008年以来,韩国的研发强度持续上升,2017年研发强度居世界之首,达到4.55%。R&D预算中,"工业生产"占比最高为29.3%,"科学知识扩充"占比20.9%,"防卫"占比13.5%。

3) 政府主导下官产学研合作

韩国的官办科研机构占全国研究机构总数的一半以上。重大科研开发项目由政府主导且大多由官办科研机构开发。韩国政府一方面发挥国家科研机构对技术创新的主导作用,另一方面通过产学研协同技术开发提高企业技术研发水平和效率。韩国制定一系列法律和优惠政策促进官产学研合作,1993年实施《韩国合作研究开发振兴法》,规定优先提供研究经费、设施和信息等支持产学研合作的研究活动。官产学研合作研究类型主要有:建立促进产学合作研究的以大学为中心的官产学研合作研究园区;设立促进基础研究与应用开发研究的科学研究中心、工程研究中心和地区合作研究中心;建立推进地方高新技术产业化的地区合作开发支援团。在官产学研合作研究中科学园区成效最大。韩国较具代表性的大学合作科学园区有:汉城大学基础科学合作支援团、大宇高等技术研究院、浦项工业大学的产业科学研究所、延世大学的工学研究中心及被称为"韩国硅谷"的大德科学城。大德科学城园区内有30多个政府和企业研究所,形成政府、企业、大学共同开发科学园的局面。

3.1.5 印度的区域创新

印度的区域创新发展体现出重点扩散型特征。20世纪80年代中期印度开始建立区域科技创新体系,提出"要用电子革命把印度带入21世纪"的治国方略,以特定产业(软件业)为重点突破口,将资源配置重点向软件产业倾斜,颁布配套的政策,发展软件产业集群,推动了印度经济的持续增长。

印度软件产业的发展历程大致可分为四个阶段。

第一阶段:缓慢起步阶段(1984年以前)。

20世纪中叶,塔塔基础研究所就制造出印度第一台计算机。软件产业的发展离不开计算机硬件的发展,印度采取进口替代战略,计算机行业几乎被国外企业垄断。政府一直没有对计算机产业进行扶持,软件业以内需为主,产业发展缓慢。20 世纪 60 年代,政府开始关注软件产业的发展,出台一系列促进软件发展的政策措施。1968 年塔塔咨询服务公司的成立标志着印度 IT(信息技术)产业开始发展。20 世纪 70 年代成立印度通信和信息技术部,此时计算机硬件占主导地位,软件行业发展空间较小,产业体现出劳动密集型的特点。从 1981 年到 1982 年,印度向美国派出了相当数量的工程技术人员,印度软件产业出口额达到 1350 万美元。

第二阶段:加速发展阶段(1984—1990 年)。

印度出台政策鼓励出口,降低了进口关税,放松了计算机进口限制,并发布了一系列促进电子产业的政策,如 1985 年的电子技术政策等,软件业开始快速发展。1986 年颁布实施计算机软件出口、开发和培训政策,标志着印度政府将软件产业的发展提升到一个新的高度,政府希望加大软件出口来提高印度软件在世界软件中的份额。20 世纪 80 年代,印度软件业的平均增速为 40% 左右;80 年代后期,欧美公司开始采用异地雇印度人才开发应用软件,1988 到 1991 年,印度软件产业出口额达到 1.31 亿美元,外资开始进入印度。

第三阶段:全面发展阶段(1990—1999 年)。

20 世纪 90 年代,国际 IT 产业结构发生了重大变化,以硬件为主导向以软件为主导过渡,全球掀起了互联网高潮,对网络软件的需求急剧增加。

印度成立了中央政府信息产业部,既使政府的透明度更高,又改善了软件发展环境。1992 年,印度开始实施"IT 技术园区计划"和"电信港建设计划"。在国家政策支持下,印度依靠强劲的出口拉动,软件业迅速发展,向美国和其他工业国家输出软件技术劳力和参与当地发展。印度软件业迅猛发展,在 1993—1999 年间,软件年总产值和年出口额的年均复合增长率分别为 46.60% 和 51.32%。软件年总产值由 5.58 亿美元(1993 年)增长至 55.39 亿美元(1999 年),年出口额由 3.3 亿美元(1993 年)增长至 39.62 亿美元(1999 年)。1998 年,印度将信息软件产业确定为优先发展的支柱产业,提出在 10 年内成为信息技术超级大国的口号。印度对信息产业发展给予政策和资金支持,并进行教育体制改革,培养了大批软件类专业人才,成为全球第二大软件供应服务商。

第四阶段：稳步发展阶段（1999年至今）。

这一阶段欧美需求有所缩减，印度软件业进入稳步发展阶段。2000—2004年，随着网络热潮消退，美国经济疲软，让高度依赖美国市场的印度软件出口业务受到一定冲击，增长放缓。2008—2009年软件年总产值和年出口额的年均复合增长率分别为24.49%和25.20%，软件年总产值由82.98亿美元（2000年）增长至596亿美元（2009年），年出口额由62.17亿美元（2000年）增长至470亿美元（2009年）。印度软件出口到全球100多个国家和地区。2018年软件出口值达1360.2亿美元，出口额占全球市场份额的20%左右，200余家世界500强公司定购印度公司的软件。

软件产业发展的典型区域是印度班加罗尔地区，呈现出以下特点。

1. 科技创新资源向软件产业重点倾斜

20世纪80年代以来，印度确定了重点开发计算机软件业的长远战略，并在印度著名科技中心班加罗尔建立全国第一个计算机软件园区，班加罗尔成为"印度硅谷"。2000年以来，印度R&D经费保持着微弱的增长趋势，但研发强度未超过1%。2005年，该地区主要集中在软件业的信息产业科技人员超过20万人，有近千家软件企业；印度投资5000余万卢比用于建设园区内中央计算机系统、卫星高速数据通信系统等，吸引了世界上许多著名高科技公司与相关企业合作，同时还集中了印度科学研究所、班加罗尔大学、国家宇航研究实验室、国家动力研究所等印度一流的科研机构和高等院校。2009年，R&D预算18%用于防卫，15%用于农产品技术，15%用于疾病预防和健康促进，基础研究占比为11%。2015年，印度R&D经费总额为500.1亿美元。

2. 政策向软件产业倾斜

为了扶持软件产业，印度进行了系统的制度创新，出台了一系列优惠政策：软件业实行零关税、零流通税和零服务税政策；允许外商控股75%，最高可达100%；全部产品用于出口的软件商可以免征所得税；允许软件企业加速折旧等。这些政策的出台吸引了世界上许多著名的信息产业公司（微软、英特尔、苹果、IBM等）到印度设立研发中心和生产基地。同时，印度还制定了一系列知识产权保护政策，先后通过了《印度证据法》《印度储蓄银行法》《银行背书证据法》《印度刑法》和《信息技术法》，确立了认可电子合同、电子文书、数字签字等的法律依据，印度成为世界上第12个制定同类法律的国家。

3. 重点培育产业集群

班加罗尔成功的秘诀在于新企业无论是创建人、经营管理者还是技术人员都源于该地的产业集群,因而不断衍生出新企业。班加罗尔发展模式由南向北渐次推进,形成遍布全国的软件产业集群,计算机软件业成为印度经济增长的重要引擎。马德拉斯、海得拉巴等南部城市与班加罗尔一道成为印度南部计算机软件业的"金三角"。经过20多年的发展,出口额从1991年的150万美元上升到了2018年的1000多亿美元。班加罗尔软件产品占印度国内市场的85%,实现出口产品多样化和生产技术的世界领先水平。印度软件产业集群一方面通过创新链和产业链的协作、良性竞争和共同发展,使产业集群的链条不断延长;另一方面通过制定法律法规,组建行业协会,使产业集群沿着良性的轨道发展。

3.1.6 国内的区域创新

1.北京的区域创新现状和特点

1) 创新资源聚集

从科研机构的数量、科研人才、科研资金、科技产出的部门分布可以看出,北京地区的创新资源主要集中在创新源,即知识创新和原始创新上。2019年统计显示:北京地区高等院校和科研机构筹集到的科技经费占筹集科技经费总额的比重超过一半。北京地区有92所高等院校,重点高校约占全国重点高校的1/4("双一流"高校8所,一流学科建设高校24)。北京共有国家重点实验室92个,约占我国国家重点实验室的1/3;国家工程、技术中心占全国工程技术中心总数的1/3;市级以上独立科研机构500多个,专利申请量位居全国第一。

2) 创新方式以原始创新为主

北京主要是原始创新主导型模式,北京建立的各类科技企业孵化器和在孵企业规模居全国之首。北京具有自主知识产权的高新技术产品产值占工业总产值比重大,已经形成了一批具有自主知识产权的骨干企业;北京不断加强和完善科技中介服务体系建设,民营高科技企业发展迅速,已产生一批具有自主知识产权、具有较大规模的大型民营高科技企业。

3) 知识"溢出效应"与辐射功能显著

北京作为国家创新体系的龙头和原始创新的引擎，是全国技术创新网络的中心节点之一。北京是全国科技与管理人才的培养基地，北京技术市场是全国最大的多功能技术交易市场，近一半的科技成果转让到外地；北京地区培养的博士生占到全国总数的近 1/3，硕士生约占全国的 1/5—1/4；输送本、专科毕业生及研究生占全国毕业生总数的 50% 左右。北京地区高等院校与科研机构通过联合办学、委托代培等形式加强与地方的科技交流与协作，推动其他地方的科技创新和成果转化。

2. 上海区域创新现状和特点

1) 全面协调的区域创新体系

上海区域创新体系包括了宏观管理体系、社会支撑服务体系、组织体系及技术体系。上海区域创新体系的特点：重视官产学研，运行机制完善，实施成效显著。在宏观管理体系上，通过经济政策、社会政策和技术政策解决系统失灵和市场失灵问题，引导和推动自主创新；在社会支撑服务体系上，形成了比较完备的技术交易中介组织（技术市场、技术评估机构、金融服务机构、人才流动机构等）和技术共享平台（各种开放式的公共实验室、网络资源共享系统等）；在组织体系上，形成了企业、科研机构和高等院校协调分工的多元化、开放式的有机结构；在技术创新体系上，形成了先导技术、主体技术和基础技术三层次有机结合的创新体系；在运行机制上，形成了以技术创新为主体、知识创新为动力、环境创新为保障、服务创新支撑体系为基础的运行机制。上海市政府实施《国家知识产权战略纲要》，鼓励企业自主开创专利技术，对重点企业如宝钢开展专利试点，从培育、试点、示范三个阶段进行分段指导，形成了较强的辐射效应。

2) 产学研联合紧密

上海不断加强以企业为主体的产学研联合聚集科研院所、高等院校和企业的创新资源优势。如中国科学院上海分院在上海的 15 个研究所分别组建成立了高科技发展基地和生命科学研究院，复旦大学、上海交通大学的教育、科研体制进行了改革与创新。建设和完善上海区域创新体系的优势和重点是吸引国内外大公司将研发中心设在上海。

3. 深圳区域创新的现状和特点

1) 企业是自主创新的主体

深圳区域创新体系以企业为创新主体,具体表现如下。一是企业的技术创新能力强。企业在科研经费来源、科研经费使用及科研人员投入上均占主导地位。深圳90%以上的研发机构设在企业;从事研发创新的90%以上的科技人员来源于企业,92.38%的高新技术产品资金投入总额来源于企业;历年申请的发明专利中,95%由企业完成,是全国第一个以企业专利为主的城市。二是企业制度创新和经营机制创新日渐成熟。深圳众多的高新技术企业中,既有以中兴通讯股份有限公司为代表的国有控股授权民营的模式,也有以华为技术有限公司为代表的员工持股经营模式;既有外资以技术和国际营销渠道入股的经营模式,也有全外资经营模式。

2) 着重于科技成果产业化

深圳高科技产业集中于应用研究和开发研究,引进技术与二次创新相结合,通过市场运作加快高新技术成果的转让、引进、吸收和产业化。深圳已成为全国乃至全世界的高科技成果交易中心和转化基地。

3) 政府职能由决策主导型向服务主导型转换

深圳在构建和完善区域创新体系的过程中,通过政策扶持、风险投资及举办产业交易会等形式为企业提供支持。先后出台《深圳经济特区无形资产评估管理办法》、《中共深圳市委 深圳市人民政府关于推动科学技术进步的决定》、《关于进一步扶持高新技术产业发展的若干规定》(即"22条")、《中共深圳市委 深圳市人民政府关于完善区域创新体系推动高新技术产业持续快速发展的决定》,确立了以建设区域创新体系为主,保持高科技的可持续发展,提升城市的核心竞争力,建成创新型城市的目标。

3.2 区域创新发展模式比较

区域创新的培育和发展过程是寻找创新空间和特色的过程。由于自然资源、产业基础、人力资源及文化环境等方面的差异,区域创新模式也会千差万别。合理的区域创新模式是提高区域创新效率、增进区域内创新主体间良性互动的基本途径。

3.2.1 企业主导的区域创新模式

企业主导的区域创新模式主要有三个层次。

1. 企业主导的本地型区域创新模式

在传统产业密集地区,大学或科研机构较少,企业是区域创新的主体,以应用研究和渐进性创新为主。

2. 企业主导的外向型区域创新模式

区域基础设施不强,产品的市场通常在区域外部,以渐进性创新为主。来自全球的跨国公司已成为该类地区经济发展的主要驱动力,使区域具有很强的开放性和外向性。跨国公司形成的产业系统更多地面向全球市场,建立的生产基地可纳入国际化劳动分工中。

3. 企业主导的多层面创新区域模式

该模式多出现在以传统性、成熟性行业为主的地区,供应商、客户、竞争者等构成完整的企业主导的多层面创新系统,以应用研究和渐进性创新为主。如广东地区形成以玩具、食品、服装、电子及陶瓷等,浙江地区形成以鞋业、袜业、皮装、低压电器等专业化企业为主的次级创新区域。这种模式形成了以国内劳动者市场为基础,生产企业与国内和国际市场客户密切联系的多层面创新区域。

3.2.2 研企结合的区域创新模式

该类地区基础设施发展良好,促进创新的中介机构较多,创新来源非常广泛,既有基础研究和根本性创新,也有应用研究和渐进性创新,官产学研之间的联系密切。如在硅谷,大学等研究机构不断地为企业提供最新的研究成果,与企业之间建立起相互促进的联系,实现了知识的双向反馈。在硅谷的发展过程中,中介机构尤其是风险投资公司发挥了重要作用。科研机构不断孵化出新的科技企业,风险资本家为这个系统注入资金,跨国公司在世界许多地方成立子公司,其产品销往世界各地,这些主体构成了一个井然有序、自由开放的创新区域。中国第一个国家级高新技术开发区——中关村科技园区以大学及研究机构为依托,跨国公司在地区高新技术产业的发展中起了很大作用。

3.2.3 文化主导的区域创新模式

文化是区域创新发展的原动力。以温州为例,"温州模式"是区域发展的自组织模式,本质是温州人精神,灵魂是义利相合、务实创新。温州创造了许多全国第一:第一例行政诉讼案、第一座农民城、第一个海外商品市场、第一家石油开采公司。温州人善于"无中生有、小题大做、举轻若重":温州虽然缺资源、缺资本、缺技术,却成了全国最大的皮革生产基地、全国四大汽摩配生产和销售基地等,靠的就是温州人精神,温州是文化主导区域创新模式的典范。

3.2.4 政策主导的区域创新模式

政策支持在区域创新中起到关键作用,可强力推动区域发展。昆山曾是经济发展最落后的地区,20世纪80年代,昆山以"星期六工程师"方式吸引上海的人才,提供最优惠的政策,发展外向型经济,走出一条"昆山之路",多次位列中国百强县榜首。

3.3 区域创新发展战略比较

3.3.1 完善的市场经济体制

区域创新需要成熟的市场经济土壤。我国在区域创新过程中,首先要按照市场的需求配置社会、科技等资源,树立企业为创新主体的地位,将市场作为推动区域创新与高新技术产业化的主要动力,使各主体根据市场需要决定研发资金投入和建立自主的研发系统;科研院所和大学把市场所需求的项目开发和人才培养作为重点;政府尊重市场经济的客观规律,主要作用是资助基础科学研究,营造有利于创新的营商环境,通过税收杠杆和政策支持区域创新服务。

3.3.2 合理的自主创新

区域创新关键在自主创新。美国的区域创新以原始创新和集成创新为主,印度是重点突破的创新战略,日本和韩国是"科技追赶"政策,从引进、消化到集成创新和原始创新。我国改革开放后,大规模引进国外先进技术,但引进创新效果不显著,集成创新和原始创新不足。事实证明:真正的核心技术是引不来、也买不来的。在区域创新过程中,必须吸取以往的教训,实施合理的自主创新战略。在实施对外开放、招商引资时要把产业关联度大、技术进步快的产业作为发展重点;加强对引进技术的消化、吸收、改进和组合,推动技术的集成创新,最终提高原始创新能力,提高核心竞争力。

3.3.3 政府定位准确

区域创新无论采取哪种模式,从区域创新的规划到公共创新平台的建设,再到创新的组织架构和制度安排,都需要政府在其中发挥重要作用。政府通过合理配置科技资源,可以采取措施支持基础科学研究,组织重大技术项目的研究攻关活动,还可组织设立创新发展的技术标准体系、知识产权评估体系等。区域创新需要不同的创新主体均衡互动,政府要找准自己的定位,工作重心主要在引导创新方向、建立创新体系上。

3.3.4 发展高新技术产业集群

国外区域创新成功在于通过某项技术突破和某些产业倾斜,建立和发展高新技术产业集群。在区域创新过程中,作为创新主体的企业和政府要结合当地科技资源优势,提高产业的集中度,形成强有力的产业群体与竞争主体,打造具有核心竞争力的强势品牌。在产业集群建设过程中,要加快管理体制、金融、服务等方面的改革与创新,为企业集群发展创造良好的政策环境;推进区域内中间品市场和要素市场建设,实现生产要素的跨区流动;让行业协会参与产品质量标准的制定,发挥行业协会等中介组织的作用,打造基于学习与竞合的高科技集群文化。

3.4 国外区域创新对河南区域创新建设的启示

健全的法律制度既有助于保护企业的合法权益,又能监督管理区域经济、市场活动。1993年颁布《中华人民共和国科学技术进步法》,2021年12月进行修订;1996年5月颁布《中华人民共和国促进科技成果转化法》,2015年8

月进行修订;1999 年出台《中共中央 国务院关于加强技术创新,发展高科技,实现产业化的决定》;2000 年出台《关于鼓励和促进中小企业发展的若干政策意见》;2002 年颁布《中华人民共和国中小企业促进法》,2017 年进行修订;2009 年,国务院印发《关于进一步促进中小企业发展的若干意见》。目前来看,相关法律法规日渐健全,但完整的政策法规体系尤其是中小企业特别法制建设尤为不足。因此要建立、健全促进创新的制度和政策体系、法律规范制度等。河南在区域创新体系建设中应进一步总结经验教训,充分发掘和利用各种创新资源优势,以市场为纽带,走出一条自主创新的区域经济高质量发展之路。

1.加强创新服务平台建设

创新服务体系建设的重要环节是完善中介服务平台功能,探索创新服务方式。创新服务体系可提高创新效率,降低创新成本,提高创新能力,增强区域竞争力。我国要依托现有的高新技术开发区、工业园区、孵化器及产业集聚区等,有针对性地引导并建立中介服务体系,为技术创新活动提供场地、设施、服务及技术、经营、管理等各方面的咨询和培训,加速区域创新进程。

2.准确定位政府职能

政府需根据区域创新现状找准定位,确定创新发展重点,引导创新方向,据此调动相关要素的高效配置,提升区域创新的核心竞争能力。

第 4 章
区域创新评价指标体系构建

区域创新评价的目的是评价区域的综合创新水平,进而评价区域创新实现程度。国外对技术创新与地区发展之间的关系研究较早,并进行了相关的统计与评价研究。目前国内对有关区域和区域创新能力的评价,如对区域竞争力、区域现代化和区域可持续发展的评价研究均涉及创新指标,且采用多指标综合评价方法。

4.1 区域创新评价指标体系构建要求及视角

区域创新是区域经济增长方式从要素驱动向创新驱动转变的主要载体。我国与世界主要创新型国家仍存在一定差距,因此我国创新型区域评价指标体系要更加注重科技创新能力和创新环境的营造,兼顾区域高质量发展、数字经济发展、区域创新水平、区域竞争力和区域现代化水平等方面。

4.1.1 区域创新评价指标体系的构建要求及原则

区域创新的评价体系大都建立在 OECD 相关评价指标基础上,因此各指标体系具有一定的相似性。陈劲等从绿色技术创新或环境友好型技术创新视角进行评估,并采用审计方法进行定位,设立了包括投入、过程、绩效在内的指标体系。该指标虽然主要服务于企业,但"绿色"理念的提出对创新型区域评价体系的外延扩展有借鉴意义。十八届五中全会提出创新、协调、绿色、开放、共享的新发展理念后,绿色创新在区域创新体系中的地位显得更为重要。

1. 评价指标体系构建要求

（1）反映区域创新能力

区域创新是一个复杂的系统，是各要素相互作用的结果。在多数情况下，大学、科研院所的知识创造活动是重要的创新来源，但有了创新来源并不等于该地区就有较强的创新能力，科研实力强不等于创新能力强，关键在于所在区域的动力系统、运行系统、调控系统和传导与反馈系统间能否通过多层次的创新活动实现区域发展。

（2）反映政府在区域创新环境建设上的作用

衡量政府在区域创新建设中的绩效应主要着眼于两方面：考查政府促进区域自主创新能力和综合竞争力目标的实现情况及政府能力的强弱，包括：增强政府对自主创新活动的协调组织能力，提高建设创新型区域的宏观调控能力；营造有利于区域创新的资源环境、制度环境和文化环境，提高政府的服务对象——产、学、研各方面的满意度，在市场失灵的情况下实施合理有效的干预措施。在指标体系构建中，应考虑以下几点：首先，政府自身定位是否准确，能否自觉解决好"缺位"和"越位"问题；其次，是否能审时度势，善于选择谋略；再次，是否能合理选择恰当的政策工具，提供有效的社会服务。

（3）反映区域高质量发展与区域创新的相互作用

区域创新与区域高质量发展互为前提，互为支撑。区域高质量发展强调发展的目标和过程，区域创新强调发展的动力。区域高质量发展注重发展质量和效率，区域创新体现在区域经济社会发展的各个环节。区域高质量发展谋求的是区域资源、环境、社会、科技等要素的和谐发展，满足人类对美好生活向往的需要；创新为提高人口素质、合理利用资源、促进经济发展与社会进步等提供支撑。区域高质量发展依靠区域创新，同时促进区域创新；区域创新是实现区域高质量发展的前提和重要驱动力。区域创新对区域高质量发展的驱动作用表现在：第一，区域创新把科技进步转化为经济效益；第二，区域创新是形成区域经济增长极的原动力；第三，区域创新提升区域人力资源的综合素质（这种作用往往是最为关键的、根本性的）；第四，区域创新是解除高质量发展障碍的重要手段。

2.评价指标体系构建原则

(1)科学性与现实性原则

指标体系的设计必须在科学性基础上,客观真实地反映本地区的现状、运行效率及未来的发展能力,反映区域创新的目标构成、目标和指标之间的真实关系。

(2)系统整体性原则

指标体系的建立必须真实反映区域自然和人文社会环境、产业结构、政府政策等各个侧面。各侧面指标相互独立又相互联系,共同构成一个有机整体,形成一个完善的测评系统,反映不同地区从综合到分类的创新水平和能力。

(3)可操作性原则

由于各地区的经济、社会、科技教育等条件与水平不同,而对区域间创新能力进行比较时又要求指标具有统一性,因此,指标选取既要较准确地反映各地区的创新能力,又要选取具有共性的综合性指标。指标资料既易于获取,又符合定量指标,可直接量化,定性指标间接赋值量化。

(4)动态连续性原则

区域创新发展是一个动态发展、不断提高的过程。指标体系必须能够反映区域产业发展的现状、潜力及趋势。利用静态指标反映待测领域创新现状,利用动态指标预测创新前景。

4.1.2 区域创新评价指标体系构建视角

1.国外有关区域创新评价指标体系

(1)科技统计指标体系

20世纪50年代,欧洲普遍采用研究与开发(R&D)支出指标衡量科技活动。20世纪70年代,OECD组织的成立更进一步推动了R&D评估研究并在各国的科技统计中广泛引用。OECD的统计主要侧重于对科技活动的描述:组织科技水平、产业科技水平、国家(地区)科技水平以及国际水平,衡量方法为投入产出法、应用与冲击分析法,选用的指标包括投入指标和产出指标两类。上述指标在衡量创新方面有一定局限性:R&D支出与创新产出之间并非直接的线性关系,相关性并不显著,专利指标与商业化后产生的经济价值之间的关系亦存在市场分割的门槛效应,无法衡量基础研究的变化情况等。

(2)知识经济的评价指标体系

从1992年起,OECD率先开展了知识经济的测度和指标研究。知识经济的3个一级测度指标分别为知识对经济发展的影响、知识对经济全球化和国际化的影响、知识对经济增长与国际竞争力的影响;10个二级指标为人力资源流动引起的知识循环、无形知识的循环、创新的经济价值、科学系统的活动与网络、服务业的科技活动、小企业的创新、创新与企业的吸收能力、工业R&D的国际化、政府对工业R&D和创新的支持、信息与通信技术。该评价体系首次对创新活动进行了定量测度,且具有可操作性。

(3)竞争力评价中的创新指标

创新水平的高低决定了一个国家竞争能力的强弱,目前国际上比较权威的是IMD(瑞士洛桑国际管理发展学院)的《国际竞争力年度报告》(简称《洛桑报告》)以及世界经济论坛的《全球竞争力报告》。前者提出了"科技竞争力"评价的概念;后者将竞争力分为现有的竞争力和增长的竞争力,并强调潜在的创新能力。

《洛桑报告》用于评价科技能力要素的指标共有26个,其中调查指标11个,统计指标15个。调查指标主要采用发放调研问卷的方法,反映了该报告对软指标的重视;统计指标则根据国际上大量科技指标研究结果选取。《洛桑报告》的评价体系主要围绕企业构建,其与企业直接相关的指标比例很大,而科技活动的另外两大执行部门高校和科研机构则没设指标。在评价方法上,《洛桑报告》采用了综合指数排序法,先计算基本指标得分,然后进行不同层次的加权求和得到各要素或次级要素的得分,最后进行排序。这一方法得出的结果简明直观,但在求取综合得分的过程中放弃了大量有用信息,不利于正确理解评价结论。

世界经济论坛发布的《全球竞争力报告》是在世界上具有较强影响力的竞争力评价报告,其研究的范围较《洛桑报告》更广,并采用了不同的指标体系。早期该报告采用了两套互补的指标对竞争力进行分析,分别为成长竞争力和微观经济竞争力(后改为商业竞争力),前者注重持续增长的能力,包含宏观经济环境指数、公共制度指数、技术指数三个子项;后者关注决定经济体生产率和竞争力的可持续水平的基本微观经济因素,包括公司运营与战略和经济商业环境质量两个子指数。在该模型中,世界银行提出了"创新能力指数"的概念,这一概念利用了波特为美国竞争力委员会计算的"创新指数"的成果,注重尖端领域创新在国家竞争力中的作用。

2000年,国家创新指数取代了创新能力指数。国家创新指数指发明新技术和利用其他地方发明的技术的能力,由创新指数和技术转让指数两部分组成,两部分权重相同。创新指数反映10个定性问题,技术转让指数反映外国直接投资,包括技术转让来源和外国技术许可,是获得技术的普遍方式。世界经济论坛(WEF)从信息与通信技术的扩散指数构建了对各个国家评估区域创新指标的评价方法。瑞士洛桑IMD从经济绩效、商业效率、政府效率与基础设施四个方面构建了区域创新能力评价体系。

关于知识、创新评价的权威之一是全球知识竞争力指数(英国罗伯特·哈金斯协会)。其由5个模块19个指标组成。5个模块包括人力资本、知识资本、金融资本、地区经济产出、知识可持续性。其中,"人力资本"的7个指标为经济活动率、每千居民中管理者人数、每千居民中从事IT和计算机制造工作的人数、每千居民中从事生物技术和化学工作的人数、每千居民中从事汽车和机械工程工作的人数、每千居民中从事仪器和电子机械工作的人数、每千居民中从事高技术服务工作的人数;"知识资本"的3个指标为政府在R&D中的人均支出、企业在R&D中的人均支出、每百万居民专利注册数等;"金融资本"包括1个人均私人股本投资指标;"地区经济产出"的3个指标为劳动生产率、平均月收入、失业率;"知识可持续性"的5个指标为用于初等和中等教育的人均公共支出、用于高等教育的人均公共支出、每百万居民拥有安全服务器数量、每千居民互联网主机数、每千居民宽带上网人数等。该指数运用数据包络分析(DEA)方法构建了一个复合的竞争力指数。

2.国内有关区域创新的评价指标体系

(1)区域创新能力的评价指标体系

从1999年开始,在科技部支持下,《中国区域创新能力评价报告》由中国科技发展战略研究小组、中国科学院大学中国创新创业管理研究中心编写。该系列报告已连续发布22年,是国内权威的区域发展评价报告。该系列报告建立了四级指标体系作为主要评价方法,其中一级指标5个、二级指标20个、三级指标40个、四级指标138个。五个一级指标从最初的知识创造、知识流动、企业技术创新、技术创新环境和技术创新的经济效益演进为目前的知识创造、知识获取、企业创新、创新环境、创新绩效。该体系主要遵循四个原则：强调创新要素的互动程度，强调创新链条的形成，强调创新环境的重要性，将指标的存量、相对量和增长率三者兼顾。该指标体系反映企业创新、基础研究与原始创新、成果转化、创新格局等方面的情况。

在评价方法的选择上，该系列报告采用了加权综合评价方法，通过聘请国内在相关领域有较深造诣的专家进行打分选择权重，然后分层逐级加权计算，得出国内31个区域各层次各指标的效用值。

《中国区域创新能力评价报告2019》《中国区域创新能力评价报告2020》创新能力综合得分分别如表4-1、图4-1所示。从近年的区域能力分析来看：广东企业创新能力突出，已逐步形成完善的以企业为主体、市场为导向、产学研相结合的区域创新体系，研发投入加大，高新技术企业树标提质，"高精尖""独角兽"创新企业频出。

表4-1 2019年中国区域创新能力评价

排序	城市/省份	创新能力效用值
1	广东	59.49
2	北京	53.22
3	江苏	49.58
4	上海	45.63
5	浙江	38.80
6	山东	33.12
7	重庆	30.87
8	湖北	29.21
9	天津	28.83
10	安徽	28.70
11	四川	28.03
12	陕西	27.34
13	湖南	26.82
14	福建	26.56
15	河南	25.07
16	贵州	23.60
17	江西	23.31
18	海南	22.90
19	辽宁	22.73
20	河北	21.86
21	广西	21.17

续表

排序	城市	创新能力效用值
22	云南	21.11
23	宁夏	20.94
24	青海	20.11
25	甘肃	20.10
26	山西	19.82
27	吉林	18.80
28	黑龙江	18.53
29	新疆	18.19
30	内蒙古	18.14
31	西藏	17.58

数据来源：《中国区域创新能力评价报告2019》

区域创新综合效用值（地区及排名）		基础研究经费（万元）	
广东	62.14	北京	2 323 632
北京	55.50	广东	1 094 211
江苏	49.59	上海	925 073
上海	44.59	江苏	676 233
浙江	40.32	山东	405 322
山东	33.15	安徽	370 370
湖北	30.98	四川	368 796
安徽	30.67	天津	336 505
陕西	30.22	浙江	310 153
重庆	29.38	辽宁	305 773
四川	28.50	湖北	279 435
湖南	28.06	陕西	248 698
河南	27.48	黑龙江	228 371
福建	27.17	福建	189 079
天津	27.08	广西	173 376
江西	25.10	吉林	167 986
辽宁	25.04	云南	162 686
海南	23.40	湖南	162 137
河北	23.28	重庆	157 618
贵州	23.24	甘肃	134 508
青海	21.95	河南	105 606
宁夏	21.83	河北	105 087
广西	21.54	贵州	98 003
山西	21.51	江西	89 873
云南	20.92	山西	83 269
新疆	20.21	海南	70 607
甘肃	19.83	新疆	62 217
吉林	19.20	宁夏	47 223
黑龙江	17.86	内蒙古	37 402
内蒙古	17.82	青海	24 155
西藏	17.08	西藏	11 493

图4-1 2020年我国区域创新能力综合排名

（数据来源：《中国区域创新能力评价报告2020》）

报告显示：东部省份仍然是创新能力最强的地区；中部六省创新能力均有所提升，但还需进一步结合中部崛起和黄河流域高质量发展战略提升创新能力，实现协同创新与联动发展；陕西、重庆、四川是西部地区的创新"领头羊"，但甘肃、青海、新疆等地区创新能力依然偏弱。北京、广东、上海、江苏的基础研究经费占全国基础研究投入的比例超过50%（见图4-2），东、中、西部创新能力差距固化。

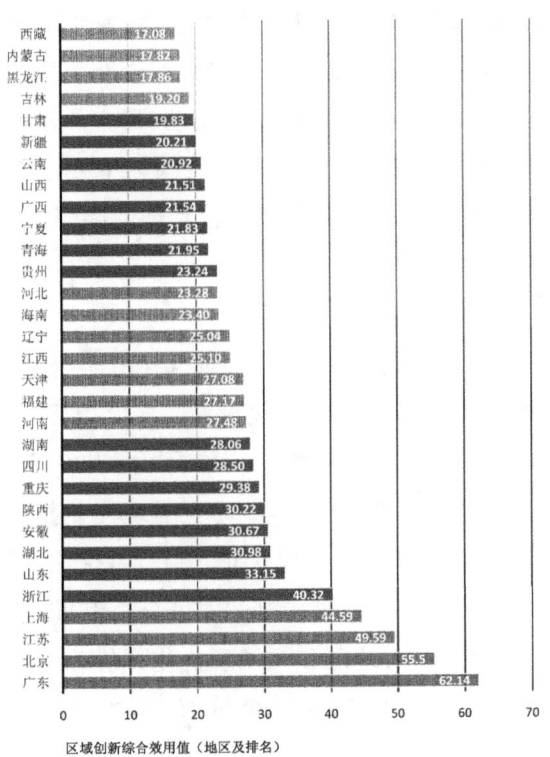

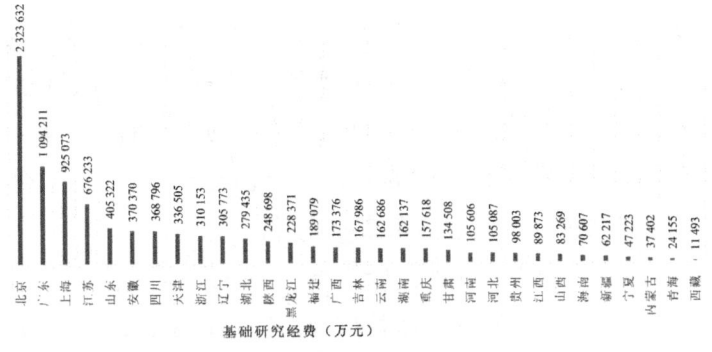

图4-2　前四名基础研究投入比例

（数据来源：《中国区域创新能力评价报告2020》）

柳卸林指出,区域创新范式在发生变化,单纯的科技驱动、市场驱动已失去主导地位,对制度创新、生态型创新的需求越来越迫切。未来城市之间的竞争是创新生态的竞争,是综合性的竞争。面对复杂的外部环境,应该继续深化科技体制改革,完善区域创新体系;同时布局科教资源,建立以企业为主体的产学研合作的创新模式,把握数字经济机遇。金玉石(2019)以吉林省技术创新能力为范例,从创新投入能力、创新支撑能力、创新产出能力和创新可持续能力4个一级指标评价了吉林省区域经济增长和创新能力的关系。

区域创新能力受到创新政策环境、人才流动、资本流动、技术水平、产业发展等多种因素的共同影响,而数字经济为区域创新中要素流动、协同发展、产业升级等提供了新的技术支撑。政府应不断完善数字经济基础设施,制定明确的区域数字经济产业发展政策。

(2)区域现代化水平的评价指标体系

中国科学院中国现代化研究中心、中国现代化战略研究课题组完成的《中国现代化报告》提供了国家和区域现代化水平的评价指标体系,并利用相关性分析构建了模型。该系列报告已连续发布19年,指出现代化进程的度(指标体系)、量(评价体系)、衡(标准体系)等。《中国现代化报告2020》建立了世界现代化的指标体系,系统分析世界现代化100个关键指标的发展趋势和未来前景,完成中国现代化100个关键指标的实证分析和前景分析,简要分析了世界现代化的评价案例:国家、地区和领域现代化评价。①

国家现代化实现程度可以分为三个等级:基本实现、平均实现和全面实现。

第一等级:基本实现现代化的判断标准。一是定性标准,现代化水平达到中等发达国家水平,具有中等发达国家的典型特征等。二是定量标准,第二次现代化指数和综合现代化指数超过高收入国家平均水平的50%和世界平均水平,但低于高收入国家平均水平的80%。三是排名标准,在人口超过百万的131个国家中现代化指数排名世界第21—40位。

第二等级:平均实现现代化的判断标准。一是定性标准,现代化水平达到发达国家水平,具有发达国家的典型特征等。二是定量标准,第二次现代化指

---

① 何传启,等.中国现代化报告2020[M].北京:北京大学出版社,2020.

数和综合现代化指数达到高收入国家平均水平的80%,但低于高收入国家平均水平。三是排名标准,现代化指数排名世界前20名以内。

第三等级:全面实现现代化的判断标准。一是综合标准,现代化水平达到世界前沿水平,第二次现代化指数达到或超过高收入国家平均水平,现代化水平的排名进入世界约前10位。二是领域标准,在经济、社会、政治、文化、生态和人的现代化六个领域达到世界先进水平。三是地区标准,所有地区达到发达水平,大部分地区达到世界前沿水平。

何传启(2020)认为,从定性角度看,现代化国家是具有现代化水平和现代化特征的国家。从定量角度看,现代化国家需要达到三个定量标准:一是国家现代化指数达到或超过高收入国家平均值的80%;二是60%的现代化指标水平达到发达水平,关键现代化指标的平均水平达到发达水平;三是国家现代化指数、60%现代化指标水平、关键现代化指标平均水平的世界排名都进入世界前20位。张俊山(2018)提出了建设现代化区域经济体系的思路。王海燕和郑秀梅(2017)从投资、消费、出口三个角度分析了创新可改善投资方式,提高产品在价值链中的位置,对区域现代化经济水平进行了研究。

(3)全国科技进步统计监测及综合评价指标体系

《全国科技进步统计监测报告》自1993年开始,主要对国内主要地区科技进步情况进行综合评价,对区域创新评价研究具有很强的指导作用。全国科技进步统计监测指标体系含有5个一级指标、12个二级指标、33个三级指标,如图4-3、表4-2所示。

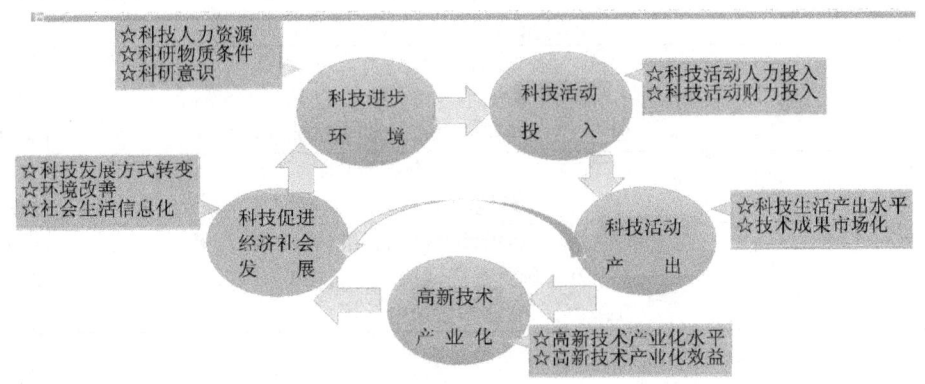

图4-3 全国科技进步监测体系示意图

表 4-2　全国科技进步统计监测指标体系和监测标准

一级指标	二级指标	三级指标	标准
科技进步环境	科技人力资源	万人专业技术人员数(人/万人)	500
		万人大专以上学历人数(人/万人)	1000
	科研物质条件	每名 R&D 活动人员新增仪器设备费(万元/人)	8
		科研与综合技术服务业新增固定资产占全社会新增固定资产比重(%)	3
	科技意识	万名就业人员专利申请量(项/万人)	100
		科研与综合技术服务业平均工资与全社会平均工资比例系数(%)	200
		万人吸纳技术成果金额(万元/万人)	200
科技活动投入	科技活动人力投入	万人 R&D 科学家和工程师数(人/万人)	10
		企业 R&D 科学家和工程师占全社会 R&D 科学家和工程师比重(%)	70
	科技活动财力投入	R&D 经费支出与 GDP 比例(%)	2.5
		地方财政科技拨款占地方财政支出比重(%)	5
		企业 R&D 经费支出占产品销售收入比重(%)	6
		企业技术引进和消化吸收经费支出占产品销售收入比重(%)	1
科技活动产出	科技活动产出水平	万名 R&D 活动人员科技论文数(篇/万人)	5000
		获国家级科技成果奖系数(项当量/万人)	5
		万名就业人员发明专利拥有量(项/万人)	8
	技术成果市场化	万名技术成果成交额(万元/万人)	200
		万名 R&D 活动人员向国外转让专利使用费和特许费(万美元/万人)	500
高新技术产业化	高新技术产业化水平	高技术产业增加值占工业增加值比重(%)	30
		知识密集型服务业增加值占生产总值比重(%)	30
		高技术产品出口额占商品出口额比重(%)	40
		新产品销售收入占产品销售收入比重(%)	40
	高新技术产业化效益	高技术产业劳动生产率(万元/人)	15
		高技术产业增加值率(%)	50
		知识密集型服务业劳动生产率(万元/人)	60
科技促进经济社会发展	经济发展方式转变	劳动生产率(万元/人)	8
		资本生产率(万元/万元)	1
		综合能耗产出率(元/千克标准煤)	42
	环境改善	环境质量指数(%)	100
		环境污染治理指数(%)	100
	社会生活信息化	百户居民计算机拥有量(台/百户)	50
		万人国际互联网络用户数(户/万人)	2500
		百人固定电话和移动电话用户数(户/百人)	67

数据来源:全国科技进步统计监测指标体系和监测报告

4.2 区域创新评价指标体系的总体框架及指标选择

4.2.1 区域创新评价指标体系的总体构架

区域创新评价体系的总体构架如图 4-4 所示。

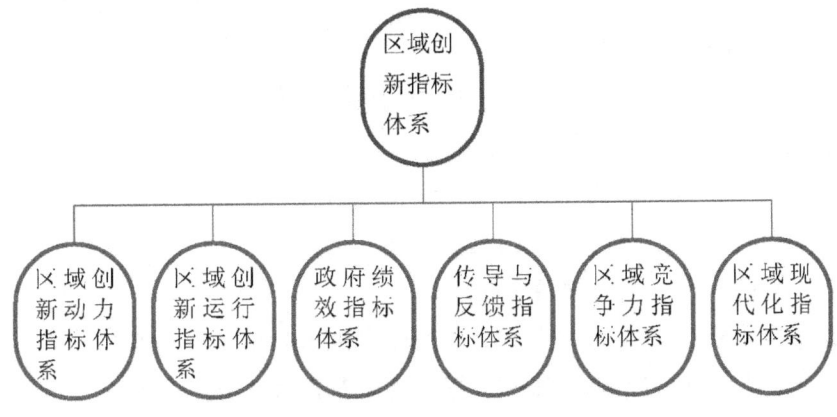

图 4-4 创新型区域评价体系的总体构架

4.2.2 主要评价指标

1. 区域创新动力指标体系

区域创新动力分为外部动力和内部动力。区域创新动力指标体系的建立基于三个方面：创新主体、创新客体、创新资源。

内部动力来源分为创新主体自发的和外部诱发的个人创新意识。自发的创新意识来源于天赋、好奇心、兴趣、内在动机、思维能力和人格特征等，外部的诱发因素包括家庭和社区资源的可利用程度、文化氛围、家庭引导的力度、教育体制的特点等。

外部动力来源主要有市场（国内外市场）、政府、竞争对手、社会创新环境与金融环境。市场动力分为市场需求规模和利润空间、企业的创新激励（产权激励、物质激励、精神激励）、消费特征等；政府动力分为国家政策激励（包括物质激励、精神激励等）、国家制度保证（鼓励创新的法律制度、保证技术成果的法律制度等)、国家对新技术成果的物质肯定(新技术产品的采用、新技术产品的保护政策等);竞争对手动力分为市场结构(垄断、垄断竞争或完全竞争等)、竞争的激烈程度、市场竞争机制和竞争环境等;社会创新环境动力分为创新服务的发展状况、技术的市场推广速度等;金融环境动力分为各类资金支持情况、风险投资机构的发展情况、风险资本的数量规模等。

创新客体即创新对象,分为外部力量与内部力量。外部力量包括国家资源状况、社会稳定情况、社会需求状况、社会对创新产品的价值取向等;国家资源状况决定创新的需求程度和需求取向。社会稳定状况直接影响一个民族的心理,面临外部威胁或内部冲突的社会更倾向于鼓励和接受创新意识。内部力量包括基础科学、应用科学研究发展、技术生命周期等。

创新资源指标指能为创新活动提供支撑的有形与无形要素的数量与质量指标,包括自然资源、人力、资本、技术、制度、文化等。

2.区域创新运行指标体系

区域创新运行表现为中心城市与产业聚集对其他地区的辐射带动。根据产业集聚的特性和在实际工作中数据上的可获得性,构建5个大类评价指标。

(1)技术溢出效应

知识、技术的创新和扩散往往是在同行彼此频繁的交流和接触过程中进行的,集群内的信息能更有效地扩散。一家企业的知识和技术创新会因区内交流及生产之间的分工协作而外溢,促进新知识、信息和技术在集群的转移和扩散。集群能更好地洞察市场需求、市场开拓、产业发展等。集群内个体和总体组织保持高效的创新和良性循环,会使集群创新具有较高成功率和持久性。

知识与技术在集群的传播与扩散,会在突变性创新基础上获得渐进性创新,构成差异化竞争优势。由于集群的地理接近性、正式或非正式合作,技术标准在集群内容易被认同,采纳的企业越多,集群的外部效应就越大。

产业集群内部的技术溢出效应分为两种方式:一是同类企业间的技术扩散,二是纵向企业(一个企业向上游或下游企业)间的技术扩散。产业集群有益于创新和技术溢出。产业集群中企业之间的紧密联系促进了金融和技术的流通,创新的速率越来越快,技术溢出效应也越来越突出。

(2)交易成本效应

大量同类或相关企业在地理上的聚集提高了信息交流速度和信息透明

度,降低了交易成本。交易成本通常很难测量,易受集群地的市场秩序、基础设施、集群企业间的信息交流、交易行为的约束规则、交易参与者的角色与地位、交易的对象、交易的数量和频率、政府与行业组织对集群企业的监督管理及集群企业的数量等因素的影响。虽然难以把一种交易成本与另一种交易成本分开,但只要能指出这些成本是怎样在不同的可见环境中变化的,即可解决测量问题。衡量产业集群效应的一个重要的指标即交易成本降低。具体衡量指标为:(行业产值−行业年销售费用)/行业产值、1/行业原始材料购入价格指数。

(3)外部规模经济效应

随着技术的进步和市场竞争的日趋加剧,市场需求的个性化与多样化日趋凸显,批量生产的大企业经常难以实现其内部规模经济。产业集群的经济效用衡量指标为外部规模经济效应。外部规模经济涵盖的范围非常广,从知识的溢出效应、劳动力和中间投入的专门化到企业间的信任和合作均属于外部规模效应。主要衡量指标:行业对GDP贡献率、行业企业数量年变动率、地区行业产值/全国行业产值、地区行业人均产值/全国行业人均产值、相对全国行业产值变化率。

(4)人力资源效应

在集群的所在区域有比较成熟的劳动力市场,有许多富有经验的雇员。集群内企业的高层管理人员流动性较强。企业的边界是相对的、模糊的、变动的,通过利益分配、合作共享机制,共享知识、信息、技术、渠道等。反映该效应的基本指标:地区行业雇员/全国行业雇员、地区行业工资水平/全国行业工资水平、地区行业雇员年变动率、地区行业雇员年工资变动率、相对全国行业工资水平年变化率。

(5)根植性效应

产业集群根植于当地特有的社会文化中,集群中的创新主体通过博弈形成共同的产业氛围,产业网络嵌入区域内外社会关系网络。中国传统文化、制度影响下的集群发展,其集群内的创新活动受社会关系网络影响更大。

区域性中心城市综合实力强,经济发达,功能完善,在政治、经济、文化等方面具有较强的吸引能力、辐射能力和综合服务能力,能够渗透、带动、组织周边区域经济发展、城镇体系建设、文化社会事业繁荣等。区域性中心城市辐射力主要体现在与其他相关城市和区域间的竞合关系上,其中经济辐射力体现在城市综合经济实力、基础设施支撑能力、产业结构、企业规模与效益、开放活力、科技水平等方面,是城市辐射力的最具有活力的部分,最终表现为城市提供的产品、服务和市场对周围腹地和城市的覆盖范围;政治辐射力局限于政治辖区内,体现其在国家政治体系中所占的地位和影响;文化辐射力主要是对城市现代文明、传统文化、消费文化等的传承及对周边腹地的扩散能力和文化融合创新能力。中心城市辐射力的评价指标包括经济辐射力、基础设施辐射力、企业辐射力、产业辐射力、开放辐射力、科技辐射力6个一级指标。经济辐射力指标为经济总量辐射力、人均经济水平辐射力;产业辐射力指标为产业结构高级化度;企业辐射力指标为企业规模辐射力、企业经营辐射力;开放辐射力指标为国际投资辐射力、国际旅游辐射力;科技辐射力指标为科技投入辐射力;基础设施辐射力指标为交通辐射力、电讯辐射力、能源辐射力。

3.政府绩效指标体系

市场主体的创新行为是市场价值的实现过程。政府如何作为取决于市场机制发挥作用的状况。评价政府绩效,应根据市场发展变化和创新主体的需求,考查政府在创新市场中所发挥的作用。在创新机制不成熟时,政府应做创新机制的培育者、领航员、清道夫、监护人。在创新机制发育比较成熟时,履行"有限"政府职能。当创新市场"失效"时,政府既要发挥"守夜人"和"拐杖"的作用,还必须发挥协调者和仲裁人的作用,履行"裁判"的职能;当创新资源市场配置失效,政府应当履行"平衡器"的职能;对创新市场难以承担的公共品提供问题,政府履行"直接生产者"职能。当前,我国自主创新动力不足的根本原因在于创新主体的体制性"缺位"和"越位"。一方面,在诸如产权特别是科技成果专利权的申请和保护,侵权的司法监督与处置,科技创新领域中成果转让、鉴定、推广等中介机构的建立等方面,政府存在着"缺位";另一方面,科研院所本应是科技进步的直接承担者,目前仍然属于非独立法人机构,不具备社会或市场的主体资格。在市场经济条件下,企业理所应当成为科技和产业进步的重要主体,但国有企业的市场主体地位并未真正发挥,在对企业领导者"保值增值"的考核中,大多未包含科技研发、技术储备等高质量发展指标;部分国企领导人的非专业化以及频繁更换导致领导人重短期性绩效观,企业缺乏科研主体的意识、要求和动力。政府是否"缺位"和"越位",能否最大限度发挥创新主体以及创新机制的作用,是评价创新型区域政府的客观标准。

评价指标:①政府是否通过创新体系的建设促进各种资源的优化配置;②是否围绕经济和社会发展的突出问题设计创新区域建设的指导思想、组织结构、进行和保障机制,采取有力措施解决存在的问题;③是否贴近企业、贴近市场,把有限的人、财、物力集中起来,形成不断优化的产业化环境;④是否根据经济和科技发展特点形成新的经济增长点,是否以促进创新和发展为核心;⑤是否鼓励和引导现有企业、科研机构、高等学校及社会各类科技资源进行整合,形成各种创新要素的互动,优势集成,形成总体创新优势。

4.传导与反馈指标体系

创新的传导是创新动力转化的市场化过程。创新传导要素包括创新成果的提供者、传导的中介渠道、采用者、传导方式和传导环境。

创新成果的提供者主要指科研院校、企业、其他研究机构和个人等。提供者的指标主要有传导技术成果的规模、提供者的结构、提供者的传导动机、所提供的技术成果在总传导成果中的比例、提供的创新成果的结构和行业分布、传导技术成果的资金走向等。

采用者主要是企业,还有政府、非营利机构等。采用者的指标主要有采用者的结构、被采用技术的行业分布、被采用技术成果的规模、采用者进行二级或多级传导的比例、采用者的资金来源、采用者对创新成果消化吸收的程度等。

中介渠道一定程度上决定技术创新的信息及成果能否由创新成果的提供者有效传到创新成果的采用者,指标主要有技术成果传导过程中的保密成功率、公众传播媒体(互联网、抖音、快手、直播等)发达程度、技术市场完善程度、在互联网上建立站点的事业与企业实体的比例和增长率、技术中介机构(咨询公司、科技服务公司、非营利机构等)的规模、中介结构的增长速度等。

传导方式包括内部传导(即独家拥有)、合资传导(合伙拥有)、转让。指标主要有各种传导方式的比例、合资企业的规模与数量、跨国公司的技术传导规模、跨国公司的行业分布、科技型合资企业占总合资企业的比例、技术市场成交额增长率、技术贸易规模和增长率、技术贸易主体结构和行业分布、传导技术的形式("硬件"与"软件"比例)特点、传导技术的先进程度(技术生命周期)等。

传导环境指影响和保证创新动力传导的外部因素,如市场环境、市场结构等。指标主要有国家对技术扩散的干预、市场竞争激烈程度、科技型企业的数量与规模、行业协会等机构的规模与功能状况、技术共享意识的社会承认程度、技术保护制度的完善状况等。

反馈机制连接着区域创新动力系统、创新运行系统与创新调控系统,对创新过程和创新成果进行动态评价和分析。反馈机制要素:反馈机构、反馈渠道、反馈环境。反馈机构包括引进方和供应方合作期间的信息反馈机构和创新主体的创新反馈机构。反馈渠道包括信息沟通和合作的渠道、从创新部门向反馈部门的反馈渠道、从反馈部门到创新各环节部门的反馈渠道。反馈环境主要指反馈的市场环境、制度环境与文化环境。

5.区域竞争力指标体系

区域经济发展离不开区域所处的环境。区域竞争力包括综合实力竞争力、区域管理竞争力、环境竞争力、科技竞争力、国民素质竞争力、产业竞争力、企业竞争力和涉外竞争力。

①综合实力竞争力体现区域对经济发展的支撑力度,代表区域经济发展水平。其指标有 GDP、人均 GDP、GDP 年均增长率、全社会固定资产投资额、人均社会消费品零售总额、储蓄存款余额、储蓄存款占 GDP 比重、城镇居民收入年均增长率、城镇居民可支配收入。

②区域管理竞争力体现区域对资源的吸引力和利用率大小,代表区域政府的运作情况和公共产品状况。其指标有地方财政收入、人均地方财政收入、万人城镇社区服务设施数、财政自给率、地方财政支出、行政管理费占支出比重、财政支出占 GDP 比重。

③环境竞争力代表区域的环境条件,评价自然环境和基础设施等。其指标包括土地资源指数、水资源指数、工业废水排放达标率、工业废气处理率、绿化率、城市供水总量、人均发电量、每万人互联网用户数、等级公路比重、货物周转量、运输线路密度。

④科技竞争力体现区域在科技资源上是否有优势,代表当前区域科技创新活动的活跃程度。其指标有科研经费总额、万人科研经费数、科技活动人员总数、每万人拥有科技活动人员数、专利申请受理量、每万人专利申请受理量、技术市场成交合同金额、技术市场成交数等。

⑤国民素质竞争力代表区域人力资本现状,评价区域所具有的支撑区域创新和发展的智力资源。其指标有出生率、死亡率、每千人医生数、万人医院床位数、高等院校数、每万人拥有在校大学生数、大专以上人口比重、文盲率等。

⑥产业竞争力代表区域内产业的竞争力水平,决定了区域竞争力的状况。其指标有二三产业结构、工业化指数、第三产业占GDP比重、大中型企业增加值占全国比重、工业品市场占有率、结构相似系数、相似系数变化值等。

⑦企业竞争力代表区域内企业的竞争力状况。其指标有大中型企业数、全国重点企业数、产品销售率、资金利税率、经济效益综合指数、成本费用利税率、劳动生产率、技术人员数、新产品开发项目数、技术开发经费支出、流动资金周转次数、增加值率、厂均拥有技术人员数、厂均新产品开发项目、厂均技术开发费用等。

⑧涉外竞争力代表区域的对外经济依存度及利用外资情况。其指标有进出口总额、进口总额占GDP比重、出口总额占GDP比重、外贸依存度、出口区位商、外企进出口额、国际旅游收入占GDP比重、实际FDI(外商直接投资)、协议FDI、FDI增长等。

6.区域现代化指标体系

根据我国现代化发展现状,该指标体系主要分为经济发展、社会发展、科技教育和国民素质、生活质量四个大类及16项指标。

①经济发展。经济发展是区域现代化的主要内容和首要条件,包括4个指标:人均GDP、农业在GDP的比重(该指标是一逆指标)、第三产业占GDP的比重、非农人口占总人口的比重等。

②社会发展。社会发展是衡量现代化水平的重要方面,社会进步会促进现代化进程,包括4个指标:电话普及率、每万人拥有互联网用户数、人口自然增长率、环境治理率。

③科技教育和国民素质。科技教育和国民素质反映区域现代化的程度,并可促进现代化进程,包括4个指标:知识创新与应用指数、研发强度、每万人在校大学生数、小学学龄儿童入学率。

④生活质量。生活质量的高低也反映区域现代化程度,包括4个指标:恩格尔系数、每千人拥有医生数、城镇居民人均住房使用面积、每百人中移动电

话用户数。

4.3 评价方法与模型

4.3.1 区域创新评价方法选择

区域创新需要对一些抽象的概念如创新、知识、动力、资源、制度、文化等等进行测度,需要对这些概念进行操作化处理。所谓操作化,就是将抽象的概念转化为可视化的具体指标的过程。这些指标构成指标体系,并在指标体系的基础上为每个指标分配权重,即赋权处理。在实证研究尤其是在解释性研究中,建构指标体系是定量分析的关键环节,若要对现实社会的理论假设进行检验,必须先建立指标体系,才能将理论概念转变为人人可见的具体事实,对假设的检验才成为可能。指标体系框架最高层称作目标层(概念),中间各层叫作次目标层,最底层称作指标层,或依次称为一级指标、二级指标、三级指标等。建构指标体系涉及统计学、社会学、管理科学、系统理论等多个综合性交叉学科。

1.常用的分析方法

对于复杂系统的评价方法主要有以下几种:回归分析法、主成分分析法、因子分析法、数据包络分析法(DEA)、层次分析法(AHP)、模糊曲线法和多因素综合评价方法。

(1)回归分析法

回归分析(Regression Analysis)是应用极其广泛的数据分析方法,用于确定两种或两种以上变量间相互依赖的定量关系。回归分析按照自变量多少可分为一元回归分析和多元回归分析,按照自变量和因变量之间的关系分为线性回归分析和非线性回归分析。一元线性回归分析只包括一个自变量和一个因变量,且二者的关系可用一条直线近似表示。多重线性回归分析包括两个或两个以上自变量,且因变量和自变量之间是线性关系。克莱索(P. K. Kresl)和索布瑞诺(J. Sobrino)等在评价城市竞争力时采用了回归分析法。回归变量的选择是建立回归模型的重要问题。一般是根据所研究问题的目的,结合相关理论列出对因变量可能有影响的因素作为自变量。但是,如果遗漏了某些重要的变量,回归模型肯定不合适;如果由于担心遗漏了重要的变量而考虑过多的自变量,而其中某些变量对问题的研究可能并不重要,或者有些自变量数据的质量很差,或者有些变量和其他变量存在共线性,这样不仅计算量大,而且直接影响其应用。对于共线性问题,有比较成熟的方法可以解决,如逐步回归等。但是非线性条件却是回归分析应用的一个拦路虎。

目前尚无针对非线性模型变量选择的实用方法,大多通过模型选择来达到变量选择的目的。然而,这种先设模型函数形式后选择相关变量的方法存在很大问题,如果设定的模型偏离真实模型,由于同一变量在不同模型中表现形式有异,采用该方法就有误选的可能。另外,直接借鉴线性模型变量选择方法也面临困难,对于非线性模型而言,变量选择的好坏极大地影响着所建立模型的性能,即使模型形式设定正确,不合理变量的引入也将无法保证模型的可靠性及其预测效果,从而导致建模与预测的失败。针对该问题,杨璐等结合神经网络方法的研究,提出了一种基于神经网络的变量选择方法,并以实际问题的研究表明该方法的有效性。虽然神经网络建模方法简单,变量选择的科学性较强,但是由于神经网络不能表达成方程模型,导致解读困难,使其在经济评价和分析领域,乃至变量选择方面的应用都受到了限制。

(2) 主成分分析法

主成分分析法应用广泛,是考查多个变量间相关性的多元统计方法,主要用于解决指标与指标之间存在的相关关系,无须主观确定指标的权重。使用主成分分析法的前提是各指标间具有较高的相关性。目前国内大多数区域发展评价采用了主成分分析方法,如中国城市竞争力报告。

该方法的优点:一是把原指标纷乱的信息以几个主成分来代替,大大减少了工作量;二是通过对原指标变量进行变换,形成彼此相互独立的主成分,从而消除评价指标之间的相关影响;三是简单易行。

该方法的缺点:主成分无法研究变量内部结构(无法考查变量与变量间的关系);主成分的提取只有基于评价者给定的指标来进行,没有进行建构效度分析,无法考查指标的合理性;主成分系数矩阵对每一个原始数据矩阵都是唯一的,主成分也可写为对应特征向量与相应原始变量的线性组合,虽然可根据主观判断给主成分命名,但每个主成分不一定有实际含义,对评价结果进行解释存在困难;虽然大部分指标间存在一定的相关性,但也有些指标间并不存在必然的相关关系。如库兹涅茨环境与发展曲线理论指出经济发展水平与环境污染治理指标间没有必然的相关关系,环境污染、绿化率等环境建设指标间也不一定有相关性。衡量主成分权重的方差贡献率很容易受选用指标数量的影响,如某一方面选用指标数量越多,代表该方面主成分的权重越大。主成分分析法简单实用,但如不对所选指标进行建构效度分析,其评价结果会有局限或偏差。

(3)因子分析法

因子分析法是主成分分析法的推广。根据相关性大小对原有变量分组,使同组变量相关性较高。每组变量代表一个公共因子,对所研究的问题通过最少个数的公共因子的线性组合表示。

该方法的优点:由于因子载荷不唯一,为因子旋转提供了方便,更有利于明确各公因子的含义;因子分析可考查每个因子数据的内部结构,并通过适用性检验来检测变量组的设定是否合理;通过计算因子得分来对各个样本进行排序。

该方法的缺点:无法进行因子间因果关系的研究,只有借助路径分析才能完成;当构成因子的指标间不相关或相关度很低时,因子分析不再适用。

(4)数据包络分析法(DEA)

数据包络分析方法(Data Envelopment Analysis,DEA)是根据多项投入指标和产出指标,利用线性规划方法,对具有可比性的同类型单位进行相对有效性评价的一种数量分析方法。1957年,法瑞尔(M. J. Farrell)首次利用线性规划求出了生产前沿,建立了DEA雏形。1978年,美国著名运筹学家A. Charnes和W. W. Cooper提出DEA模型。目前,该模型已广泛应用于不同行业及部门,主要用于处理多指标投入和多指标产出,每一个决策单元的各项投入和产出权重均由模型最优计算出来,但模型中没有对各权重的取值范围加以限制,有时会出现不切实际的权重分配,会导致权重取值的任意性。

该方法的缺点:DEA模型的理论假设是投入越少,产出越大,效率就越高,但实践中有些产出越少越好,如污染环境的物质。数据包络分析法仅能从效率的角度评价城市竞争力,但区域创新评价兼顾效能和效率。

(5)层次分析法(AHP)

20世纪70年代初,美国匹兹堡大学萨蒂(T. Saaty)教授提出层次分析法(Analytic Hierarchy Process,简称AHP)。该方法是一种定性与定量相结合的决策分析方法,是一种实用的多方案或多目标的决策方法。

基本原理:首先,把解决的问题分层系列化,将问题分解为不同的组成因素,按照因素之间的相互影响和隶属关系将其分层聚类组合,按目标的不同、实现功能的差异建立一个多层次的递阶、有序的层次模型;其次,确定递阶结构中相邻层次元素间的相关程度。通过构造两两比较判断的矩阵及矩阵运算的数学方法,确定对于上一层次的某个元素而言,本层次中与其相关元素的重要性排序——相对权值;最后,计算各层元素对系统目标的合成权重,进行总排序,以确定递阶结构图中最底层各个元素的总目标中的重要程度,根据计算结果考虑相应决策。

该方法的优点:建立所有要素(包括非量化与量化)的层级,清楚呈现各层、各准则与各要素的关系;简化评估程序,若研究资料存在遗漏或不足,仍能求得各要素的重要性。

该方法的缺点:要素之间两两比较有时比较困难;当要素比较多时,一致性检验可能无法通过(一般情况下要素控制在7个以内);分析时没有考虑要素的相关性问题。

(6) 模糊曲线法

模糊曲线分析法是由诺斯—阿拉姆斯实验室开发的非常有价值的统计方法,主要用来压缩输入数据维度,发现影响产出变量的重要因素。通过求相关度、贡献弹性,根据样本点拟合样本曲线,最后选取出影响变量的重要因素。倪鹏飞所做的城市竞争力研究主要采用主成分分析法进行城市竞争力排序,而在城市竞争力因果关系的分析中则是采用的模糊曲线分析法。该方法有两个分析假设是脱离实际的。一是"最重要的投入最有助于接近产出",区域创新是一个复杂的系统,它受很多互为条件、共同发挥作用的因素影响,如果过分偏重一个而忽视另一个,则容易导致短板效应,无法为决策提供支持。二是"独立的投入量比相互依赖的投入量更有助于接近产出",投入要素的独立性与产出之间不存在直接的因果关系。

(7) 多因素综合评价方法

多因素综合评价法是运用多个指标对多个参评单位进行评价的方法,其基本思想是将多个指标转化为一个能够反映综合情况的指标来进行评价。国际竞争力评价和国内城市竞争力评价中主要采用此种方法。

该方法的优点:评价的覆盖面广,可以考查影响竞争力的多个因素,能够全面系统地反映竞争力的各个方面。长期权数固定可以进行时间序列的比较。该方法的缺点在于采取主观判断来确定各个因素的权重。例如,IMD1994 年以来一直将所有硬指标的权重设定为 1,软指标的权重设为 0.64,这种评价竞争力方式的主要问题有:①两个权重值的确定把每一类型的因素假定为贡献度相等,这显然不科学;②各因素对竞争力的影响是动态变化的,权数也应随各因素对竞争力的贡献度不同而有变化;③容易忽视重点因素,由于参与评价的因素很多,经过层层权重处理后,每一指标对竞争力的影响都很微弱,这样会导致重要影响因素的贡献度相对下降;④指标过多,导致指标交叉重叠。

2.结构方程方法及适用性

结构方程模型(Structural Equation Modeling,SEM)是社会科学研究中的一个非常好的方法。结构方程模型是反映隐变量和显变量关系的实证分析模型,其目的是通过显变量测量推断隐变量,并对假设模型的正确性进行检验。结构方程模型的核心是尽量缩小样本协方差阵与由模型估计出的协方差阵之间的差异。结构方程模型变量分为显变量和隐变量,显变量是可测变量,隐变量是不可直接测量的变量。变量按照变量间的关系分为外生变量和内生变量,外生变量由显变量决定,内生变量由隐变量决定。

该方法的优点:可同时处理多个因变量;容许自变量和因变量含有测量误差;SEM 容许潜变量(不能直接测量或观察的变量)由多个观察指标构成,并可同时估计各指标的信度和效度;容许更大弹性测量模型;研究者可设计出潜变量间的关系,并估计整个模型与数据的拟合度。

对拟合模型进行评判主要借助两个指标:卡方与自由度比值及 RMSEA(近似均方根误差)。卡方与自由度比值越小,RMSEA 越小。结构方程模型由两类矩阵方程式构成:测量方程用来描述隐变量与显变量间的关系,结构方程用来描述隐变量间的关系。

测量方程通式:

$$x = \Lambda x \xi + \delta \quad (1)$$

$$y = \Lambda y \Gamma + \varepsilon \quad (2)$$

其中:

x——外生显变量矩阵;

y——内生显变量矩阵；

ξ——外生隐变量矩阵；

Γ——内生隐变量矩阵；

Λx——外生显变量与外生隐变量之间的关系是外生显变量在外生隐变量上的因子负荷矩阵；

Λy——内生显变量与内生隐变量之间的关系是内生显变量在内生隐变量上的因子负荷矩阵；

δ,*ε* 分别为测量方程（1）和（2）的残差项，反映了方程中未能被解释的部分。

结构方程通式：

$$\Gamma = B + \Gamma\xi + \zeta \quad (3)$$

其中：

B——内生隐变量间的关系；

Γ——外生隐变量对内生隐变量的影响；

ζ——结构方程的残差项，反映了方程中未能被解释的部分。

在一个三级指标体系中，抽象概念是结构方程模型中的隐变量，测量指标就是显变量，维度（仍然是抽象的）也属于隐变量；概念是内生变量，维度是外生变量，指标则是外生变量。因此，综合起来看，概念是内生隐变量，维度是外生隐变量，指标是外生显变量。指标体系所拟合的结构方程模型中测量模型只有一个矩阵方程：

$$指标 = \Lambda x \; 维度 + \delta \quad (4)$$

而结构模型应为：

$$概念 = \Gamma \; 维度 + \zeta \quad (5)$$

结构方程模型步骤：概念澄清与界定—发展测量指标—形成预试问卷—预试问卷检验与修改—数据采集—模型拟合与评价—权重分配。

多元回归分析、因子分析、多元方差分析等存在理论上的假设限制和应用缺陷。结构方程模型比回归分析更为准确地估计整个模型因子间的关系。通过建立区域创新概念模型，借助 Amos、Lisrel 等结构方程模型分析软件进行模型拟合，发现区域创新的解释变量；结构方程模型可对多因子进行分析，可分析出各变量间的直接、间接和总体效应，发现一个变量对另一个变量的直接、间接和总体影响，找到变量间的影响路径，为政策制定提供依据；可对评价指标体系进行信度和效度分析，以确保其科学性；通过计算潜变量得分，可对样本区域进行分项排序。

4.3.2 区域创新评价的结构方程模型

1. 评价模型的图形表达（见图4-5）

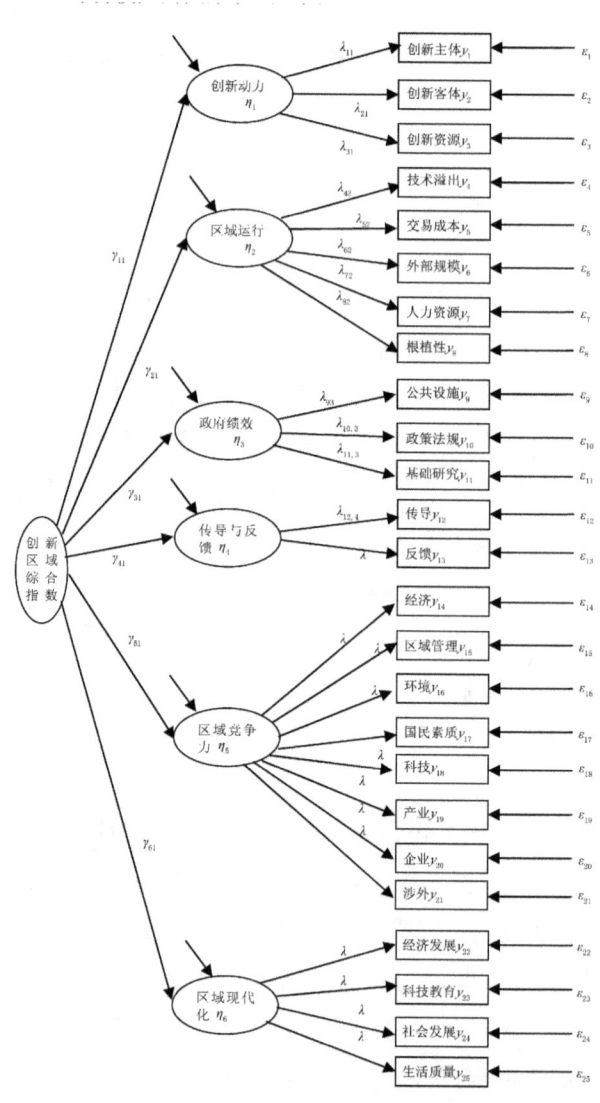

图4-5 区域创新评价综合指数的模型结构

2.评价模型的数学表达

上图所示的评价指标结构方程模型包括两个部分,即结构模型和测量模型。结构模型用于描述潜变量之间的关系,测量模型用于表述潜变量和可测变量之间的关系。

① 结构模型:

$\eta_1 = \gamma_{11}\xi_1 + \zeta_1$

$\eta_2 = \gamma_{21}\xi_1 + \zeta_2$

$\eta_3 = \gamma_{31}\xi_1 + \zeta_3$

$\eta_4 = \gamma_{41}\xi_1 + \zeta_4$

$\eta_5 = \gamma_{51}\xi_1 + \zeta_5$

$\eta_6 = \gamma_{61}\xi_1 + \zeta_6$

② 测量模型:

$y_1 = \lambda_{11}\eta_1 + \varepsilon_1$

$y_2 = \lambda_{21}\eta_1 + \varepsilon_2$

$y_3 = \lambda_{31}\eta_1 + \varepsilon_3$

$y_4 = \lambda_{42}\eta_2 + \varepsilon_4$

$y_5 = \lambda_{52}\eta_2 + \varepsilon_5$

$y_6 = \lambda_{62}\eta_2 + \varepsilon_6$

$y_7 = \lambda_{72}\eta_2 + \varepsilon_7$

$y_8 = \lambda_{82}\eta_2 + \varepsilon_8$

$y_9 = \lambda_{93}\eta_3 + \varepsilon_9$

$y_{10} = \lambda_{10,3}\eta_3 + \varepsilon_{10}$

$y_{11} = \lambda_{11,3}\eta_3 + \varepsilon_{11}$

$y_{12} = \lambda_{12,4}\eta_4 + \varepsilon_{12}$

$y_{13} = \lambda_{13,4}\eta_4 + \varepsilon_{13}$

$y_{14} = \lambda_{14,5}\eta_5 + \varepsilon_{14}$

$y_{15} = \lambda_{15,5}\eta_5 + \varepsilon_{15}$

$y_{16} = \lambda_{16,5}\eta_5 + \varepsilon_{16}$

$y_1 = \lambda_{17,5}\eta_5 + \varepsilon_{17}$

$y_2 = \lambda_{18,5}\eta_5 + \varepsilon_{18}$

$y_3 = \lambda_{19,5}\eta_5 + \varepsilon_{19}$

$y_4 = \lambda_{20,5}\eta_5 + \varepsilon_{20}$

$y_5 = \lambda_{21,5}\eta_5 + \varepsilon_{21}$

$y_6 = \lambda_{22,6}\eta_6 + \varepsilon_{22}$

$y_7 = \lambda_{23,6}\eta_6 + \varepsilon_{23}$

$y_8 = \lambda_{24,6}\eta_6 + \varepsilon_{24}$

$y_9 = \lambda_{25,6}\eta_6 + \varepsilon_{25}$

第 5 章
河南创新体系建设的总体框架及实证分析

科学评价区域创新发展质量是撬动区域创新体系建设的有力杠杆,张廷、王军川(2020)在梳理了国内外创新体系相关研究成果之后,通过 AHP 层次分析法构建起由 4 个一级指标、18 个二级指标组成的区域创新质量评价指标体系。该体系把定性、定量混杂的问题统一起来,让无序化的信息变得有序且具有对比性,以实践探索出了一套规范可行的区域创新质量评价方法。GEM 模型是基础(Groundings)—企业(Enterprises)—市场(Markets),是一种分析企业集群竞争力的模型。李虹林、陈文晖(2020)将技术创新因素纳入 GEM 模型之中,构建起一套涵盖 4 要素、8 因素和 36 个显性观测指标的 GEMI(基础—企业—市场—创新)模型,并配合 AHP 层次分析法确定指标权重,建立起 GEMI 模型评价指标体系,这为河南创新体系建设提供了有益参考。

5.1 河南区域创新体系构建原则

为了系统、全面、客观、准确地评价区域创新成效,借鉴相关文献,河南区域创新评价指标体系构建中应遵循以下五条原则。

5.1.1 科学性原则

这是指标体系构建的基本原则。首先明确指标体系的理论基础,其次建立评价模型,最后构建评价指标体系。只有从理论、模型到指标体系的建立科学一致,才能正确地认识创新活动的规律。

5.1.2 系统性原则

经济社会体系是一个普遍联系、多维多元的复杂系统,评价指标体系的建立亦是一项复杂的系统工程,系统性原则是增强发展的整体性、协同性的必由之路。按照系统性原则,加强顶层设计和战略布局,才能使区域创新各领域发展有机统一、相互促进。河南创新体系建设必须反映河南省自然和人文环境、产业结构、政府政策等各个侧面的现状。各侧面指标间共同构成一个有机整体,形成一个系统的测评体系,以反映从综合到分类的创新水平和能力。

5.1.3 可操作性原则

由于各地区的经济、社会、文化、技术等存在差异,创新所面对的问题也不尽相同。而要对区域间创新能力进行比较,又要求指标具有统一性。可操作性体现在评价指标的选取既要较准确反映创新能力,又要尽量选取具有共性的综合性指标。首先,为便于分析和评价,所需数据要易于获得,评价指标不宜过多;其次,为避免重复和交叉,应尽可能地减少各指标之间的相关程度;再次,指标还应便于与其他省份或城市进行比较。

5.1.4 动态连续性原则

创新活动是一个动态发展、不断提高的过程,因此,指标体系必须反映知识生产、技术研发、产业发展的现状及演变趋势,并能揭示内在发展规律。指标选取静态指标与动态指标相结合的方式,静态指标反映创新现状,动态指标预测创新前景。

5.1.5 典型性原则

评价指标选取的应该是创新体系建设中最关键、最典型的标志性数据,选取能真实反映创新活动规律的统计数据。只有通过对典型数据的系统分析,才能够真实反映区域创新的建设水平、存在问题和发展趋势。

5.2 河南创新评价指标体系的总体框架与路径设计

5.2.1 技术创新、制度创新、文化创新与产业创新关系

熊彼特的5种创新形式可归纳为三类:技术创新(产品创新和生产方法创新)、市场创新(开辟新市场、掠夺或控制新供应来源)和组织创新(变革原组织形式、建立新经营组织)。技术创新和市场创新属于技术创新路径,组织创新属于制度创新研究路径。历史上的经济革命并不是由技术革命导致的,相反,技术革命和经济革命都是由制度变革决定的,是制度变革为技术革命和经济革命铺平了道路。一国的创新绩效取决于各种具体组织和机构的效率以及各种组织和机构之间的学习和互动状况及文化体系的关联与互动。企业创业过程中创新主体角色的转移,要靠文化体系的存在才能得以实现。黄鲁成从创新对象进行分析,认为区域创新系统主要由技术创新、制度创新、组织创新和管理创新四个子系统构成。本著作认为经济增长离不开技术创新、制度创新、文化创新与产业创新,并通过指标体系的构建形成区域创新指标体系。这四种创新在一个地区的经济增长中都具有不可或缺的作用,四种创新具有非常强的内在相关性(见图5-1)。

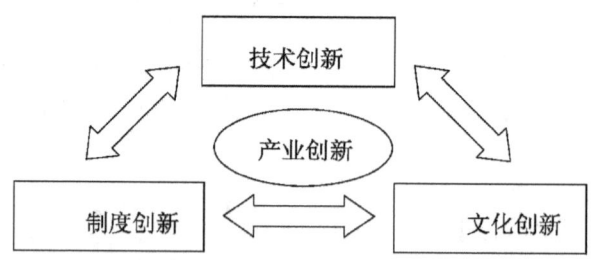

图 5-1 技术创新、制度创新、文化创新与产业创新关系

5.2.2 河南创新评价指标体系总体框架

1.技术创新是制度创新与产业创新的基础

技术创新为经济活动提供生产的可能性边界,并对制度创新提出需求、为产业创新提供可能。技术创新决定制度结构及其变化,技术创新是产业创新

的前奏;技术创新是个别企业的行为,产业创新是一种社会行为。

2.产业创新为技术创新营造有利环境和条件

产业创新是技术创新、管理创新、市场创新等的系统集成,是产业结构不断演化而突变的过程,是企业创新的最高层次和归属。创新类似于生物学上的突变理论,"突变"构成一种"创造性的破坏过程"。加里·哈梅尔认为大公司兴旺发达靠的是改变游戏规则或是改变行业的竞争基础,进而创造全新的行业。普拉哈拉德认为一个公司若要创造未来,就必须同时能够改造整个产业。经济发展过程中,产业结构基本遵循从劳动密集型为主→资本密集型为主→技术、知识密集型为主的演进轨迹。

3.制度创新为技术创新和产业创新提供保障

产业的形成与演化跟技术创新密切相关,而连接技术创新与产业创新的桥梁就是制度创新。技术并没有消除产业创新道路上的所有障碍,技术创新也不能自动扩张为产业创新。制度创新的作用是通过新的组织形式(如产权、企业组织及分配方式)提高经济活动的激励水平及降低交易成本。制度创新提供技术扩散的路径,助力产业创新实现。

4.文化创新构成区域创新活动的背景

制度是发展的"硬件",文化是发展的"软件",区域文化作为文化的一种,其力量在于缓慢的渗透性。文化和经济相互渗透,相互促进,潜移默化地影响区域发展主体,影响区域创新的各环节,构成区域经济发展的底色和背景。基于此,区域创新要注重借助文化的力量促成技术创新、制度变迁与产业升级。

四种创新的内在逻辑关系是以技术创新为起点,通过制度创新、文化创新达到产业创新,它们之间是互为动力的。技术创新可以促进制度创新、文化创新和产业创新,制度创新与文化创新可以促进技术创新达到其生产可能性的边界,从而推动产业创新。产业创新为技术创新、制度创新与文化创新提供更高的平台,是技术创新、制度创新和文化创新的结果,四种创新最终推动了经济增长。

基于四种创新之间的关系,结合河南科技、经济和社会发展实际,本著作从技术创新、产业创新、文化创新、制度创新四个层次构建了河南创新评价指标体系(见图5-2),在评价的基础上找到推动区域经济增长的对策建议。

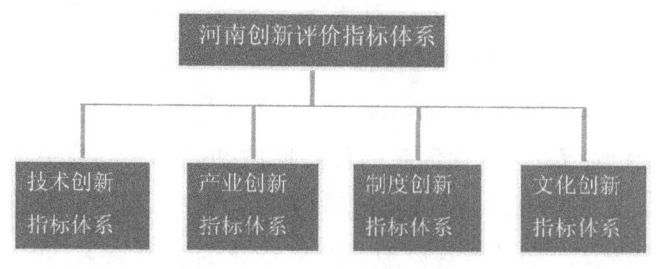

图 5-2　河南创新评价指标体系的总体构架

5.2.3　河南创新体系建设的路径选择

1.河南区域发展路径的原始创新及其必要性

改革开放以来,我国逐步形成"苏南模式""温州模式""珠三角模式"等不同的区域发展模式。后发地区效仿加剧了区域间的路径趋同和过度竞争,忽视了区域发展路径的原始创新。区域发展路径能否进行原始创新,需要考量是否有构成原始创新的初始因子,如有潜力的产业或资源;是否有鼓励创新的制度安排,为创新活动与区域发展提供根本保障;是否有构成发展链条上的产业机遇和企业家,为原始创新提供不竭动力;是否有富有创新意识的文化环境。在特定的结构化制度体系保障下,富有创新精神和创新动机的创新主体,结合区域内创新资源禀赋,形成区域良性发展的正反馈效应。

区域发展路径有模仿创新和原始创新,区域创新的主要形式是模仿创新。模仿创新是指后发地区通过学习和模仿先进地区的思想观念和方法途径,实现区域的快速发展。经验表明,模仿创新不能实现后发地区的跨越式发展,原因在于:一是先发地区得益的创新收益是递减的,当其经验被普遍效仿,创新的边际效用逐级递减,模仿者难以取得预期效果;二是创新存在于特定环境下,当后发地区开始模仿时,其创新环境已时过境迁,模仿者于新环境下循旧径,成效自然降低;三是区域经济是一个演化过程,整个过程由若干个相关联的事件构成且无法复制,从该意义上讲,区域发展模式是无法克隆的。由以上可知,只有原始创新才能推动区域实现跨越式发展。

区域发展路径的原始创新指在特定时期和区域内为社会所公认的少数地区所创建的"最佳结构"与"最佳发展"的路径模式。社会公认指区域创新获得了社会的普遍认同,"最佳结构"指区域实现了最佳空间结构,"最佳发展"指在特定条件下区域发展要素实现了最佳配置和效用最大化,如"苏南模式""温州模式"等。区域发展路径原始创新的特点:独特性、典型性和相对性等。独特性指这些区域的发展在时间和空间上具有排他性,其路径创新是唯一的。典型性指这些区域的发展路径模式具有代表性,对于条件相似的区域具有较强的借鉴作用。相对性指区域发展路径具有明确的时间、空间界定,如"温州模式"具有鲜明的原创性。任何创新都是特定环境下的创新,河南在学习、借鉴先进地区发展路径的同时,不能离开河南特定的区域发展环境。

2.河南创新体系建设的路径设计

(1)以技术、制度、文化创新为出发点

区域创新活动与制度、文化有着不可分割的联系。创新是一个重大的技术、社会和制度的变迁过程,这种变迁体现在社会文明程度提高、经济结构趋向合理化、产业结构升级、人民生活水平提高等。构建创新体系就是把这种发生在区域中的零星的、局部的创新活动系统起来,从而产生协同效应。

技术创新活动在制度、结构和文化的协同下创新成功,推动了区域经济增长;成功的技术创新又反过来推动制度与文化变迁,形成了互为因果、互相促进的良性循环局面。而技术创新活动如与所在区域的制度、文化背景不协调,容易形成观念的、技术的和政策上的锁定。在"锁定"的轨迹中,市场秩序混乱和区域经济衰退出现。因此,河南创新体系建设应尽力避免坠入制度与文化锁定陷阱。技术创新、制度创新与文化创新的关系如图5-3所示。

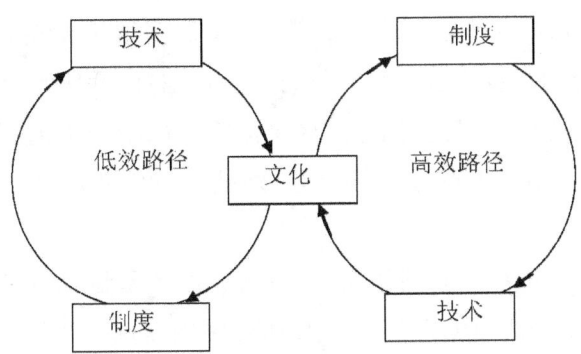

图5-3 技术创新、制度创新与文化创新的关系

(2)以产业创新为着力点

产业创新是提高区域产业竞争优势的重要途径。地区竞争力的关键是产业竞争优势,而产业竞争优势来源于彼此相关的产业。产业创新的核心是产业之间、企业之间及企业与其他机构之间的延链强链补链。区域主导产业和核心企业的衍生、裂变、创新与被模仿逐步形成了产业创新。一个区域内一旦有某个领域的产业或企业出现,产业之间相互关联、相互补充、相互竞争的原材料、零部件、配套产品、销售渠道、用户等上、中、下游产业及其外围支持产业会不断地趋向集中,寻求规模经济,寻求产业链上新的机会和更有影响力的位置,形成范围经济和强大的溢出效应,带动区域经济发展。

产业创新是推动区域经济增长的重要方式。产业活动必然带来人口集聚,集聚为产业提供了丰富的劳动力资源,也使区域居民获得了择业便利,更能引起生活消费、住宅、能源、交通、教育、医疗卫生、金融等产业的发展,产业创新有利于调整区域产业布局,促进区域产业结构优化升级。产业创新的集聚与溢出效应促进了区域经济的扩散、渗透和经济增长。

河南在科学积累和技术水平方面与发达地区仍存在差距,而且在一些重要领域的差距还在不断扩大。面对产业升级、结构调整所带来的不确定性挑战,河南创新体系建设必须以河南战略目标为着眼点,立足于地方实际,站在国家战略高度,构建具有特色的河南区域创新体系,这是提升河南创新能力的根本保证和重要内容。

产业集群作为区域产业发展的重要推动力量,其结构模型可以由核心创新层、基础创新层和外围支持创新层等三个层次网络相互耦合而成。区域产业集群创新系统的发展路径主要有集结型优化路径、联盟型优化路径和配置型优化路径。核心创新层创新主体为企业,基础创新层创新主体为政府机构、大学和科研院所、相关生产性服务业等,外围支持创新层创新主体为政府与市场。

借鉴产业集群的结构模型和发展路径,创新体系建设以制度与文化创新为出发点,以技术和产业创新为着力点,推动技术创新、管理创新与知识创新活动,促进产业创新与产业竞争力的提升,带动区域经济增长与现代化程度的提高(见图5-4)。

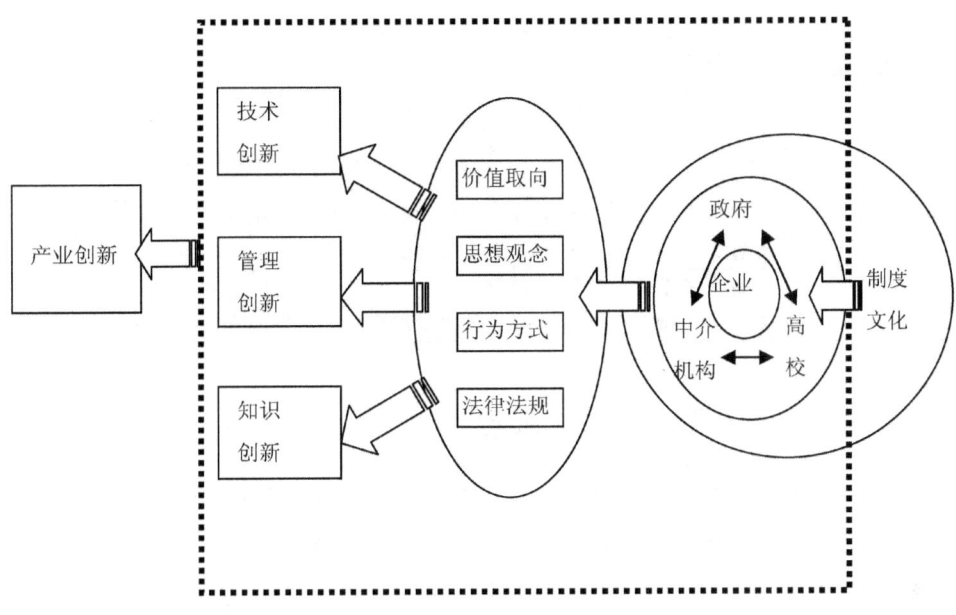

图 5-4　河南区域创新路径模型

5.3　河南创新评价指标体系的选择

5.3.1　技术创新评价指标体系

技术创新是科技进步、经济增长和社会发展的根本动力,对于提高区域产业竞争力、经济实力和国际竞争力具有至关重要的作用,技术创新能力的强弱已成为区域经济社会发展的决定性因素。在区域创新系统中,企业是技术创新的主体,其技术创新能力决定企业的生存和发展。因此,考查河南的技术创新能力主要是考查企业(尤其是大中型工业企业)的技术创新能力。一般来说,主要从企业技术创新投入、机构建设、科技活动、专利产出等方面来测度区域技术创新能力的强弱。技术创新评价指标体系的详细指标见表 5-1。

表 5-1　技术创新评价指标体系评价指标情况表

二级指标	三级指标
技术创新指标	本省企业 R&D 投入占企业销售收入的比重(%)
	本省企业技术引进和消化吸收经费占产品销售收入的比重(%)
	本省企业研发人员占企业从业人员的比重(%)
	本省大中型工业企业中有科技机构的企业数占全国的比重(%)
	本省大中型工业企业中有科技活动的企业数占全国的比重(%)
	本省大中型企业申请专利数量占全国专利申请量的比重(%)
	本省大中型企业拥有发明专利数量占全国拥有发明专利量的比重(%)

5.3.2　产业创新评价指标体系

产业创新是指企业通过技术创新、管理创新、市场创新或组合创新等改变现有产业结构或创造全新产业的过程,它是技术创新、管理创新、市场创新等的系统集成,是对旧的产业结构的创造性破坏。产业创新是推动区域产业结构调整、经济结构优化升级和经济发展方式转变的核心环节。通常情况下,主要从经济增长速度、经济发展方式转型、产业结构高级化、产业结构优化、工业化进程等方面来测度区域产业创新能力的强弱。产业创新评价指标体系的详细指标见表 5-2。

表 5-2　产业创新评价指标体系评价指标情况表

二级指标	三级指标
产业创新指标	本省 GDP 增长率(%)
	本省人均 GDP 增长率(%)
	本省经济发展方式转变系数(%)
	本省产业结构高级化程度
	本省经济结构转化速度指数
	本省产业结构层次的优化
	本省工业化进程
	本省工业新产品产业产值占工业总产值的比重(%)
	本省创新创业基金数量占全国的比重(%)
	本省万元 GDP 综合能耗

5.3.3　文化创新评价指标体系

文化创新是由价值观创新、人文创新和激励创新组成的有机整体。文化创新是引领区域精神发展潮流、彰显区域人文内涵和激发区域创新活力的重要支撑。文化创新评价指标分定量和定性指标两类,其中,定量指标主要从创新氛围、创新意识、创新投入重视程度、教育重视程度、科普、科技产出、信息化等方面来测度,定性指标主要从创新意识提高、创新观念改变、创新氛围营造等方面进行测度。文化创新评价指标体系的详细指标见表5-3。

表5-3 文化创新评价指标体系评价指标情况表

二级指标	三级指标
文化创新指数	本省全社会R&D投入占GDP的比重(%)
	本省创新氛围指数
	本省创业精神指数
	本省科技创新意识指数
	本省财政性教育支出占地方财政支出的比重
	本省义务教育普及率
	本省万名就业人员发明专利拥有量
	本省社会生活信息化指数

5.3.4 制度创新评价指标体系

制度创新是制度创新主体为实现一定的价值目标而进行合乎生产力发展要求的完善现有制度或制定新制度的创造性活动,它为各类创新主体追求持续创新提供必要的制度保障,包括对现存的制度理论的更新、对制度规则的变革、对制度组织的调整、对全新制度的科学合理构建。在制度创新方面,政府主要通过支持知识生产尤其是战略性研发,建设科技基础设施和制度,以政策和计划引导企业的技术创新和产业的发展,提高整个区域的创新能力。制度创新评价指标分定量和定性指标两类,其中,定量评价主要从政府管理综合能力、市场状况等方面进行测度,定性评价主要从体制机制、创新财税金融政策、创新成果评价机制等方面测度。制度创新评价指标体系的详细指标见表5-4。

表 5-4　制度创新评价指标体系评价指标情况表

二级指标	三级指标
制度创新指数	本省地方财政科技拨款占地方财政支出的比重（%）
	本省政府规划能力指数
	本省政府服务能力指数
	本省政府创新能力指数
	本省知识产权保护度
	本省法制健全程度指数
	本省技术成果市场化指数
	本省市场发育度指数
	本省所有制改革指数

5.4　河南创新体系建设的现状评价与难点分析

5.4.1　河南创新体系建设现状评价

以四川、河南、江苏、辽宁、广东5个典型省份为样本，运用层次分析法对河南创新体系建设及河南技术创新能力、产业创新能力、制度创新能力和文化创新能力等进行了深入研究分析与评价。

1. 河南创新体系建设总体评价（见表5-5）

表 5-5　2014—2018年全国重点省份区域创新建设评价表

	辽宁	江苏	河南	广东	四川
2014 年	0.41	0.51	0.37	0.58	0.41
2015 年	0.42	0.59	0.36	0.62	0.38
2016 年	0.43	0.70	0.38	0.64	0.36
2017 年	0.35	0.63	0.39	0.55	0.39
2018 年	0.41	0.70	0.43	0.52	0.33

（1）河南创新体系建设起点低，但发展速度较快、发展趋势向好

从创新型区域建设起点看，2014年，河南的指数是0.37，是5个比较省份中最低的，不仅低于广东和江苏的0.58和0.51，也明显低于辽宁和四川的0.41，河南创新体系建设起点低。从发展速度看，2014年到2018年5年中，河南的发展指数算术平均数为0.012，仅次于发展速度最好的江苏（0.038），比广

东、辽宁、四川的创新型省份发展速度指数均好(后三者指数分别为-0.012、0、-0.016)。从发展过程看,河南创新体系建设指数保持良好趋势,5年中河南的评价指数除2015年略有0.01的回调外,其他年份均保持直线上升态势;5个地区横向比较看,除了江苏也是直线上升过程外,其他省份发展趋势均不如河南,广东和辽宁则呈现出纺锤体先升后降发展曲线,四川则出现直线下行发展态势。

(2)河南创新体系建设取得较大成就,但与东部发达地区仍有较大差距

从区域创新建设指数分析结果来看,2014年到2018年,河南创新体系建设指数从0.37提升到了0.43,除了2015年略有下降,总体上呈现出明显的直线上升态势;到2018年,创新型区域建设指数分别超出四川、辽宁0.10和0.02。河南"中部地区崛起""黄河流域生态保护"和"高质量发展"等重大战略的实施效果正逐步显现,河南创新体系建设取得了较大的成效,建设水平从全国比较靠后的水平已达到中等偏上的总体发展水平,河南创新速度不断加快,并且呈现出加速迅猛发展的态势。然而,同东部发达地区的江苏省、广东省相比,2014年到2018年,河南的区域创新建设指数一直低于东部地区的江苏和广东,而且区域创新建设指数与江苏的差距由0.14扩大到0.27,与东部发达省份差距呈扩大态势。

(3)产业、制度创新能力优势突出,技术、文化创新能力相对较弱

河南在产业创新能力、制度创新能力两项二级指标的标准化得分上明显高于其他区域,说明河南在区域GDP增长率、人均GDP增长率、产业结构层次的优化、政府服务能力、政府创新能力、法制健全程度等三级指标方面处于全国领先地位,而在区域企业R&D投入占企业销售收入的比重、企业技术引进和消化吸收经费占产品销售收入比重、大中型企业申请专利数量占全国专利申请量比例、全社会R&D投入占GDP的比重、科技创新意识指数等三级指标方面较差。特别需要说明的是,2014年到2018年,河南的企业R&D投入占企业销售收入的比重、大中型企业申请专利数量占全国专利申请量比例、大中型工业企业中有科技活动的企业数占全国的比重、全社会R&D投入占GDP的比重、科技创新意识指数等三级指标的标准化指数基本一直落后于全国大多数省份,这直接导致了河南的技术创新能力和文化创新能力整体得分较低。从影响因素上分析,企业R&D投入、大中型企业申请专利数量、大中型工业企

业中有科技活动的企业数等技术创新投入与产出能力指标,以及全社会 R&D 投入、科技创新意识等文化创新指标是制约河南创新体系建设的重要因素,解放思想、加大投入、使企业真正成为技术创新的主体是河南创新体系建设成功的关键。

2.河南技术创新能力评价(见表 5-6)

表 5-6 2014—2018 年全国典型省份技术创新能力评价表

	辽宁	江苏	河南	广东	四川
2014 年	0.32	0.59	0.31	0.59	0.38
2015 年	0.34	0.66	0.16	0.58	0.36
2016 年	0.29	0.63	0.18	0.60	0.48
2017 年	0.25	0.71	0.14	0.57	0.48
2018 年	0.22	0.78	0.17	0.56	0.39

(1)技术创新能力建设相对滞后,与东部沿海地区差距呈逐渐拉大趋势

从区域创新建设指数分析结果来看,2014 年到 2018 年,河南的技术创新能力指数从 0.31 下降到了 0.17,下降了 0.14,除了 2016 年和 2018 年分别比上年增长 0.02 和 0.03 外,其他年份都在下降。可见,河南技术创新能力建设"不进而退",本来起点就很低,再加上没有采取得力措施,没有把"所有"变成"所用",即没有被河南"所用",导致技术创新能力在全国处于落后水平,并呈现出越来越明显的阶梯式下降趋势。同时,河南的技术创新能力同东部地区的江苏、广东等省份的差距也在不断拉大,2014 到 2018 年,河南技术创新能力指数与江苏的差距从 0.28 扩大到 0.61,与广东的差距从 0.28 扩大到 0.39,与东部发达省份差距呈现逐渐拉大趋势。

(2)技术创新投入不足、产出不高是造成技术创新能力逐年下降的根本原因

从成因分析看,企业 R&D 投入占企业销售收入的比重、大中型企业申请专利数量占全国专利申请量比例、大中型工业企业中有科技活动的企业数占全国的比重等三级指标均落后于全国大多数地区,甚至落后于西部地区的四川,且这些指数标准化数值基本上都低于 0.02。同时,本省企业技术引进和消化吸收经费占产品销售收入比重、大中型工业企业中有科技机构的企业数占全国的比重等三级指标的标准化数值也出现了较大幅度的下降。经查询《全国科技进步统计监测报告》可知:2014 到 2018 年,河南省企业技术引进和消

化吸收经费占产品销售收入比重、大中型工业企业中有科技机构的企业数占全国的比重两个指标的标准化数值分别从0.57和0.79下降到0.01和0.06。从总体上看,技术创新投入不足,以及由此带来的产出不高是造成河南技术创新能力逐年下滑的主要原因。

3.河南产业创新能力评价(见表5-7)

表5-7　2014—2018年全国典型省份产业创新能力评价表

	辽宁	江苏	河南	广东	四川
2014年	0.24	0.72	0.18	0.54	0.55
2015年	0.34	0.65	0.16	0.73	0.28
2016年	0.27	0.75	0.33	0.66	0.47
2017年	0.32	0.44	0.52	0.45	0.51
2018年	0.47	0.55	0.60	0.46	0.41

(1)产业创新能力建设成效显著,逐步确立全国领先地位

从区域创新建设指数分析结果来看,2014年到2018年,河南的产业创新能力指数从0.18提高到0.60,上升了0.42,除了2015年下降外,其他年份均保持较快速度增长。可见,全省产业创新步伐不断加快,推动了全省产业创新能力快速提升,从"十五"的全国相对落后水平,提升到目前的全国领先水平,并逐步确立了全国领先地位。2014年到2018年,河南的技术创新能力指数,由同辽宁、江苏、广东、四川依次相差0.06、0.54、0.36和0.37发展到比这些分别领先0.13、0.05、0.14和0.19,产业创新能力建设进步非常显著。

(2)GDP增长、产业结构层次优化等位居全国前列,经济发展方式转变有待提升

全省GDP增长率、人均GDP增长率、工业新产品产业产值占工业总产值的比重、产业结构层次的优化等三级指标的标准化得分高于其他地区,如:2017年,河南的GDP增长率、人均GDP增长率等三级指标的标准化数值都为1,远远高于江苏和广东的0.37和0,这说明河南经济发展速度较快,经济增长质量较高,产业结构正处于不断优化的过程中。而经济发展方式转变系数、产业结构高级化程度、工业化进程等三级指标的标准化得分远远低于其他地区,如:2018年,河南这三个三级指标的标准化数值仅分别为0.22、0.25和0.35,甚至低于全国平均水平。可见,加快工业化进程、产业结构优化升级和经济发展

方式转变是今后一个时期提升产业创新能力的关键所在。

4.河南文化创新能力评价(见表5-8)

表5-8　2014—2018年全国典型省份文化创新能力评价表

	辽宁	江苏	河南	广东	四川
2014年	0.56	0.37	0.42	0.82	0.25
2015年	0.41	0.44	0.39	0.93	0.31
2016年	0.58	0.78	0.40	0.76	0.19
2017年	0.38	0.62	0.37	0.84	0.23
2018年	0.42	0.90	0.35	0.73	0.11

(1)文化创新能力建设不断下滑,在全国处于相对落后的状态

从区域创新建设指数分析结果来看,2014年到2018年,河南的文化创新能力指数从0.42下降到0.35,下降了0.07,除了2016年比上年同比略有增长外,其他年份都处于下降状态。这说明,近年来,由于受到中原地区特有的"故步自封""小富即安"等传统文化冲击,河南的文化创新能力建设效果很差,文化创新能力下滑很快,由原来的全国中等水平下降到目前的全国相对落后水平。

(2)科技创新意识差、创业精神落后等是影响文化创新能力的主要因素

从成因分析看,2014—2017年,本省科技创新意识指数、本省全社会R&D投入占GDP的比重等三级指标的标准化数值一直比较低,其中,2018年,本省科技创新意识指数、本省全社会R&D投入占GDP的比重两个三级指标的标准化数值都为0。另外,财政性教育支出占地方财政支出的比重、社会生活信息化指数等三级指标下滑速度很快,也对河南省文化创新能力提升产生了较大的冲击。例如:2014到2018年,这两个指标的标准化数值分别从1和1下降到了0.37和0.21。同时,创新氛围指数等提升也较慢,2014到2018年,河南创新氛围指数标准化数值从0.33提高到0.39,仅增长了0.06。可见,科技创新意识不强、创业精神不足等已严重制约了全省文化创新能力提升,提高对技术创新重要性的认识、加大技术创新投入力度、提升全省创新意识、大力营造良好的创新创业氛围等,将成为未来一个时期河南文化创新能力建设的重要核心内容。

5.河南制度创新能力评价(见表5-9)

表5-9 2014—2018年全国典型省份制度创新能力评价表

	辽宁	江苏	河南	广东	四川
2014年	0.52	0.33	0.59	0.35	0.47
2015年	0.57	0.60	0.74	0.22	0.58
2016年	0.59	0.67	0.62	0.52	0.32
2017年	0.45	0.75	0.53	0.35	0.33
2018年	0.51	0.69	0.61	0.33	0.41

(1)制度创新能力波浪式上升,建设水平相对优势明显

从区域创新建设指数分析结果来看,2014年到2018年,河南的制度创新能力指数从0.59上升到0.61,除了2016、2017年有回调外,其他时间总体保持波浪式上升态势。其中,2014年和2015年,河南的制度创新指数一直处于5个地区首位,领先优势明显。从5大省份横向比较情况看,河南制度创新能力指数得分总体上处于5个省份前列,除了江苏省2016—2018年超过河南省外,其他三个省份2014到2018年一直低于河南省。横向和纵向比较结果都说明河南省在制度创新方面做了大量有成效的工作,建设水平相对优势明显。

(2)法制、政府服务与创新能力建设全国领先,财政科技拨款、技术成果市场化指数有待提高

总体来看,河南制度创新能力建设效果较好,在全国处于先进水平。其中,法制、政府服务与创新能力建设三级指标一直处于前列,起到了关键的支撑作用。但是,财政科技拨款数量、知识产权保护度等指标领先优势并不明显,是河南省制度创新能力建设下一步有待提高的重要方面。例如:2014到2016年,本省地方财政科技拨款占地方财政支出的比重指标一直是0,直到2017年和2018年才有缓慢回升,分别达到0.11和0.19。同时,技术成果市场化指数也表现不佳,2014年到2018年,指数值一直在0.2左右低位徘徊。很明显,财政科技拨款、技术成果市场化指数是河南制度创新能力建设的"短腿",有待提高。

5.4.2 河南创新体系建设难点分析

1.技术创新投入不足是全省技术创新能力提升的关键瓶颈

企业融资渠道比较单一、技术创新投入不足等造成全省企业技术创新产

出水平不高,从而导致全省技术创新能力不强。虽然2018年河南的研发经费达到793亿元,比十年前已经有了大幅提升,位列全国第9名,但研发强度仅为1.4%,位列全国第18位,与全国平均数2.19%仍有较大差距(见图5-5)。技术创新投入不足已成为制约全省技术创新能力提升的关键瓶颈,创新全省企业技术投入体制机制,使企业真正成为技术创新投入、技术创新活动开展和技术创新成果应用的主体,已成为摆在全省面前的一个亟待解决的问题。2019年,河南省R&D经费投入强度为1.46%,江苏省为2.79%,四川省为1.87%,辽宁省为2.04%,广东省为2.88%(见表5-10)。2008年共有15个省份的研发经费投入超过100亿元,位居前十名的省份分别是江苏、北京、广东、山东、上海、浙江、辽宁、四川、天津、湖北(见图5-6)。2019年,研发经费超千亿的共有6个省份,研发经费超过500亿元的共有15个省份,位于前十位的分别是广东、江苏、北京、浙江、上海、山东、湖北、四川、河南、湖南。

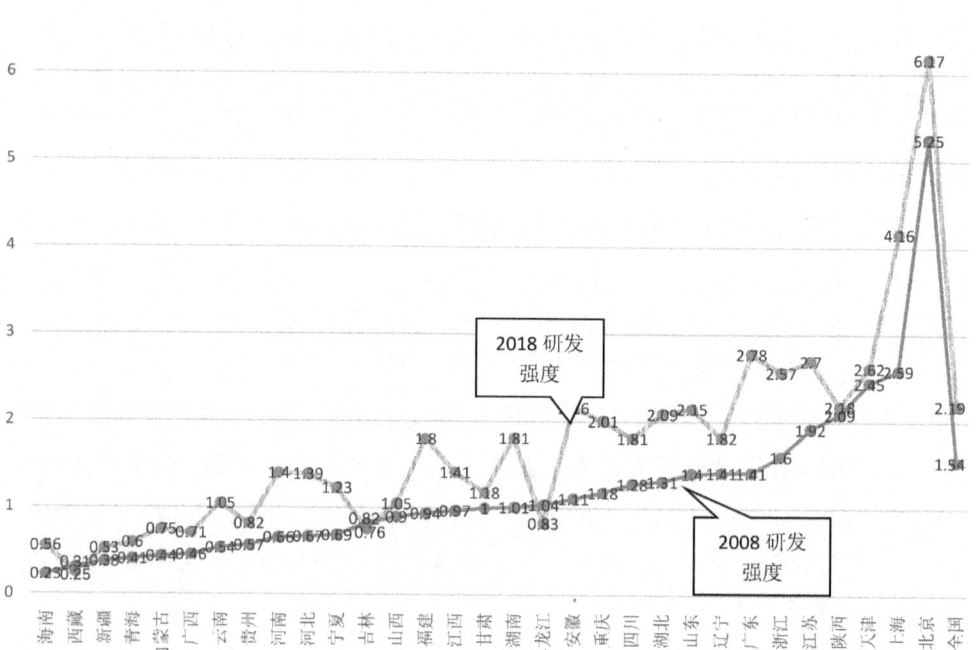

图5-5 2008、2018年全国及各地研发强度(单位:%)

(数据来源:国家统计局)

表 5-10 2008、2018、2019 年全国及部分典型省市研发情况表　　单位：%

R&D 经费投入强度	辽宁	江苏	河南	广东	四川	全国
2008	1.41	1.92	0.66	1.41	1.21	1.54
2018	1.82	2.7	1.4	2.78	1.81	2.19
2019	2.04	2.79	1.46	2.88	1.87	2.23

数据来源：国家统计局

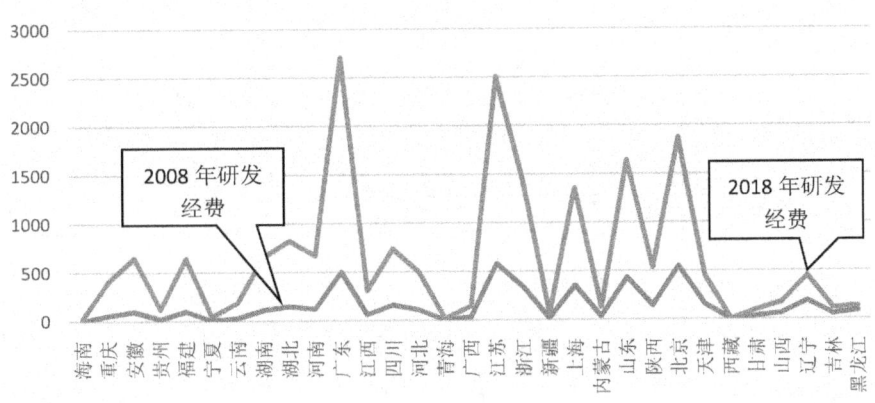

图 5-6　2008—2018 年各省份研发投入经费投入及增长倍数

（数据来源：国家统计局）

2.产业结构不优是全省产业创新能力提高的重要短板

河南构建起了完整的工业体系,河南建设先进制造业强省成效显著,工业经济总量多年来稳居全国第五位、中西部第一,已先后形成装备制造、食品两大万亿产业,节能环保、智能电力等 19 个千亿级产业集群,虽有效支撑了全省产业创新能力的提升,但是由于河南省目前仍处于工业化中期阶段,全省产业结构仍以传统产业为主导,高新技术产业比重仍然较小,全省产业结构高级化程度较低,已成为全省产业创新能力建设的一大短板,全省经济结构优化升级和转变全省经济发展方式仍然任重道远。

3.创新创业不活跃是全省文化创新能力建设的重要障碍

经过多年的发展,全省上下已初步形成了由创业服务中心、大学科技园、创业园等组成的专业化的创新创业孵化网络体系,探索出了创业孵化"四级跳"（校内研发、周边孵化、大学科技园产业化、高新技术开发区规模化）模式，但是由于受内陆地区特有的故步自封、小富即安等传统思想的影响，以及缺乏有效的创新创业引导、创新创业相关教育培训等，全省科技创新意识不强，创业精神相对缺乏，尚没有形成活跃的创新创业局面，创新创业不活跃已成为制约全省文化创新能力建设、高新技术产业发展的一大障碍。例如，2018年河南省创业精神指数为0.83，仅为江苏省的83%、广东省的89%，河南省科技创新意识指数为32.33，仅为广东省的58%、江苏省的60%、辽宁省的73%（见表5-11）。

表5-11　2018年全国部分典型省市产业创新情况表

	辽宁	江苏	河南	广东	四川
本省创业精神指数	0.80	1	0.83	0.93	0.73
本省科技创新意识指数	44.57	53.91	32.33	55.6	33.53

4.政策法规实施效果差是制度创新能力发展的潜在软肋

"十一五"以来，在省委、省政府的高度重视和大力推动下，全省上下积极开展科技、经济发展制度创新，河南省研究、制定和出台了《关于增强自主创新能力建设创新型河南的决定》（2006）、《关于加快自主创新体系建设促进创新驱动发展的意见》（豫发〔2013〕7号）、《建立更加有效的区域协调发展新机制实施方案》（2019）等一系列政策法规，形成了相对比较完善的加快河南创新型体系建设、促进区域协调发展的政策法规体系，但是由于没有制定与这些政策法规配套的相关落实政策、鼓励创新与创业的相关政策有效执行度不够、缺乏政策实施推进与监督机制等原因，造成全省鼓励创新创业的政策法规的实施效果不佳，使制度创新的效果大打折扣，政策法规实施效果不佳已成为全省制度创新的软肋，制约着河南创新体系建设的步伐。

5.5　河南创新体系建设的主要战略部署

5.5.1　以企业为主体的技术创新战略部署

1.推广"反求工程"，提高河南的集成创新和原始创新能力

引进消化吸收再创新的成败与否，与创新主体的"反求工程"能力密切相

关。所谓"反求工程",是指从他人的创新成果入手,进行分解剖析和综合研究,在广泛搜集成果相关信息的基础上,通过对尽可能多的同类成果的解体和破坏性研究,运用各种科学测试、分析和研究手段,反向探索该项成果的技术原理、结构机制、设计思想、制造方法、加工工艺和原材料特性,从而达到全面系统地掌握成果的相关技术的目的。而在"反求工程"的过程中,创新主体可以培养一大批创新人才。因此,在引进消化吸收再创新中培养创新主体的"反求工程"能力可以使河南区域创新主体的学习吸收能力、技术改进能力得到较大的提高,为集成创新和原始创新打下良好的基础。

2.加强集成创新,鼓励原始创新,形成河南核心技术竞争能力

企业在引进先进技术的基础上消化吸收再创新,比过去只侧重于引进、吸收重大设备和技术的状况是一大进步。但这与原始创新和集成创新不同,只不过是当前河南企业所必需的。日本工业化早期广泛使用这种办法,颇为有效,但是,它并不能完全解决问题。在激烈的国际竞争中,真正的核心技术是市场换不来的,是花钱买不到的,引进技术设备并不等于引进消化吸收再创新能力。同样,核心技术也是引进不了的,只能自己去创造。所以,引进消化吸收再创新的办法只能是一时的,不能代替集成创新和原始创新。集成创新可使各种相关技术有机融合,形成具有市场竞争力的产品和产业。它的对象往往是非常重要的项目。集成创新能力是一个国家或区域创新能力的重要标志,集成创新在河南未来的科技发展中会越来越重要,所以河南需要加强集成创新。

原始创新最为重要,是根本。它是一个区域增强创新能力的源泉。原始创新包括科学研究和技术开发。科学研究或基础研究就是寻求新的科学知识,即新的理论、新的规律、新的技术和新的方法,其重要的结果就是获得新发现,体现科技的最高水平。这是新生产力的主要来源。技术开发是把科学知识转化为实物,即新的仪器、新的设备、新的产品和新的处理方法,其重要的结果就是发明创造。这是新生产力的实现。因而,河南在突出引进消化吸收再创新的同时,还必须加强集成创新和鼓励原始创新。

3.突出引进消化吸收再创新,推进河南实现跨越式发展

走自主创新之路是实现经济腾飞的基础,选择实现自主创新的方式或模式是落实自主创新的关键。河南经济发展水平和区域创新能力水平决定了河南只能选择突出引进创新、加强集成创新、鼓励原始创新的自主创新模式。因为引进创新是指在引进、消化和吸收国外或省区外先进技术的基础上进行适应本土市场需求的再创新,这对一个区域来说技术要求低、资金投入少、经济见效快。当前河南的区域创新水平与发达地区比相对落后,这表明河南需要加强自主创新的迫切性,同时,又不能急功近利、急于求成,只能选择先以消化创新为主,主要靠引进国内外先进技术后通过加强本土市场需求的再创新,然后再慢慢通过技术积累逐步实现集成创新和原始创新。国际经验表明,落后国可以通过两三个技术引进周期进入世界先进行列,这就是所谓的技术发展的规律。这条规律对于区域来讲同样适用。河南可以通过对发达地区或发达国家的技术引进吸收再创新,跨越发达地区集成创新和原始创新的漫长过程和强劲投入阶段,直接步入新技术的应用与扩散阶段,尽快完成技术和资本的原始积累,缩短与发达地区的差距,并在新的基础上进行集成创新和原始创新。河南需要先通过技术跨越为区域的超常规发展奠定基础,然后实现经济与社会的跨越式发展。

4.加大对创新的技术支撑和对服务机构的投入

区域的创新能力既取决于知识源的丰富程度,更取决于知识在创新体系中的流动和被采用的速率,而后者又依赖于系统之间的联系和相互作用的程度。提高河南企业的自主创新能力,必须提高知识生产能力,加强创新组织之间、创新组织与相关支撑机构之间的联系,形成联系密切的、互动的知识流动网络,使相关政策协调一致,因而需要重视基础设施,特别是有助于创新的服务设施的建设。可以通过政府的直接投资、项目、财政、税收等方面的优惠牵动社会各方面的投入,提高知识基础设施水平。政府要用政策、财税等优惠措施大力促进创新机构的建设,使中介组织、生产力服务中心(企业孵化器)、科技创业服务中心、技术转移机构、人才交流机构、经纪人队伍、评估咨询机构的行为更加规范,效率得到充分的发挥,真正起到促进创新、人才交流、技术转移、科技服务、培育高新技术和成果、促进企业间技术联盟等的作用。

5.促进企业间合作创新,提高创新水平

企业势单力薄,开展合作技术创新是一现实选择。这既可以加快技术创新进程,又可以分担创新风险,强化与大企业的竞争优势。发展高新技术产业必须注意提高高新技术产品在价值链中的地位。一般来说,一个产品的价值形成过程主要包括研究开发、生产制造和营销服务等几大环节。产品价值链上的优化过程一般表现为由低附加值的生产制造环节向高附加值的研究开发和市场营销两环节演进。价值链上的不同环节在一个企业或地区是分割还是统一,是由市场发育程度、专业化分工水平以及不同企业与地区间的比较利益差异所决定的。不同环节对区域自然经济环境条件的要求很不相同。大至一个国家,小至一个地区,其经济发展过程大都有一个劣势环节逐渐外移、优势环节逐渐加强的过程,这是一个地区优势与企业或产业环节之间的动态双向选择的过程,同时也是一种资源合理配置的过程。企业进行技术合作和创新,在合作中学技术,提高合作企业的技术水平。

6. 发展中介服务机构

企业的创立和发展迫切需要中介服务机构的支持,经济越发展,分工越细,对专业化的要求也越高。企业发展若全靠自身是难以为继的,迫切需要其他企业的分工和协作。城市光有好的基础设施是不够的,只有建立起完善的服务体系,不断满足企业发展的需求,才能对企业产生吸引力,吸引企业集聚,增强区域竞争优势,促进小城市加速发展,并实现跨越式发展。高科技企业已成为经济发展的关键力量,只有建立起为企业服务的完善中介和技术服务体系,才能够真正实现高科技产业的集聚,成为城市新的经济增长级。要建立多种形式的技术创业服务中心和生产力促进中心,降低技术创业的"门槛",鼓励、吸引人才、资金、技术到本地创新、创业,提供完善优质的服务,有助于提高地区集聚的吸引力。

7. 建立信息服务网络系统,提高企业决策水平

为提高企业创新能力,应广泛吸收各方面的专业力量,成立专家咨询机构,加强对技术创新问题的集成研究。目前普遍存在企业间缺乏联系、企业缺乏市场信息或无力获取市场信息的问题,导致企业因信息不充分或交易成本过高而难于把握市场情况,削弱了企业的市场竞争力。因此,应当制订一个相应的计划,筹建一个相应的组织,专门为企业提供咨询、信息和技术培训等服务。设立专项基金,资助企业参加各种展览会和交易会;建立专门场所,提供给企业进行定期或日常性的相互交流的场所;加快国际互联网的建设,尽快适应网络经济时代对信息传递和信息交流的要求。

5.5.2 以政府为主体的制度创新战略部署

制度为区域内不同的利益主体提供了一种激励与约束机制，影响了区域内不同利益主体的决策及行为，也成为影响创新型河南发展进程的重要因素。制度创新将是推动河南创新体系建设的重要途径。

1. 推进政府管理的制度创新

在区域内，无论是建立统一的商品市场、要素市场与服务市场体系，还是实现对区域内公共基础设施的有效供给，都涉及地方利益。地方政府具有在现有的制度体系内实现自身利益最大化的动力和手段，而这种动力和手段来自于地方政府在经济发展中的职责和权力。这种地方政府的职责和权力在改革开放的过程中一直处于不断变迁的过程中，但在中央与地方关系的变革中，由于权力再分配的非规范化，中央放权行为的随意性和政策的不稳定就在客观上推动了地方政府的短期行为，也增加了地方政府任意扩张权力和利益范围的可能性。因此，政府行政管理的制度创新关键在于政府职能的规范化与法律化。

（1）明确中央和地方政府的职权和关系

随着经济体制改革的不断深化，需要逐渐使中央与地方关系制度化，以立法的形式将改革所形成的中央与地方政府各自的权力范围、权力运作方式、利益配置结构、责任和义务明确下来，重新界定地方政府的"事权"及"财权"，避免地方政府为了地方利益保税而保护企业及为了保护企业而进行地方市场分割。同时，在中央和地方政府之间形成法定的权力利益关系，在此基础上形成中央和地方政府之间长期稳定的、超越个人关系的信任关系。

（2）建立对阻碍创新型河南发展的相关地方保护的惩罚机制

改革开放以来，国家出台了相应的法律，如1980年国务院发布了《关于开展和保护社会主义竞争的暂行规定》，1993年出台了《中华人民共和国反不正当竞争法》，接下来又出台了《国务院关于禁止在市场经济活动中实行地区封锁的规定》。但已有的相关法律在实践上可操作性较差，相应监督机制不健全，使得地区保护并未能在根本上得到解决。因此，需要制定地区关系法、反限制竞争法，通过法律体系明确上一级政府对下一级政府阻碍整个经济协调发展及地区经济合作行为的监管权力。

2. 推进区域市场制度的创新

河南政府所要推进的区域市场制度创新主要有以下几点。

(1) 培育区域共同市场,建立起区域内统一的竞争性市场体系

区域市场的形成与发展应当先于全国统一市场,首先是在经济范围内建立以城市为中心、开放式、竞争型的区域市场,然后才能构成共同市场。因此,需要通过地方政府去实现区域内部的整合,协调区际关系,才能促进共同市场的发育和完善。

(2) 市场机制的培育

地方政府从微观经济活动中撤离,减少对企业的不必要的行政干预,为企业走向区域市场创造条件,在区域市场内能够实现生产要素的自由流动和资源的优化配置。

(3) 完善区域市场竞争秩序制度

各个地方政府应当根据本区域的市场化进程,共同制定出有效的区域市场交易规则。地方政府不仅要对市场竞争做出法律规范,还要对市场竞争可能产生的外部性问题做出法律规范,保障地方政府只能依法维持市场竞争秩序。

3. 推进区域的公共管理制度创新

在创新型河南发展的过程中,要涉及一系列跨区管理的问题。跨区管理的首要问题是建立一个有效的跨区协作组织,即区域组织。区域组织在特定的制度环境与制度安排下能减少区域经济活动产生的外部性与信息成本,从而节约交易成本,促进制度本身的创新。从区域发展的实践来看,自改革开放以来不同类型和规模的区域合作组织就不断出现,上海经济区、京津唐经济区等区域的相关区域协作组织相继成立,但多年来区域间的协作并没有对跨区的公共事务进行有效管理,许多城市在环境污染治理、水资源利用、跨区域的市场监管方面并未进行有效的合作。因此,无论是采取自上而下的中央政府主导方式,还是采取自下而上的地方政府主导的方式,河南创新体系建设都需要建立具有一定规范的、具有法律地位的区域合作组织来管理跨区域的事务。

4. 推进区域的基础设施供给制度创新

港口、机场、各种管网及区域间的交通基础设施具有投资规模大、建设周期长的特点,更重要的是从整个区域的角度来看,重大的基础设施既具有强烈

的规模经济,也有明显的外部经济的特征。一个地区的机场和港口不仅为本地区服务,也可为整个区域服务;一个区域只有形成完整的交通网络体系,其地方的交通网络系统才能发挥更大的作用。区域的重大基础设施体系的这些特征本身就说明了区域内重大基础设施的供给需要区域内的地方政府共同来完成,这种区域间的基础设施的供给制度对于区域经济的协调发展是至关重要的。在建立统一市场经济体系的过程中,基础设施的建设最终都将是一种企业行为,所以在区域内不同的地方企业以产权为纽带进行资产重组,合理地分享区域内基础设施的外部效应将是建立有效的区域基础设施供给制度的基本思路。

5. 促进区际横向联合制度的创新

区域间的横向联合,其根本动因在于区域间生产要素的差异以及比较优势的存在。区域经济的横向联合有利于突破生产力要素流动的行政性障碍。在条块分割的条件下,区域内的企业难以借助区域外部的生产条件来克服资金、技术的制约,而横向经济联合将企业从某部分某地区内孤立的一点变成了区域经济网络中的一个环节,从而使生产要素得以重新优化组合。因此,在市场经济条件下,从互利互惠的原则出发,河南政府应鼓励和支持本地企业和外地企业按市场原则处理相互关系,组建企业集团;废除造成地区封锁、市场分割的各种不合理的政策和规定,从税收、财政、信贷、计划、物资、外贸等方面对促进横向经济联合的政策进一步加以完善;同时,在横向联合管理上,政府还应当加强联合项目决策的可行性研究,并督促项目的执行。

总之,创新型河南发展进程中的制度创新并不是要政府创造出超出自身范围的自主权,而是要弱化行政区经济特征,通过各地方政府的相互协商和对话,合理地制定相关政策,统一安排部署,以协调各方利益,从而实现区域整体目标,促进区域经济的发展,以制度创新的形式来达到转变政府职能的目的,从而促进地方政府管理行为的优化,在最大程度上实现市场与政府的良性耦合。

5.5.3 以社会公众为主体的文化创新战略部署

1. 弘扬科学精神,培育创新意识

普及科学知识,促进公众理解创新的重大意义和对企业、经济发展的推动作用。加强科学技术的宣传和普及,使企业和公众了解科学,支持科学研究,参与科技创新,在区域内形成有利于企业创新的社会氛围。倡导企业间发展新型的竞争与合作关系。思想和知识的交流是创新不可缺少的要素,要在加强企业与员工间的交流的同时,发展员工间的非正式交流。政府有关部门,特别是管理部门要多组织知识讲座和各种类型和层次的研讨活动,增强人们的创新意识。重视科技、体育和创新设施建设,为科技人员间的交流创造条件。创新的实现与人员间的思想交流和知识交流关系重大,政府要重视科技、创新、文化、体育设施的建设,为创新者提供交流、学习的场所和机会,加强对企业发展的引导,举办各种研讨、交流活动,倡导新文化、新观念,鼓励和赞赏创新、变化,不断追求新思维、新知识、新理念、新生活。

2.营造区域创新的文化环境

区域社会文化环境是区域环境创新的重要软环境,直接影响着区域的可持续发展能力和水平。它包括了三个层次:介质环境(人们的文化水平、心理素质、价值观和社会风气等)、机构环境(各种为区域创新主体建立联系的机构和制度)、调控环境(政府发挥宏观调控作用,使多个相关新主体发生协同效应)。由于历史原因,河南地区的上述三个层次的状况普遍落后于发达地区,严重制约着区域创新网络系统的形成,影响了区域创新能力和水平的提高。因此,应重视营造良好的区域创新文化环境,着力培育富有活力的创新精神,特别是企业家精神,努力建立包括企业、社区、政府、各类机构在内的全社会的学习型组织,优化投资和创新软环境,促进企业在本区域的发展。

3.建立与自然和谐共处的文化环境

河南是一个生态环境多样性较强的省份。在长期的社会活动中,形成了一些与自然和谐的文化景观类型,但随着现代农业和工业的发展,以及人口的激增,传统的"天人合一"的文化环境受到了强烈的冲击,农业土地利用过分受市场竞争的影响,削弱了资源环境对经济社会可持续发展的支持能力。因此,河南地区在市场竞争中还应挖掘、培育符合当地生态环境的优秀文化,将先进技术与环境伦理结合,重塑可持续发展的生态文化景观,建立与自然和谐共处的文化环境,体现资源节约与环境友好的特色。

4.加大城镇文化的创新

城镇是"人化"色彩最浓厚的地方,它展示了人的生存方式和发展程度。

改革开放以来,城市化进程加快,但是由于规划的滞后和对地方文化的重视不够,城市文化的趋同现象严重,片面地强调宏大效应。应在发挥河南历史文化特点的基础上,强调城镇的个性和特色,使城镇文化的全球化与地方化有机结合,促进城镇先进文化的发展与创新。区域标志性建筑是一个区域经济实力和经济发展"软"环境的重要标志,它不仅对区外的投资有一定的吸引力,同时对本区群众的"化人"作用也是强大的。因此,对各类城市文化设施等标志性建筑均应统筹规划,在建筑式样、精神内涵等方面要体现优秀历史文化、现代文化和地域特色,并建立健全建设与经营管理的现代机制,使其成为理性、创新、规范的文化载体。

5. 加大教育对文化传播与创新的力度

教育是文化的重要组成部分,也是文化传播与创新的重要阶段,河南地区的教育设施很完善,教育水平很高,完全具备了先进文化的传播潜力。因此,应构建包括基础教育、高等教育、大众媒体、远程教育等在内的教育体系,加大投资力度,改革教育体系,使教育成为文化创新的重要产生源地、传播载体。

6. 加强企业文化和社区文化的建设力度

企业作为区域发展的主要行为主体,其创新能力的高低就成了区域经济发展好坏的关键。而对于企业所依存的社区来说,其所提供的创新环境是企业得以长期创新发展的源泉,是企业可持续发展的基石,企业文化和社区文化作为培养创新的巨大孵化器,在区域经济发展中的巨大作用已经得到相当的显现。对于河南的企业来说,大企业由于是规模化生产,产品实行标准化,企业的弹性专精较差,其企业文化应主要是搞活企业的各个部分,使各个部分均能实现生机和活力。对于中小企业主要是针对企业之间的网络建设,使各个中小企业在网络中找到自己恰当的位置。对于社区文化来说主要是培育社会资本,使企业与社区相互信任,同时提供一种相互进行无成本的知识、信息交换和传输的环境,塑造一种宽松、鼓励冒险、容忍失败的创新文化环境。

7. 加强引导,增进互动,坚持不懈开展区域创新文化建设

长期以来,我国在文化方面实行的是一种集中管理的方式。在政府机构中有专门的部门负责本地区文化的发展、传播,政府对本地区区域文化的走向还是有着相当大的影响的。政府应该通过自己手中掌握的舆论和文化资源,积极引导本地的区域文化朝着有利于本地区创新能力提高的方向发展。

区域文化可以继续划分为不同的亚文化。这些亚文化之间既相互独立又相互影响,有一定的互补性和继承性。比如一个人在大学时期形成的创新价值观就会随着人才的输送和转移融入并影响到企业文化的发展;大量企业之间的大量交往会使各企业形成一定的共同的价值观,从而形成一种商业文化。因此,应该注意本地区不同文化主体之间的互动,形成一种良性的交流与互动,以促进整个区域文化的良性发展。另一方面,也要注意借鉴吸收外来文化特别是西方工业文明的精华,学习发达国家工业化过程的经验,促进文化创新中的整合。

文化具有继承与沉淀的特点,一个区域文化中某种特点的形成要经历一个长期沉淀的过程;同样,区域文化的某些转变也要经历一个相当长的积累的过程。这不仅表现在本地区难以培养起来一些优良的区域文化,也表现在一些本地区文化中原有的"糟粕"难以去除。因此,要充分认识到此项工作的长期性,注意政策的继承性。

5.6　河南创新体系建设阶段安排

世界经济正处在工业经济向知识经济转变的时代。河南已进入由工业化中期向工业化后期过渡的新的历史时期,产业正在由劳动密集型向资本密集型和知识密集型转变。为了加速这一转型,必须突出科技进步的先导作用,加快推进区域创新,区域创新体系建设是河南在新的历史阶段经济高质量发展的必然选择。

为实现创新型区域的发展目标,需要依据河南区域经济社会发展现状与阶段,制定符合河南实际的发展战略模式和路线。依照创新型区域演进的阶段特征,河南已积累了较好的产业基础,劳动密集型产业、资本密集型产业并存,知识密集型产业开始出现,企业在创新活动中的作用日益加强,产业集群成长迅速。同时,区域营商环境不断改善,吸引外资能力增强,能够引进和消化较高端的技术,整个区域对创新有很高的需求,政府扮演创新推动者的主要角色。建设创新型区域是一个历史演进的过程,政府和市场的作用并存。在河南建设创新型区域的过程中,政府应根据发展阶段的变化,选择不同的发展模式加以推进。

在河南创新体系建设的前期,选择政府主导推进方式。政府组织开展创新型区域建设的相关研究,制定、颁布和实施具有一定前瞻性和指导性的规划和政策措施。政策要点要注重技术创新,鼓励各创新主体通过合作开展创新活动;促进自主创新、集成创新和技术引进消化吸收再创新;加大创新人才的引进培养力度。政府自身注重培育创新管理能力和宏观决策能力,努力建设开放进取型政府,营造促进创新的制度环境和文化氛围。

在河南创新体系建设的中后期,选择政府与市场共同作用的混合推进方式。在创新型区域建设的中期,技术与市场驱动效应明显,区域开始具备较强的自主创新能力,企业成为技术创新主体,知识密集型产业发展迅速,资本密集型与知识密集型产业并存,高技术产业占主导地位,金融、咨询等现代服务业发展迅速,政府由创新的直接推动者转变为创新环境的主要营造者,按照市场规则对创新加以引导。此时来自市场的创新力量开始增强,创新主体在各自的利益需求和市场竞争压力下,不断寻求技术上的突破和科技上的创新,形成自下而上的创新力量。

到河南创新体系建设后期,形成以知识和创新驱动的经济体系,企业创新能力强,创新主体互动结盟,创新具备持续性,现代服务业和知识产业成为经济发展的支柱,创新文化成为区域的基础文化氛围。这一时期的政府要注重宏观引导,在市场机制作用下推动区域形成有序的创新自组织状态。

贯彻"自主创新、重点跨越、支撑发展、引领未来"的科技发展指导方针,以"区域创新体系建设"作为面向未来的战略选择,结合对创新型区域的理论研究,河南省创新体系建设要经历三个重要发展阶段。

第一阶段(2017—2020年),建设成为国家技术创新中心区域。该阶段区域处于工业化中后期,新型工业化和信息化同步推进,产业结构向高级化方向快速发展,工业经济继续占主导,高新技术产业自主创新能力显著增强,产业集群创新水平显著提升,成为高新技术产业集聚和自主创新基地。区域的科技中心区域地位得以巩固,成为重要的高新技术的原创地、聚集地和先进技术引进消化吸收的承接地与扩散地之一。区域探索建立经济社会可持续的发展模式。

第二阶段(2020—2030年),建成工业化的创新型区域。这一阶段区域处于工业经济的成熟和过渡期(包含后工业化前期),新型工业化、信息化和知识化同步推进。区域经济结构开始由工业经济向非工业经济(服务经济)转变,区域主导产业由传统制造业转变为高技术制造业及服务业,金融、贸易、信息等现代服务业发展迅速,知识产业迅速成长,基本建立起创新驱动的经济增长方式,成为我国重要的产业创新基地。区域经济社会可持续发展的模式建立。

第三阶段(2030—2050年),建成知识化的创新型区域。绿色化成为区域发展的基本理念。非工业经济(服务经济)中的知识比重不断提高,主导产业转变为以知识创造、传播和应用为主的知识产业。基本实现以知识创新为基础的经济增长,知识成为提升区域综合竞争力和可持续发展的主要推动力。区域实现经济社会可持续发展。

第6章
河南产业创新体系建设

6.1 产业创新与区域创新体系建设

6.1.1 产业创新目标

1. 产业创新的经济绩效目标

产业创新的经济绩效主要体现在发明专利、技术标准、新产品、职工人均产值及产业国际竞争力等方面。

2. 产业创新的政策效力目标

政策效力指产业创新政策在运作过程中对产业创新产生的客观影响。政策效力的根本目的是改善政策质量。产业创新政策能引导或创造产业创新需求,规范并保障产业创新供给,提供并优化产业创新环境,促进和实现产业创新效果。

产业创新政策从供给、需求、环境三个层面对产业技术系统和研究与开发活动产生影响,主要分为三大类十二小类。供给政策指政府直接投入技术供给的政策,包括四小类:公共事业、科学与技术开发、教育与培训、信息服务。需求政策指以市场为着眼点,影响科技发展的政策,包括四小类:政府采购、公共服务、贸易管制和海外机构。环境政策指间接影响科技发展环境的各项规范经济体系的法令、制度和政策策略,包括四小类:财务金融、租税优惠、法规及管制、政策性策略。

在产业发展历程中,政府政策对产业环境的塑造、技术系统的建立及产业经济的产出有关键影响。在产业萌芽阶段,政府无法掌握产业创新需求且缺乏有利的政策工具协助产业发展,经济产出成长迟缓;在产业成长阶段,政府所制定的政策较能掌握产业创新的需求条件及产业未来的发展方向,经济产出快速增长。

3.产业创新技术水平目标

产业创新技术水平作为产业创新目标,主要体现在产业共性技术、关键技术和管理技术的水平上。产业共性技术是指在很多领域内已经或未来可能被广泛应用,其研发成果可共享并对整个产业或多个产业及其企业产生深度影响的一类技术。产业共性技术的水平高低决定着产业竞争力的强弱。产业关键技术指"对国家安全、经济繁荣及产业发展至关重要的技术"(美国国家关键技术委员会)。对关键技术的正确选择和其成功实施是提高产业创新水平和竞争力的重要抓手。产业管理技术包括产业创新系统和产业创新评价体系的建立等。产业创新系统为创新实现提供好的环境和保障,产业创新评价体系判断创新价值是否得到实现。

从结构上看,产业创新技术系统是以关键技术为核心,具有特定结构的技术体系。从功能上看,产业创新技术系统是产业创新系统的供给系统,该系统要对系统内产业技术的性质进行评估并确定相应的扩散机制,保障技术供给系统的高效运行。在产业创新技术系统中,产品的质量、性能和成本不仅取决于核心生产技术,还取决于与其配套的其他生产技术。系统中最落后的生产技术决定产品的性能、质量和成本。产业创新技术系统既要对单项技术进行创新,还要使整个系统得到优化。

4.产业创新环境支撑能力目标

产业创新环境是产业创新系统的依托,主要指产业创新的环境建设,包括政治、经济和法律环境及创新主体所需的物质、文化环境,具体分为硬环境和软环境:硬环境指系统运行必需的基础设施,如交通、通信、教育机构及在各系统间起媒介作用的机构或组织等;软环境是指系统运行所必需的文化氛围。通过产业环境建设,形成人才、资本、技术向创新产业聚集的良好条件,保障产业创新资源的有效供给,形成创新环境平台,平台主要职能为为产业创新系统的健康、高效运转提供强大的动力。环境支撑能力目标分析采取波特的钻石理论分析框架(见表6-1)。

表6-1 波特的钻石模型分析框架

影响因素	具体内容
要素条件	人力资源、自然资源、资本资源、知识资源、基础设施等
需求条件	国内外市场性质、市场需求和增长速度、市场需求国际化状况等
相关及支持产业	产业的关联性、技术的关联性
企业战略、结构和同业竞争	产业内企业采取的策略、企业的组织形态、企业的规模及竞争程度
政府	发展基础设施、开放资本渠道、提升信息整合能力等
机会	发明创造、传统技术出现断层、外因导致生产成本提高、金融市场变化、政府重大决策、战争等

5. 产业创新机制目标

产业创新机制包括产业创新的动力机制和运行机制。动力机制指产业创新实现的动力源泉,运行机制指产业创新过程中各创新要素的作用机理。产业创新的动力源泉一是需求拉动,二是供给(技术)推动。

6.1.2 区域产业创新体系建设的必要性

产业创新的目的是通过创新提高企业创新能力,从而提高该产业整体竞争力。产业创新具有公共财富性质,集体创新会提高企业创新的积极性,提高整个产业的竞争力。企业创新周期长、费用高,还会面临技术、政策、市场等各方面的风险。产业创新可以分化这些风险,从而降低企业创新风险。企业创新、产业创新是国家创新系统的不同层次,国家创新体系必须借助产业政策才能最终对企业创新活动发生作用,企业创新的最高层次就是产业创新。产业创新不仅会促使产品销售额增加或产品性能改善,还能提高国家竞争力优势地位,是国家综合竞争力的重要体现。

产业创新能力是企业创新能力的系统集成,只有拥有了产业创新能力,企业才能摆脱产业生命周期的束缚,具有可持续成长能力。在我国,产业创新还存在一定误区。一是产业创新热衷于非制造业化。由于受到互联网经济的疯狂炒作,制造业甚至被认为是夕阳产业。大批制造企业放弃主营业务,巨额投资于房地产业、金融证券业、网络业或非实业性领域,把非制造业化作产业创新和产业转型的目标追求。近年来,国家出台一系列扶持实体经济的政策,这一误区有所好转。二是产业创新一味追求多元化。大批公司主业不突出,经营业务频繁变更,企业经营风险加大。

波特认为产业竞争力的关键是有效地形成竞争性环境和推动创新,因此,产业竞争力的主要源泉是产业竞争环境和产业创新能力。钻石模型中影响产业竞争力的六大因素促进区域产业的聚集,聚集越强、越紧密,该国该产业之竞争力越强。波特通过"五力模型"和"价值链模型"分析出企业的成功来自于企业所处产业的吸引力和企业在该产业中的相对地位。

产业创新是基于中观经济维度提出的概念,丰富了产业经济学理论,具有重要的理论意义。产业创新、企业创新与区域创新之间的关系如表6-2所示。

表6-2 产业创新、企业创新与区域创新

	产业创新	企业创新	区域创新
主体构成	产业内各级组织的联合体	企业为主	政府及各级创新主体
推动机制	市场需求拉动与科技发展推动	市场需求拉动	科技发展推动与区域竞争推动
经济动力	产业层次收益率	企业层级收益率	区域层次收益率
创新规模	重大创新	渐进创新	技术生产体系创新
产业发展阶段	成长期	成熟期	成熟期
创新战略目标	提高产业群体竞争力	提高企业竞争力	提高区域综合竞争力

6.2 河南产业创新现状

6.2.1 特色产业集群优势逐渐明显

经过多年的发展,河南省逐渐形成集群发展、跨界融合、高端突破的"10+8"新兴产业集群发展体系。18个新兴制造业产业集群分别是:5000亿元规模集群2个(新一代智能终端、节能环保),3000亿元规模集群4个(智能电力及新能源装备、生物医药、高端合金材料、新兴金融服务业),1000亿元规模集群12个(电子核心基础部件、智能制造装备、新能源汽车及智能汽车、尼龙及化工新材料、智能传感器及物联网、航空及冷链物流、云计算大数据、服务外包、专业服务业、跨境电子商务及网络零售、基因技术应用及健康服务、数字创意）。

郑州作为国家级中心城市，"十四五"时期，按照"东强、西美、南动、北静、中优、外联"优化城市功能布局。"东强"：以郑东新区为依托，统筹经济技术开发区、中牟部分区域，统筹自贸区、跨境电商试验区等平台，打造全省对外开放窗口、产城融合发展示范区和全国重要的先进制造业、现代服务业基地，从以城带产向以城促产转变。"西美"：依托高新区，统筹荥阳市、上街区，将西部县市建成城市的生态屏障、全省创新创业最活跃区域。"南动"：依托航空港，围绕"枢纽+口岸+制造"打造国际航空枢纽经济引领区、内陆区对外开放高地。"北静"：结合黄河生态带"自然风光+黄河文化+慢生活"的基础，建设最具有北方城市气派和文化代表性的区域。"中优"：中部通过道路更新带动城市更新，强化现代商贸、文化创意、金融服务、国际交往等功能，不断提高产业层次，激发老城区活力，彰显中原文化魅力。"外联"：加快郑州与开封、新乡、焦作、许昌等城市的深度融合，推进交通一体、产业协同、生态共建、资源共享，拓展发展空间，强化优势互补。

这些特色产业集群、郑州国家中心城市建设及河南"十四五"发展规划将极大提高河南产业创新的能力与潜力。

6.2.2 主导产业已经形成一定规模

2018年，全省规模以上工业增加值同比增长7.2%，工业经济总量稳居全国第五位、中西部第一位。其中，制造业占规模以上工业的比重为85.6%。河南拥有装备制造、食品两个万亿级的产业，拥有节能环保、智能电力、新能源装备、生物医药等19个千亿级的产业集群，142个百亿级产业集群。洛阳动力谷、中原电气谷、民权冷谷、长垣起重机、郑州速冻食品等一批产业集群叫响全国。

河南在工业经济领域已经形成了以装备制造、食品制造、新兴材料制造、电子制造、汽车制造五个主导产业为重点，以冶金、建材、化工、轻纺等四个传统产业为支撑，以智能制造装备、生物医药、节能环保和新能源装备、新一代信息技术等四大战略性新兴产业为先导的现代工业体系。在民营企业方面，截至2018年，全省中小企业51万家，实现增加值2.6万亿元，民营经济贡献了70%以上的生产总值、60%以上的税收、50%以上的新劳动就业，成为稳定经济增长的重要基础。从工业化国家主导产业递进发展的一般特点来看,河南已经处于第五阶段的前期(见表 6-3)。

表 6-3 主导产业发展的 5 个历史阶段

阶段	主导产业	产业群
第一阶段	棉纺工业	纺织工业、冶炼工业、采煤工业、早期制造和交通运输业
第二阶段	钢铁工业、建筑工业	钢铁工业、采煤工业、纺织工业、机械制造、铁路运输业及其他工业
第三阶段	电力、汽车、化工、钢铁工业	电力工业、电器工业、机械制造业、化学工业、汽车工业,以及各主导产业群各产业
第四阶段	汽车、石油、耐用消费品工业	耐用消费品工业、宇航工业、计算机工业、原子能工业、合成材料工业,以及第三个主导产业群各产业
第五阶段	信息产业	新材料工业、新能源工业、生物工程、宇航工业等新兴产业,以及第四阶段主导产业群各产业

6.2.3 产业分布不均衡,专业化分工协作不明显

1979 年以前,计划经济体制下,侧重追求优先发展重工业的目标,决定了资本是产业结构调整的关键因素,产业结构内在的变动方向和趋势是一、三次产业缓慢发展,重工业由于其感应度系数大于影响力系数,容易在内循环中向更高度化方向发展。经济发展完全由投资来完成,产业结构调整模式是高级产业拉动低级产业,二次产业发展迅速,一、三次产业发展缓慢,河南产业结构调整中出现周期失衡、大踏步进退的典型特征。此时期,河南由于一次产业在我国占有极其重要的地位,同时又由于其区位优势,此轮经济发展中河南位居全国前列成为必然。河南省的汽车产业、钢铁工业并不具备特别明显的资源禀赋优势,但发展也较为迅速。

1979 年后,资源的配置体制逐步向市场体制转变,追求的目标转变为产业结构的合理化;相对重工业而言,制约产业结构发展的关键因素已不再是资本,而是生活消费需求。1996 年后,市场开始由卖方市场进入买方市场,居民的消费结构由日常生活用品为主到耐用消费品为主。此时产业结构调整的深层原因是产业结构呈现消费推动型,即低级产业发展推动高级产业发展,直到今天消费结构仍然处于升级之中,从而推动产业结构不断升级。计划体制下形成的产业结构到此反而成为产业结构调整的制约因素。河南的国有企业改

革进展缓慢,利用外资的比重一直偏低,增量资产集中于商贸产业。沿海地区逐渐融入国际产业结构调整的循环之中,资本、技术、资源等的制约作用下降。由于产业结构不尽合理,河南在新一轮的经济发展中较为滞后。

与浙江等产业集群比较发达的地区相比,河南的产业集群程度不高,同时在分布上主要位于郑州、洛阳、开封、南阳等18个地市。现有产业集群中已形成了有一定影响力的龙头企业,但专业化分工协作网络尚不完整,产业联系松散,大多数企业与集群内的其他企业的产业链之间缺乏必要的延链补链功能,企业集而不群,分工和专业化不明显,知识共享和相互学习机制不健全,难以形成推动企业有效互动和相互促进的机制和平台。

6.2.4 产品同质现象严重,产业竞争激烈

河南产业主要集中于劳动密集型行业,如纺织、特色农产品及铝加工等。这些产业对企业的技术、规模,对劳动力和管理者的素质要求不高,产业的进入壁垒低,这些集群存在低水平的重复建设,产品结构同化,研发投入不足,相互压价是常用的竞争手段,只能以低成本作为竞争优势。

6.2.5 营商环境仍待改善

产业集群内部尚未建成良好的集体行动规则和内部沟通交流渠道,企业之间缺乏诚信机制,交易成本较高。产业内企业之间不能协作开拓市场共同做大。要素市场发育落后,地方保护主义影响了资源配置效率。围绕产业集群的社会化服务配套体系还有待完善,道路交通、通信、电力等基础设施供给不足,专业市场建设滞后,集体品牌的创造和共同品牌的使用有限,缺乏优质的产品质量检测设施及共同的教育培训和技术创新机构。产业集群相关的政策环境税赋偏重、企业融资困难、扶持政策落实难等问题的存在,提高了企业的营运成本。

6.3 河南产业创新体系建设重点

6.3.1 构建河南产业创新体系

河南的产业创新体系特别强调区域特性和产业特性(见图6-1)。该体系具有明显的区域特性和产业特性,特别强调与产业相关的宏观环境、政策工具、技术系统等。

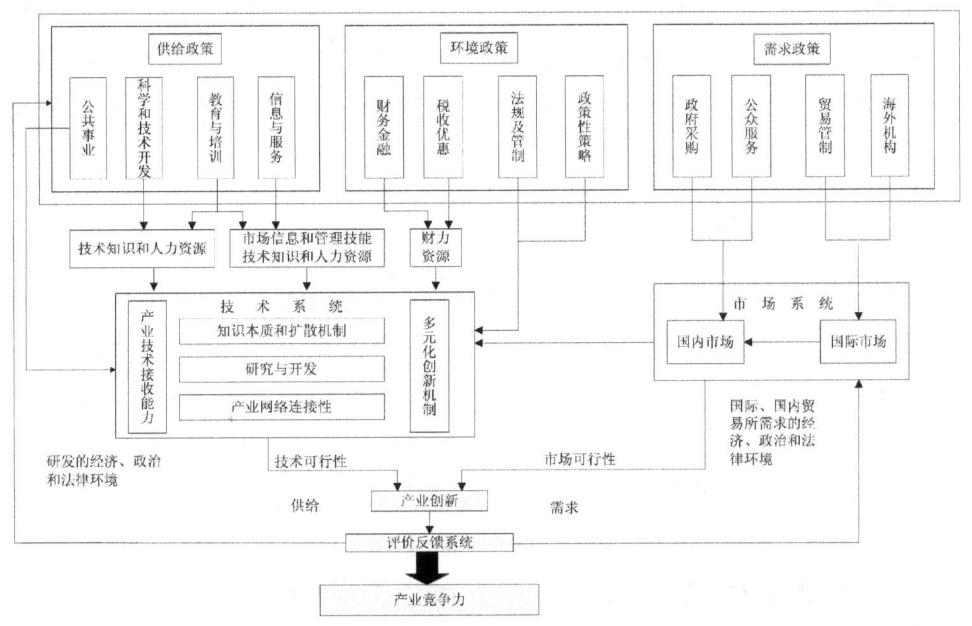

图6-1 河南的产业创新系统的结构特征

6.3.2 培育河南产业价值链

产业价值链随着产业的演进而不断调整,可以通过价值链再造延链强链补链,增强产业价值链上的企业营利能力和竞争优势,从而创造更大的产业效益。产业价值链的重构包括原有价值链的延伸(地理空间上的拓展)和现有价值链的附加值提高。

河南是全国重要的交通枢纽、全国最大的粮食生产主产区及能源和原材料工业基地,其所具有的资源优势、便利的交通条件和独特的区位优势为产业链的延伸奠定了良好基础。形成产业间优势互补的具体措施包括:以优势企业为重点,以高新技术企业为龙头,拉长产业链;选择规模大、有特色、能引领集群效应的龙头企业和企业群进行重点扶持;以区域核心能力、核心品牌、高技术水平为标准,建立起跨地区、具有世界级和国内先进水平的龙头企业群,以此为基础适时推进产业链的延伸;围绕国家一些重大项目(如电子信息技术、生物工程、电动车)在河南的实施,组织大规模的相关研究和推广,带动河南地区产业结构升级和产业核心竞争力提升。

通过自主创新、合作创新和模仿创新等方式,弥补产业链的缺陷或再造产业链流程,提高现有产业链的科技含量。通过高技术的嫁接,使得产业链的延伸改变原有的路径依赖,寻求新的价值增长模式和多元发展空间。鼓励企业加强同科研系统的联合和协作,弥补部分缺失的产业链。

6.3.3 搭建河南产业创新平台

产业创新活动是技术创新、制度创新、组织创新、环境创新的组合创新,需要政府、企业、高校和科研机构等多方主体协同和合作进行,同时也要受到政策制度、文化、法律体系和社会价值等多方面的影响。在技术、管理和信息沟通上互相交流和合作,形成促进企业创新、产业良性发展的地区公共环境和产业创新平台。首先可通过建立联盟会议制度的形式,增加各个区域合作的默契;打破区域间的行政壁垒,实现资源共享。对基础性、前瞻性的产业,政府管理部门要制定、完善相关制度,充分发挥协调、引导、监督作用,为产业创新营造良好的运行环境。其次要通过行业平台,充分发挥相关行业主体及协会的作用,集成社会各方资源的力量,协同解决产业创新中的重点、难点问题,促进资源整合,完善创新服务体系,从而更好地推动产业的发展。最后是加强大型骨干企业或者企业集团间的沟通和协作,形成促进共同发展的企业平台,有力地推动产业创新。

6.3.4 提升河南产业数字化水平

中国信息通信研究院统计显示:2018年河南省数字经济规模达到1.25万亿,居全国第10位。腾讯研究院发布的《数字中国指数报告(2019)》显示:河南省在数字中国总指数排名居全国第6位、中部省份第1位。

在"大智移云物区"的数字经济发展背景下,要在产业发展中取得突破,就必须把数字化提升为产业发展的基本立足点和战略制高点。河南地区数字产业发展迅速,正逐步形成"1+4+N"的电子信息产业格局,即建设世界级智能终端产业集群,培育智能传感器、信息安全、新型显示、电子材料4个千亿级产业,打造若干个百亿级数字产业特色园区。合晶硅单晶抛光片、惠科11代液晶显示器件等相继落户航空港区,数字安全产业集聚效应显现。

《2020年河南省数字经济发展工作方案》(以下简称《方案》)指出将重点推进新型智慧城市建设,鲲鹏产业生态体系培育,数字产业化发展,制造业、服务业和农业数字化转型等9项重点工作。

在壮大智能终端产业方面,加快发展中高端智能手机产品,重点推动富士康承接华为智能手机增量生产项目。提升智能终端产业配套能力,郑州航空港区重点突破研发设计、显示面板、核心芯片等关键领域,鹤壁、新乡、商丘、周口等地重点发展手机外壳、玻璃盖板、显示模组等产品。

在智能传感器产业上,重点推动郑州智能传感谷建设,发挥汉威科技、新天科技等骨干企业的带动作用,培育上下游产业生态。同时加快在新乡建设光电信息产业园,重点发展硅麦、车辆监测传感器和仪表等产品;在鹤壁市建设百亿级电子信息产业园,重点发展汽车电子、光电子、通信设备等智能传感器产品。

在信息安全产业上,重点支持郑州市加快建设信息安全产业示范基地,以信大捷安、山谷网安等骨干企业为支撑,加快建设国家移动智能终端公共安全技术基础服务平台,构建"芯片+终端+软件+服务"全产业链发展格局。

在电子材料产业发展上,重点在大尺寸硅片、高纯硅烷气等核心关键材料方面取得突破,推动航空港区合晶8英寸硅单晶抛光片生产项目达产、12英寸硅单晶抛光片生产项目开工建设。加快百亿级襄城硅材料产业园建设,推动高纯硅烷气、电子级多晶硅产业化,加快形成电子级硅材料产业链式发展。加快林州高性能电子级玻璃纤维纱(布)生产线和电子覆铜板项目建设,打造"超细电子纱—超薄电子布—薄型覆铜板—线路板"产业链。

为统筹发展好河南省数字经济,河南建立由省发展改革委员会牵头,省直有关部门共同参与的联席会议制度,先后印发实施一系列政策措施,支持数字经济发展(见表6-4)。

表 6-4　河南省支持数字经济政策措施

年份	政策措施	备注
2017.04	《河南省推进国家大数据综合试验区建设实施方案》	综合性文件
2017.05	《关于加快推进国家大数据综合试验区建设的若干意见》	综合性文件
2018.04	《河南省智能制造和工业互联网发展三年行动计划（2018—2020年）》	专项方案
2018.04	《河南省支持智能制造和工业互联网发展若干政策》	政策措施
2018.05	《河南省大数据产业发展三年行动计划（2018—2020年）》	专项方案
2018.11	《河南省促进大数据产业发展若干政策》	政策措施
2018.12	《河南省人民政府办公厅关于印发河南省新型显示和智能终端产业发展行动方案等8个方案的通知》	专项方案
2021.03	《2021年河南省数字经济发展工作方案》	综合性文件

河南数字产业的未来发展要以重点企业、基地和园区为载体，坚持数字赋能，发展数字经济，通过搭建先进的数字平台，广泛应用数字和信息技术，推进产业数字化、数字产业化和城市数字化"三化"融合。利用现代数字网络、数字技术、数字资源的支持和保障，既重视重点项目发展，又重视改造和提升传统产业力度，推动产业结构优化升级，提高产业市场竞争力，促进和带动河南地区产业基地的发展。

6.3.5　培育和发展河南产业集群的规模与效益

2017年4月，河南省印发《关于加快培育发展新兴产业集群的实施意见》，新兴产业集群对于现代区域经济产业竞争力起着重要的作用。产业集群创新是产业集群中主导产业创新和围绕主导产业价值链形成的区域产业结构创新，包括主导产业发展水平的提升、产业高度化的提升和产业间协同关系的改善等。

河南共有180个产业集聚区，产业的集群式发展可以给企业带来低成本、创新和专业化的优势。河南生产要素资源丰富，人才资源丰富，高级生产要素具有一定的比较优势，但产业资源重复建设严重，产业集约化程度不高，应充分利用现有的产业基础、产业基地及重点项目与特色产品群，通过政府、产业、社会、市场的多维协同，有步骤地实现从地域集群转向核心能力集群，从经济创造转向核心能力创造，加快河南地区新兴产业集群式发展，加速实现河南地区高级生产要素的流通和资源共享，促进产业结构的合理化和高级化，推进产业集群化发展。

第7章 河南技术创新体系建设

7.1 技术创新与技术创新体系建设

7.1.1 技术创新与区域技术创新体系

1.技术创新的含义

理论界对技术创新还未能形成严格的定义,技术创新强调的是首次商业应用,具有构思新颖性和成功实现、不确定性、高风险和高收益并存、路径依赖、收益非独占性等特征,这些特征为经济增长提供新的技术可能性,扩大了对生产资料的需求,从而推动经济走向繁荣。经济增长总是先由某一部门采用先进技术开始的,随后降低了成本,扩大了市场,增加了利润,扩大了对地区经济成长的影响,带动了整个国民经济的发展。马克思指出随着工业的发展,现实财富的创造较少地取决于劳动时间和已消耗的劳动量,相反却取决于一般的科学水平和技术进步。技术进步愈来愈成为现代社会发展和经济增长的决定性力量。技术创新是经济增长的必要条件之一,并不能完全说明和解释经济增长。

2.区域技术创新体系

区域技术创新体系指在一定技术区域内与创新全过程相关的组织、机构等组成的网络体系,是由相关社会要素组成的社会系统。其构成要素主要包括以下几点。

第一,教育子系统。知识是技术创新的前提,教育的主要目的是提高人们的知识水平。教育是区域技术创新系统中最重要的子系统之一,教育子系统中的人才培养和再教育工程是区域保持持续创新的关键。

第二,科技子系统。科技体系是区域技术创新系统的另一重要子系统。科技体系要素主要有科技队伍及其结构、科研投入和支出经费、R&D 强度、R&D 机构、科技服务、科技成果及技术转让等。

第三,资金体系。创新资金及数量决定技术创新的顺利进行。就来源而言,资金主要有私人资金、风险投资资金、政府补助(包括拨款)、集体融资、银行等金融机构的贷款和境外投资等。

第四,政府子系统。区域技术创新是在制度、组织和文化背景下进行的活动,市场在激励技术创新方面具有自我组织、自我加强作用,但也存在局限性,这就要求政府通过制定创新政策协调区域技术创新系统,以政策干预来引导科技发展与创新,直到达到所期望的状态。

第五,文化子系统。组织和地区的文化氛围直接影响到区域技术创新的进程,一个地区的文化特性决定该地区的创新道路。

综上所述,区域技术创新体系框架如图7-1所示:

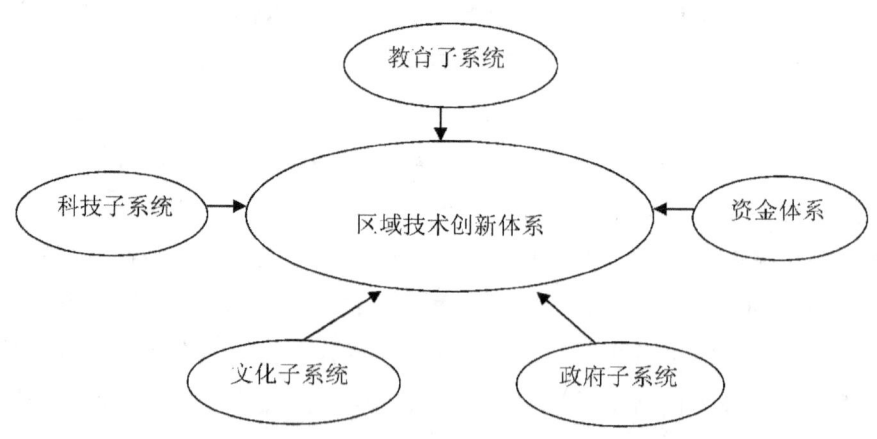

图 7-1　区域技术创新体系框架

7.1.2 技术创新促进区域创新空间结构的协调

1.技术创新对区域创新空间结构要素的作用

经济中心、经济腹地和经济网络是区域空间结构的三大要素。技术创新推动经济中心的发育和成长,经济中心是区域空间结构的核心,也是区域的科技中心。高等学校、科研机构等区域的科学技术资源主要集中在经济中心城市,科教优势促使新的科技成果不断在经济中心问世。经济中心集中区域最主要的技术密集型产业和部门,使其能够最先吸收转化最新的科技成果,拥有广阔的市场潜力和雄厚的资金实力,可以有效提高经济中心的经济技术水平和经济能力。经济中心增强了对经济腹地的吸引力和辐射力,加快产业转换及产品与技术向广大腹地扩散的速度,为腹地的经济发展拓展了空间,为腹地经济发展输送新活力。科技水平和创新能力会加强经济中心与经济腹地的联系,同时也会改善和加强经济腹地和经济网络之间的联系,体现在技术创新对交通运输和通信等基础设施的改善,加快各种经济交往和信息传递速度,空间结构关系更加协调。

2.技术创新提升区域经济发展要素的贡献

技术创新可以改善要素的存在形态和提高要素的组合功能。决定区域经济发展的有四大要素:自生性要素(自然资源等)、再生性要素(人力、资本、技术等)、牵动性要素(市场等)、制动性要素(组织、管理等)。首先,科技可以改变自然资源的形态,改善和调整自然资源禀赋的区域利用与配置,如利用人工合成材料降低社会生产对区域土地等自然资源的依赖;其次,通过劳动者的知识化、技能化及通过技术创新改善资金的使用形态,从而显著增强劳动力和资本这两个要素对区域经济发展的贡献;再次,技术创新可以通过产品创新、改善质量、降低成本等方式增强产品的市场竞争力;最后,通过促进组织与管理的现代化、科学化变革,改善组织的管理形态和功能。

3.技术创新优化区域产业结构

首先,技术创新可催生区域主导产业。主导产业具有三个特点:一是依靠科技进步获得新的生产函数,二是形成持续高速增长率,三是具有很强的扩散效应并决定其他关联产业的成长。创新和扩散是主导产业促进经济增长的两大重要因素。创新是主导产业形成的基础和前提,扩散是影响区域结构和区域经济发展的作用方式。其次,技术创新可以通过主导产业的创新带动区域关联产业创新。主导产业通过产业关联对相关产业部门产生回顾效应、旁侧效应和前向效应,形成以主导产业部门为核心和以关联产业为纽带的产业链创新,推动产业结构优化升级。技术创新可以使主导产业的扩散效应得到充分发挥,使主导产业和前后向关联产业的产品成本下降,迫使侧向关联产业采取措施降低产品成本;技术创新为前向关联产业增加可利用的能源,为后向关联产业减少能源消耗;技术创新为前向关联产业的中间需求结构及最终需求结构高级化奠定基础。

7.2 河南区域技术创新的现状

7.2.1 研究基地建设

截至 2019 年,全省共有国家级企业技术中心 91 个,省级企业技术中心 1114 个;国家级工程实验室 49 个,省级工程实验室 784 个;国家级工程技术研究中心 10 个,省级工程技术研究中心 1685 个;国家级重点实验室 16 个,省级重点实验室 206 个;国家科学技术奖 16 项,省级科学技术奖 297 项(人)。[①]

7.2.2 科技人才队伍

2019 年,全省在学研究生 55 395 人,毕业生 16 107 人。普通高等教育在校生 231.97 万人,毕业生 59.34 万人。成人高等教育在校生 42.03 万人,毕业生 12.42 万人。中等职业教育在校生 137.87 万人,毕业生 42.94 万人。

7.2.3 创新成果投入与产出

科研论文是基础研究成果表达的最主要形式。据中国科技信息研究所统计,2018 年河南省卓越科技论文产出 8341 篇,位居全国第 13 位;国际国内论文数量位居第 11 位,国内发表专利授权数量位居第 12 位;2016—2017 年合计

---

① 2019 年河南省国民经济和社会发展统计公报.https://news.dahe.cn/2020/03-10/615194.html. [EB/OL].

R&D 经费位居第 9 位,见表 7-1、表 7-2。

表 7-1 2018 年卓越科技论文产出地区分布

位次	地区	卓越论文数(篇)
1	北京	57 045
2	江苏	31 283
3	上海	21 274
4	广东	19 231
5	湖北	16 914
6	陕西	16 511
7	山东	14 753
8	浙江	14 095
9	四川	13 275
10	辽宁	11 344
11	湖南	10 908
12	天津	9284
13	河南	8341

数据来源:中国科技信息研究所

表 7-2 2018 年各地区论文、专利和 R&D 经费

地区	2018 年国际国内论文		2018 年国内发明专利授权数		R&D 经费(亿元)			
	数量	排序	数量	排序	2016 年	2017 年	2016—2017 年合计	排序
北京	121 730	1	46 978	2	1484.6	1579.7	3064.3	4
天津	24 476	13	5626	16	537.3	458.7	996	13
河北	18 959	17	5126	17	383.4	452	835.4	15
山西	11 864	21	2284	23	132.6	148.2	280.8	21
内蒙古	5471	27	864	27	147.5	132.3	279.8	22
辽宁	31 512	10	7176	14	372.7	429.9	802.6	16
吉林	17 218	18	2868	20	139.7	128	267.7	23
黑龙江	20 914	15	4309	19	152.5	146.6	299.1	19
上海	58 623	3	21 331	5	1049.3	1205.2	2254.5	6
江苏	80 103	2	42 019	3	2026.9	2260.1	4287	2
浙江	36 409	9	32 550	4	1130.6	1266.3	2396.9	5
安徽	21 804	14	14 846	7	475.1	564.9	1040	10
福建	15 546	19	9858	10	454.3	543.1	997.4	12
江西	10 565	24	2524	21	207.3	255.8	463.1	18
山东	40 509	7	20 338	6	1566.1	1753	3319.1	3

续表

地区	2018年国际国内论文		2018年国内发明专利授权数		R&D经费(亿元)			
	数量	排序	数量	排序	2016年	2017年	2016—2017年合计	排序
河南	27 030	11	8339	12	494.2	582.1	1076.3	9
湖北	44 328	6	11 393	9	600.0	700.6	1300.6	7
湖南	25 348	12	8261	13	468.8	568.5	1037.3	11
广东	50 246	4	53 259	1	2035.1	2343.6	4378.7	1

数据来源：中国科技信息研究所

2019年，有效发明专利37 311件，每万人口拥有发明专利3.88件。全年签订技术合同9310份，技术合同成交金额234.07亿元。通过资质认定的检验检测机构2749个。产品质量、体系认证机构7个，累计完成对23 353家企业的认证。

7.3 河南区域技术创新体系目标

7.3.1 河南区域技术创新体系的功能目标

从功能目标角度分析，河南区域技术创新体系的功能目标是寻求技术源并使之与本地经济有机结合，使科技更好地服务于区域经济社会发展。目前，河南省内本地企业、高校和科研院所各自的技术创新能力在全国只居于中等水平，而且它们之间虽有一定的合作，但只是高校与企业的合作较多。因此具体来看，河南区域技术创新体系的建设，首先应大力提高产学研各自的技术创新能力，在此基础上加大企业与高校、企业与科研院所、高校与科研院所以及它们各自内部之间的合作。而围绕着这一根本功能目标，该体系建设还应具备合理配置技术创新资源、创造良好技术创新环境的功能。

7.3.2 河南区域技术创新体系的结构目标

河南区域技术创新体系的结构由教育子系统、科技子系统、资金体系、政府子系统及文化子系统构成，因此河南区域技术创新体系的结构目标应设置如下。

建设高质量、富有创造性的教育系统。注重引进人才,重视教学与研究,提高学校的学术水平和科研能力,为整个区域技术创新体系提供高质量的人才。建设富有竞争力的科技系统。在选择促进经济发展的重点技术产业上始终把高科技放在重要位置,而在如今这个信息爆炸的时代,更应该将信息技术放在重中之重。

政府的作用将是区域技术创新体系的重要一环,政府子系统应该在区域技术创新体系的建设中在不阻碍其顺利进行的前提下充分发挥它的宏观调控作用。例如围绕体系中的高科技发展,大力发展交通、电信、电力、供水等基础设施,制定一系列优惠政策吸引高科技企业投资,为区域技术创新体系的建设创造一个良好的环境,为区域体系经济的发展注入强劲的活力。在区域技术创新体系的建设及发展过程中,力求形成一种有河南省特色的健康的区域文化。

综上所述,创新型河南区域技术创新体系的结构目标可以概括为:建设富有创造性的教育系统和富有竞争力的科技系统,充分发挥政府的宏观调控作用,创造良好的投资环境并力求形成一种具有河南自己特色的健康的区域文化。在区域文化的影响下,在政府的调节下,最终形成了教育子系统、科技子系统、资金体系、政府和企业相互作用的良性循环体系。

7.3.3 河南区域技术创新体系的绩效目标

河南省的技术创新能力位居全国中上游水平,但是创新绩效却一直偏低,原因在于河南省的人力及财力资源充足,但是在人力和财力资源的使用上效率较低,导致创新绩效落后。因此,建设河南区域技术创新体系,应该注重提高整个区域人力和财力资源的使用效率,从而提高整个体系的创新绩效,力争达到全国中上游水平。

7.4 河南区域技术创新体系的构建与优化

7.4.1 河南区域技术创新体系总体框架

河南区域技术创新体系的构建与优化原则有以下几点。

第一，突出企业创新主体地位，坚持分类指导。大企业加强政策引导，依靠市场机制，完善企业技术创新体系，提升创新能力。中小企业突出社会公共创新平台建设，提升企业创新活力。

第二，坚持产业化导向，深入推进供给侧结构性改革。世界发展史表明：当人均GDP超过1000美元后，人民的精神消费需求日益凸显；人均GDP在3000美元左右，物质消费和精神消费并重；人均GDP超过5000美元，居民的消费转向精神消费为主。1980年，我国人均GDP 300美元，2001年人均GDP突破1000美元，2019年，我国国内生产总值（GDP）为99.0865万亿元，位居世界第二，人均国内生产总值突破1万美元。消费结构的符号消费性倾向明显。

2015年我国提出供给侧结构性改革，2017年"十九大"将当前社会的主要矛盾调整为人民日益增长的对美好生活的需要同不平衡、不充分的发展之间的矛盾，2020年指出"十四五"时期的重大战略任务是加快构建以国内大循环为主体、国内国际双循环相互促进的新发展格局。这对深化供给侧结构性改革提出了新要求，必须在适度扩大总需求的同时使要素实现最优配置，着力提高供给体系质量和效率，提升经济增长的质量和效率。

第三，坚持通过机制创新推动技术创新，构建公用创新平台，实现开放创新、集成创新。

河南技术创新体系的总体框架如图7-2所示；形成与长远目标紧密结合的知识创新体系，以促进技术流动、转移和扩散为基本特征的科技服务体系，以营造创新创业良好氛围为基本特征的环境支持体系，以资本市场为纽带的科技投融资体系。四个子系统都服务区域技术创新体系这一核心子系统的需要，为河南技术创新能力提供相应的功能支持。

7.4.2 河南区域技术创新体系的运行机制

1.人力资本流动机制

区域技术创新体系包括企业、高校等研究机构、金融机构及政府部门等。各组织内部运行机制的差别导致其在制造、使用和扩展新技术中的地位和作用不同。区域技术创新能力的形成与提高不仅与运行机制紧密相关，更取决于各行为组织间的交互作用和结合方式。人力资本的流动包括人力资本的有形转移和无形转移，其中无形转移包括人际网络的变动。

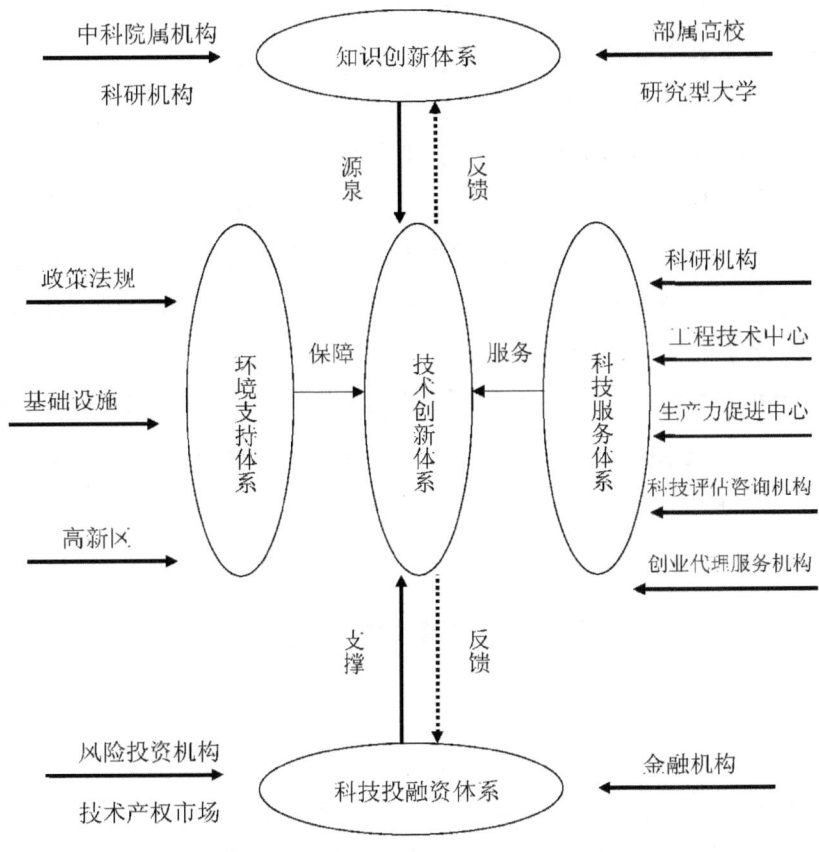

图 7-2 河南技术创新体系的总体框架

区域技术创新体系的建立和完善要高度重视人力资本流动问题,区域内人力资本的流动带动知识的流动和合理配置,有利于提高创新体系的知识配置能力,激活创新资源的存量,进而对区域技术创新体系的形成产生影响。

2.企业间合作机制

在区域技术创新体系形成过程中,企业作为创新主体,最重要的知识流动是企业间的合作及非正式的相互影响。企业间知识流动的主要形式是企业技术合作。面对激烈的市场竞争,企业不仅要对本行业领先的技术、产品有着很充分的认识,还要吸收其他企业的先进技术及管理方法,不断加强创新力度。企业间各种知识、技术的交流,使得其间的知识扩散,形成规模经济,获得人力资源和技术互补的协同效应。企业间的技术合作有利于企业发展核心能力和获取核心技术资源,有利于区域技术创新体系的形成。

3.产学研合作机制

区域技术创新体系形成中高校、科研机构与企业的合作促进知识流动。政府资助的科研机构和高校提供的基础和应用等研究为企业的高质量发展提供了动能。机构和企业合作研究的项目越来越多地得到了企业的资助,高校和研究部门通过专利数据及公开发表的有关最新科学发现的新知识、新技术和新方法的应用更有利于企业的可持续发展,为产学研合作提供了强力支撑。

4.技术扩散与转移机制

技术扩散是技术从一个地方向外扩散或从一个使用者手里转移到另一个使用者手里。技术扩散能给新使用者带来预期经济效益。技术转移指一种有目的的主观性经济行为,与技术扩散有区别也有联系,既包括有意识的技术转移,也包括无意识的技术传播。

7.4.3 河南区域技术创新体系功能设计

1.双向服务功能

一是河南区域创新体系是国家创新系统的重要支撑。充分发挥区域比较优势,形成国家科技创新的区域高地。2018年,河南开始建设带动中原城市群高质量发展的主引擎——郑开科创走廊,统筹考虑区域的科教资源、产业基础、文化资源、生态空间布局等,建设多层次的创新空间载体平台。

二是服务于河南经济发展总体战略,按照区域经济与社会发展的战略目标,培育并强化重点领域的持续创新能力。2016年11月25日,出台《河南省科技创新"十三五"规划》(以下简称《规划》)。《规划》完善了河南省创新驱动发展战略的思路举措,为河南省经济和社会发展提供强劲的科技支撑。《规划》主要内容包括六个方面:以建设国家自主创新示范区为重点,打造区域创新发展新格局;以强化企业主体地位为重点,提升产业技术创新能力;以强化基础前沿研究为重点,增强创新发展基础支撑;以加快技术转移转化为重点,全方位推进开放创新;以构筑创新创业生态环境为重点,强化创新创业孵化体系和创新创业投融资体系"两个体系"建设,推动大众创业万众创新;以推进政府职能转变为重点,持续深化科技体制改革。

2.集成创新功能

区域创新体系主要功能为构建区域创新网络,促进创新主体互动和科技资源集成共享及创新资源集成,不断提升创新体系对科技成果的吸纳能力。以重大产品创新为载体,培育完善的环境支持体系和金融支持体系,建立新型创新组织机制,培育产业集成创新优势,提高科技资源的使用效率。

3.知识扩散功能

建立有利于创新资源和创新成果转移扩散的体制机制,促进创新供需对接和创新成果应用。突出解决制约知识扩散的瓶颈,搭建成果转移平台。

4.产业培育功能

围绕河南省竞争力最强、成长性最好、关联度最高的优势产业,突出市场导向和产业化目标,以产业化为导向,围绕特色产业的培育,以优势领域核心技术的重点突破带动产业转型升级,推动创新型产业集群建设,形成重点特色产业研发、成果转移扩散、产业化等有效集成的创新链。攻克现代食品制造、煤化工清洁生产、高性能钢铁及铝合金等传统支柱产业的关键技术,推动传统支柱产业改造升级。培养行业领军人才和团队,培育形成一批产业化基地,突破一批制约发展的核心技术,推动高端重大装备、物联网大数据与云计算、通信与信息安全、重点功能性新材料、新能源汽车等新兴产业发展壮大。做好农业大省向农业强省转型工作,加快农业机械化、信息化关键技术研发,提升农业附加值,推动农业向现代化、智能化方向发展。加快重大新药创制、重大疾病防治、节能与绿色发展、资源综合利用等重点领域的技术研发和成果推广,依靠科技创新持续改善民生。

7.4.4 河南区域技术创新体系建设总体部署

1.总体部署

总体部署为一个核心,两项部署,四大系统,五大平台,六个特色创新产业链

一个核心:突出以企业为主体,产学研互动的技术创新体系的核心地位,将技术创新系统作为区域创新体系建设的主线。

两项部署:一是纵向部署,优化科技创新资源的功能结构,按创新的研发、转移扩散、产业化等不同环节,形成合理的创新组织体系;二是横向部署,围绕

河南特色优势行业,突破创新环节的资源集成,形成特色产业创新链。

四大系统:知识创新体系统、环境支持系统、科技服务系统与科技投融资系统。

五大平台:建设公共创新创业平台,重点建设区域知识创新平台、科技基础条件共享平台、社会创业平台、成果转移平台、双创投融资平台。

六个特色创新产业链:突出支柱产业竞争力提升和新兴产业培育,构建现代农业与农产品加工、汽车与现代制造技术、生物技术与新医药产业链、电子信息技术与产业、新材料技术与产业、电力与能源技术产业六大创新链。

2.重点任务

为切实推进河南创新体系建设,一方面坚持突出企业创新的主体地位,将各类创新要素引入企业创新系统,提升企业创新能力,以产品和产业为中心,通过重大计划的实施引导创新活动,凝聚科技资源;另一方面,以提供公共科技产品为目标,构筑社会公共双创平台,着力解决创新体系建设中的市场失效和系统失效问题。

(1)强化企业主体地位,建立产学研结合的长效机制

支持企业加强自主创新能力建设,鼓励构建与产业集群、特色产业等的发展相适应的创新网络和战略同盟。落实国家有关财税、金融政策,引导和激励企业加大技术创新投入。着力培育一批掌握核心技术、拥有自主知识产权、规模效益突出的民营科技企业。鼓励民营科技企业加强集成、联合与合作,优势互补,形成具有较强研发实力和竞争力的创新企业联盟。

(2)突出公共财政职能,建设五大科技公共平台

打破以专业为主线组织研究开发的传统模式,以产品、产业为中心,实现各类技术集成;加强现有优势科技产业化领域的创新知识储备,突出与产业链紧密联系的基础研究和高技术研究,为产业持续创新提供源泉。

以培育创业中心为重点,着力完善创业中心网络体系。坚持综合性创业中心建设与专门产业型、特定对象型相结合,加大政府对孵化器的建设与发展扶持力度。积极引导创业中心服务质量建设,积极引导创业中心引入风险资金和中介机构,推进"一站式"服务和标准化服务。

以工程技术研究中心为载体,构建河南科技成果转移平台。鼓励行业、领域实力雄厚的重点科研机构、高等院校与企业共建工程中心,鼓励企业自筹资

金建设工程技术中心。

以信息网络为纽带，建立科技基础条件共享平台。科技信息的获取与提供能力成为科技创新能力的基础与前提。要建设联结高等学校文献保障系统（CADIS）、中科院文献情报系统，对接国家科技文献中心的科技信息网络平台，实现科技信息资源开放服务和建立重点学科、领域科技文献保障体系。

以培育风险投资机制为核心，构筑科技双创投融资平台。按照"政府引导、市场化运作"模式，政府引导社会资金进入风险投资领域，引导国内外有实力的风险投资基金、投资机构来豫设立办事处或联合创办风险投资基金、股份公司。

(3) 构建六大特色创新链，不断培育和完善产业创新系统

产业创新系统是区域创新体系的支柱，是经济高质量发展的重要支撑和基本保障。围绕汽车、电子、农产品加工等重点产业领域，着力完善特色产业创新系统，增强特色产业持续创新发展能力。

建立现代农业研究体系、市场化推广体系和特色产业基地，加快河南农业向现代农业的转变，重点发展农业生物技术、农产品深加工、设施农业与观光农业、数字农业与农业信息化等，由以农民为生产单元向农户+基地+企业的农业产业化模式转变。

建设河南先进制造业聚集区和高新技术发展区，重点发展电动汽车、汽车及汽车零部件、制造业数字化、先进制造与工业自动化及重大装备制造等。

以下一代网络技术和第五代移动通信技术为突破口，大力发展光通信设备及光通信器件、电子元器件、激光设备等优势技术与产品；突出软件技术与产业的发展，支持数字化3C（计算机、通信、消费电子）融合产品等的研究开发与应用。

以生物工程产品为龙头，保持和壮大中药、原料药及化学合成药的优势地位，重点发展生物工程药物（制剂）、中药现代化、化学药与原料药、功能食品等。

重点发展金属材料、有机高分子材料、新型无机非金属材料、复合材料、精细化工材料、生态环境材料及输变电设备、水力发电设备和系统、新能源技术等。

3.保障措施

(1)加强对区域创新体系建设的领导力

区域创新体系建设是一项系统工程,必须统筹协调,部门联动,共同建设区域创新体系。

(2)调整科技投入方向与结构

设立专项资金,建立稳定的经费投入渠道,加大对创新体系建设的基本投入。改变以往"重建设,轻运行"的经费投入方向和方式,不断加大区域创新体系及创新创业平台建设投入的比重,建立招投标制、评估制、目标责任制等,推行公共平台项目法人责任制。

(3)改革运行机制,强化资源共享

以实现资源共享为宗旨,打破部门、行业界限,采取竞争、开放、流动的机制建立、运行双创平台;引入绩效评价制度,规范完善对公共创新平台的管理;推进产权制度改革,引入民营机制和企业化管理,探索公共双创平台的运行机制。

(4)弘扬创新文化,培育双创的良好氛围

树立以人为本和竞争合作的创新价值观和创新文化,形成重视创新的良好社会氛围;结合科技体制改革,形成科研机构依靠创新自主发展、科技人员勇于创新创业的新局面。

第8章 河南制度创新体系建设

8.1 制度创新与创新体系构建

8.1.1 制度创新

制度是决定行为主体互动关系而人为设定的一些制约。制度给人类提供了一个相互影响的框架,制度的本质是利益分配机制,在创新投入和创新产出过程中,制度能给予相应的支撑,保障技术创新的成功。随着生产力的发展,人类社会不断变化,制度也随之变迁。制度创新指那些与先进生产力发展方向一致的正向的、积极进步和有效率的制度变迁。制度创新的主要内容包括社会、经济和组织管理制度的改革,制度创新目的是构建更加有效的约束、激励和协调机制,以激发人们的潜力,从而创造出更多新的技术知识和经济效益。新制度学派认为:在外部约束条件发生改变时,制度创新通过对制度的调整、完善与重新制定,使制度重新达到一种新的均衡。制度创新的主体主要包括政府、团体或者个人及其组合。政府、团体和个人均可以主导制度创新,政府主导的制度创新具备更大的优越性。

制度创新与体制改革均强调在社会基本制度不变的前提下克服制度缺陷问题,但各自的侧重点不同。体制改革一般是强制性制度变迁,重在"变",主要着眼于对现存制度的弊端和缺陷进行变革;制度创新重在"新",比体制改革更为深刻和细致。制度创新是产生好制度的不竭源泉,但即便是好制度,亦有其"有效期"。在制度产生期,会由于其不成熟而导致一些实施上的摩擦及多种问题的出现;当制度完善后,制度实施时的多种障碍已基本消除,制度执行主体的知识与经验日渐丰富,制度执行所需资源的应用日渐顺畅,制度达到高效水平。然而,随着外界环境等多元因素的变化,制度会渐渐变得低效,出现制度僵化,进而导致整个制度体系的非均衡,即制度失灵,此时制度需要立即加以废止。制度失灵和制度短缺是制度创新的直接原因。

制度创新一般被定义为制度创新主体为实现一定的价值目标而进行合乎生产力发展要求的完善现有制度或制定新制度的创造性活动。制度创新主要包括对现存的制度理论的更新、对制度规则的变革、对制度组织的调整、对制度设备的改进,或对全新的制度的科学合理构建。

8.1.2 制度创新在区域创新中的作用

1.区域创新运行模式维持

区域创新各子系统、个体都有各自的价值取向、规范体系和行为模式。通过制度创新可以将区域创新内的各子系统和创新者维持在制度总目标模式下,使整个区域创新系统、子系统和个人能共生共存、共同发展。这种模式维持还表现在识别、选择与导入外来的价值观念、文化传统、道德规范、行为模式上。通过制度创新为区域创新内各行为主体确立一个总目标,该总目标对各子系统、创新者个人起到导向作用,形成区域创新的内聚力,朝着既定目标发展。

2.区域创新内外关系协调

人类社会是一个充满矛盾的整体,一切事物都是矛盾统一体。区域创新既有总系统目标和利益,又有内外目标和利益不同的利益主体,这些利益和目标上的差异构成了复杂的矛盾系统。制度创新通过一些专门的制度规范、道德伦理平衡这些矛盾,以保证区域创新各个方面的均衡发展。

8.2 河南制度创新的现状

河南省先后出台《河南省科学技术进步条例》《河南省发展民营科技企业条例》《河南省专利保护条例》《河南省技术市场条例》等多部地方性法规,省委、省政府也相继出台了一系列鼓励创新创业,扶持高新技术产业、企业发展的优惠政策和行政法规,全省地方性促进创新体系建设的科技法律法规体系初步形成。

河南省把加快科技体制改革与技术创新作为推动河南科技发展的根本动力,提出构建区域创新体系的基本框架,实施以技术跨越带动经济跨越的战略性举措;引导河南高校和科研院所等优势资源向特色产业领域聚集,向企业、区域聚集,形成政府引导、企业主导、产学研紧密结合、全社会广泛参与的科技创新及产业化新格局。

随着政策的推动、体制改革的深化、基础设施的完善,区域创新的社会环境与往年相比,万人专业技术人员数、平均受教育年限、每名 R&D 活动人员新增仪器设备费和万名就业人员专利申请量方面的资源已逐步得到改善,但河南省区域创新环境支持能力仍然较弱,在全国处于中游水平。

河南省教育、科技、经济领域的协同发展存在着一定的壁垒和障碍,省内大学、科研院所与区域高新技术企业协同合作的互动制度亟待重构。制度障碍一定程度上影响了创新能力和地区综合竞争力的形成。要依托目前的国内大循环为主体、国内国际双循环新发展的格局,形成全省开放、协同、有机结合的双循环格局,提升创新能力、发展动力和资源整合能力,形成具有全局性、战略性、基础性的主导技术、主导产业和主导学科,提升区域综合竞争能力。

8.3 河南制度创新体系建设目标

8.3.1 制度创新体系目标

1.企业内形成清晰的产权制度

抓好以产权制度为核心的现代企业制度建设,做到产权清晰,企业的所有者、经营者和职工权利、利益和责任明确。对于已经转制为企业的应用技术类的研究院所,深化产权制度改革,建立现代企业制度,使企业成为科技创新的主体。确立企业家和科技人员的人力资本产权,建立相应的人力资本产权实现机制。主要建立企业家和科技人员的年薪制和持股制,让管理要素和技术要素参与企业的利润分配,放宽技术成果所占股份比例限制。

2. 形成完善的知识产权保护制度

各类科技计划项目明确知识产权的产出要求、权益归属,及时申请专利,以技术秘密形式予以保护。大力引导企业、科研机构和高等院校建立和完善知识产权管理制度,使知识产权拥有者或生产者自觉地运用法律维护自己的正当权益。

完善知识产权法律和法规,加大知识产权保护的执法力度,查处和制裁各种侵权行为,及时有效地处理知识产权纠纷案件。对于知识产权的专利,政府部门可适当降低专利申请费用和专利年费标准,减少被保护者的成本,建立申请国外专利资助的制度。要加速专利审批速度,简化审批程序,提高审批效率,缩短侵权诉讼的周期。要改进有关规定,提高职务发明人的受益比例。

3. 形成完善的财政投入与税收优惠制度

完善财政投入制度,保证财政科技创新投入增长速度高于财政支出的增长速度。财政投入重点支持基础研究、前沿高技术研究和社会公益性研究,围绕河南区域经济社会发展需要,重点加强对科技基础条件平台建设的投入,为优势领域和产业创新提供支持。科研计划实行课题制,大力推行项目招投标制度,加强科技项目的评估和考核,提高财政资金的使用效率。鼓励企业、研究开发机构和大学联合承担国家科技计划项目。

加大科技创新的税收优惠制度的建设力度,使之具有更好的针对性和可操作性;大力落实已出台的有利于创新的优惠政策,同时要与时俱进,根据实际需要进行调整和创新;继续完善对企业研究开发费用实行所得税抵扣制度,对高新技术企业资产实行加速折旧;对技术转让、技术开发和与之相关的技术咨询、技术服务的收入,免征营业税;对高新技术产品的出口实行增值税零税率,对先进技术和设备的进口进一步提供税收优惠等。

4. 健全风险投资制度

各级政府要设立财政专项基金,对风险资本的高新技术产业投资进行政府补贴。放宽对风险投资企业的管制,扩大知识产权入股比例,逐步实行风险投资企业创业者管理股份期权。制定优惠政策,减免风险投资企业的税费。引导民间资金进入风险投资市场,拓宽风险资本融资渠道。积极引进国际风险资本,增强风险投资市场活力。建立健全资产评估、律师、会计师事务所等中介机构,通过制度建设引导、规范其行为。发展地方性高科技企业产权交易市场,为风险资本退出提供必要的通道。主要投资于高新技术产业的风险投资公司,可同等享受高新技术企业的各种优惠。

5.形成完善的教育制度

人才是创新之本,教育为区域创新体系提供人才和智力支持。河南人力资源丰富,教育具有一定的基础。为适应区域创新的要求,要改革完善教育制度。中小学要加强素质教育;对大学的专业设置、教学内容、课程体系、教学方法等方面进行改革,改变整齐划一的人才评价标准,加强创新创业教育,培养具有创新精神和创新能力的人才。

6.建设创新文化,形成良好的非正式制度基础

河南具有悠久深厚的历史文化底蕴,在区域创新体系的建设过程中一方面要继承和发扬传统文化的精华,在全社会弘扬豫商文化中的坚忍执着、百折不挠的进取精神,求新求变、敢为人先的创新精神,艰苦奋斗、吃苦耐劳的创业精神;另一方面要大力培育新时代的创新文化,树立与社会主义市场经济和社会化大生产相适应的开放、共享、变革、创新、竞争、效率等思想观念,以推动科技创新,使区域创新体系有效运行。

创新文化指和创新有关的价值观、态度、信念等。要创造一种良好的文化氛围,尊重人的自由探索和创造精神,鼓励和激励人通过创新努力实现个人价值,以个人成就展现自己。提倡团队合作,建立学习型组织,创造条件充分发挥科技人员、管理人员等创新者的聪明才智和想象力,发挥他们的集体智慧和团队精神。鼓励人们追求真理、探求知识、勇于发明和创造,营造平等竞争的环境,大力提倡敢为人先、敢冒风险的精神,坚持敢于创新、勇于竞争和宽容失败的先进文化价值观,为河南区域创新体系奠定良好的非正式制度基础。

8.3.2 制度创新的效能目标

制度创新是河南创新体系建设的重要保障,必须以提高区域创新体系的效率和效益为中心。通过制度创新,为区域创新体系的建设创造良好的软环境,如完善的知识产权保护制度和教育制度、健全的风险投资制度等等,以此来吸引企业、高校、科研院所等创新主体增加人力和财力投入以及吸引国外的直接投资;促进产学研各主体之间科技成果的转移和转化,提高人力和财力资源的使用效率;同时积极吸引国内外优秀人才来豫工作,从而提高整个区域创

新体系的创新绩效。

8.4 河南制度创新体系建设主要内容

8.4.1 河南农业制度的创新

作为传统的农业大省,2018年,河南粮食产量(6649万吨)占全国粮食总产量的十分之一,小麦产量在全国的占比超过四分之一。河南有将近5000万人生活在乡村,"三农"问题一直是河南省经济发展的重点关注问题。习近平总书记对河南提出要求:要扛稳粮食安全这个重任,立足打造全国重要的粮食生产核心区。除了要扛稳粮食安全重任,习总书记对河南省实施乡村振兴战略、做好"三农"工作还提出了其他方面的要求:推进农业供给侧结构性改革、树牢绿色发展理念、补齐农村基础设施这个短板、夯实乡村治理这个根基、用好深化改革这个法宝。这些要求为进一步深化农村经济体制改革,建立健全城乡融合发展体制机制和政策体系,全面推进区域农业制度的创新提供了方向和目标。2020年2月14日,中共河南省委、河南省人民政府发布《关于抓好"三农"领域重点工作确保如期实现全面小康的实施意见》(以下简称《实施意见》),从坚决打赢脱贫攻坚战、加快补上农村基础设施和公共服务短板、保障重要农产品有效供给、加强农村基层治理、强化农村补短板保障措施五个方面三十项主要内容入手,确保农村同步全面建成小康社会。其中涉及制度创新的有以下内容。

1. 农村土地流转制度的创新

土地是重要的农业生产要素,市场经济的重要特征是生产要素的自由流动,农村市场经济发展迫切要求进行土地制度的创新。农村市场经济的发展要对现存的土地产权制度进行改革,允许土地使用与经营权的流转,允许土地经营权的依法转让,建立土地交易市场,使土地使用权流转规范化。《实施意见》指出完善农村基本经营制度,保持土地承包关系稳定并长久不变,鼓励发展多种形式的适度规模经营。跟进落实农村集体经营性建设用地入市配套制度。扎实推进宅基地使用权确权登记颁证,进一步深化农村宅基地制度改革试点。深化农业综合行政执法改革,完善执法体系,提高执法能力。

2.农村就业制度的创新

振兴农村经济中一件非常紧迫的现实问题就是积极开发利用农村劳动力资源,实现农民充分就业,这也是关于经济发展全局和社会进步的根本战略问题。《实施意见》指出有序推进农民就业。发展壮大县域经济,推进农村劳动力转移就业基地建设,吸引更多农民就地就近转移就业,全年新增农村人口转移就业40万人,年底常住人口城镇化率达到54.7%。健全覆盖城乡的公共就业服务体系,实施乡村就业促进行动。落实涉企减税降费等支持政策,加大援企稳岗工作力度,放宽失业保险稳岗返还申领条件,提高农民工技能提升补贴标准。农民工失业后,可在常住地进行失业登记,享受均等化公共就业服务。以政府投资项目和工程建设领域为重点,开展农民工工资支付情况排查整顿,执行拖欠农民工工资"黑名单"制度。

3.农业规模化经营、产业化经营制度创新

农业规模化经营是近年来我国农村出现的一种新的经营形式。作为一种制度创新,它是对农业现代经营制度的有益探索。《实施意见》指出:支持各地立足资源优势打造各具特色的农业全产业链,建立健全农民分享产业链增值收益机制。大力发展龙头企业,打造一批农业产业化联合体,积极培育产值超百亿元的区域优势特色产业集群。支持农村产业融合发展示范园建设,办好农村"双创"基地。加快培育家庭农场、农民合作社等新型农业经营主体,将小农户融入农业产业链。提升农村电子商务水平,推动农产品进城、工业品下乡双向流通。

鼓励农民工返乡创业。坚持政策推动、乡情感动、项目带动。深入实施农村创新创业带头人培育行动,加大对符合条件的返乡创业经营主体的金融支持力度,进一步落实失业保险基金补充创业贷款担保基金政策,年度新增建设用地计划指标优先保障县以下返乡创业用地。将返乡创业经营主体的产品和服务纳入政府采购范围,鼓励在同等条件下优先采购。支持引导返乡创业人员大力发展文化、科技、旅游、生态等乡村特色行业。

4.农村税赋制度的创新

在坚决废除各种乱收费现象的同时,进行农村税费改革。规范农村税费制度是农村税费改革的一个重要方面,改革后,政府与农民的利益关系主要通过税收来体现,把农民的负担纳入法制化、规范化管理轨道。在税收制度设计

和征收方式上,要照顾农村的实际,有利于基层操作和农民监督。

8.4.2 河南企业制度的创新

企业是市场经济的微观基础,企业制度创新是整个经济体制创新的基础工程。由于制度和体制的原因,我国国有企业长期以来都由政府管理,投资、生产、干部任免、职工待遇等全都由政府决策,企业产权不清,政企不分。随着市场化改革,我国企业改革实现了以公司制为主的现代企业制度创新。河南企业制度虽然发生了很大变化,但是,传统企业制度的影响根深蒂固,需要不断进行企业制度的创新。国有企业改革一直是经济体制改革和制度创新的核心和重点,是产业结构调整的主要载体。

1.对河南传统大型国有企业加快公司化改造

现代企业制度的公司治理机制是一种有效的企业制度。这种制度合理调节出资者、经理人员和职工等有重大利害关系的团体之间的关系,为提高企业竞争力和生产效率提供制度保障。因此,应大力推进国有企业的公司化改造,大力发展混合所有制经济,建立规范的企业财产组织形式,采取规范的法人治理结构等改革措施。

2.建立国有资本进退机制

河南企业制度创新要深化国有资产管理体制改革,首先通过存量资产结构调整和增量资本倾斜,进一步将优质国有资本集中到关系国家经济命脉的重要行业和关键领域,提高国有资本的控制力;其次是创造条件,使一般竞争性领域的国有资本在市场公平竞争中实现优胜劣汰。根据国家和河南地区战略需要和经营目标,建立国有资本灵活进退的机制,通过产权和证券市场搞活国有资本,整合和优化资本结构,实现国有资本保值增值和推进公益事业发展的目的。

3.鼓励企业兼并重组和吸引外资嫁接改造

河南地区民间资本和地方积累薄弱,借助外力推动河南国有企业的改革,不失为一条有效的途径。目前,大量引进外资相对较难,鼓励沿海企业到河南兼并重组更现实可行。

8.4.3 河南市场制度的创新

广东的企业技术创新取得巨大成就的原因在于广东很早就开始着手建立市场经济体制和国民经济的市场化,形成了外向型的经济格局,从而吸引了大量海外投资和先进技术。河南是农村人口、土地及自然经济相对密集的区域,要让这些资源的价值得以发掘并变成经济优势,必须有一个发达的市场体系进行资源整合,为资本和技术的引入创造条件。河南要加快各市县、各层次的市场建设,培育成熟完善的市场体系,最大限度地发挥市场在资源配置中的基础性作用,实现区域经济高质量发展,从以下几个方面加快推进河南区域市场制度创新。

1. 加快资本市场建设

近年来,我国资本市场改革步伐提档加速,河南省制定了优惠的投资政策。吸引国内外各类投资主体到河南地区投资,鼓励沿海地区企业到河南投资办企业或承包经营管理企业等;完善河南地区的金融体系,引导资金向河南地区流动。以河南中心城市为依托,建立区域性金融中心,拓宽资金输入渠道,开发服务市场和债券市场,为河南提供直接融资的途径。2019年上交所推出了科创板并实行注册制,2020年4月全国股转公司正式启动股票公开发行并在精选层挂牌工作。我国大部分省份先后在省级层面出台了推动企业上市挂牌的相关政策。2020年6月,河南省人民政府办公厅印发《关于加快推进企业上市挂牌工作的意见》。该文件包括4个方面(指导思想、工作目标、工作措施、保障措施),11条措施。措施主要包括以下十一项。一是强化上市后备企业培育,依托中原股权交易中心,建立完善分层次、分行业、分梯队的重点上市后备企业库。二是推动企业股份制改造,重点支持智能制造装备、生物医药、节能环保和新能源装备、新一代信息技术等新兴产业企业股份制改造工作。三是落实"绿色"通道制度,简化流程,优化服务。四是推进企业上市挂牌,加强与境内外交易所的沟通、对接、合作,不断拓宽企业上市渠道;抢抓创业板注册制改革机遇,推动更多创新性、成长性强的中小企业到创业板上市;推动优质企业在新三板精选层挂牌交易,并适时申请转板上市。五是加大股权投资力度,支持创业投资和产业投资基金积极参与我省企业股份制改造、上市、并购重组,提高企业对接多层次资本市场和资源整合的能力。六是充分发挥中原股权交易中心的功能作用,支持其增设科创板,做强上市后备板,持续完善企业展示、挂牌转让、登记托管、私募融资、培育孵化等服务功能。七是提高上市公司发展质量,加强上市公司动态监测和分析研判,督导企业规范运作,推动设立企业并购重组基金,支持行业龙头上市公司积极开展并购重组。八是落实奖励政策,对企业上市实施分阶段奖励,对境内并购上市迁址河南、境外上市融资的,省财政分别给予相应的奖补;对通过中原股权交易中心实现股权、债权融资的省内企业,省财政给予相应的奖补。九是强化金融服务,支持省内金融机构在风险可控前提下,对重点上市后备企业制定综合融资方案,开展灵活多样的组合融资。十是营造良好环境,支持符合条件的国内金融机构在我省设立证券、期货、基金等机构,鼓励符合条件的外资机构设立或控股的证券公司、基金公司、期货公司在我省落地,增加我省法人中介机构数量;大力培育和引进审计、律师、资产评估、信用评级等证券服务中介机构,建立完善资本市场服务专家顾问团,推动河南上市公司协会等行业组织发挥桥梁纽带作用,加强新闻宣传和舆论引导工作。十一是防范化解市场风险,建立健全风险监测预警和应急处置机制,严格落实风险处置属地责任。

2. 加快技术市场建设

河南已在大中城市设立技术市场,建立规范的技术信息发布制度,积极发展产权市场、技术评估、科技保险、资金融通等新业务,繁荣技术市场。

3. 规范发展土地市场

河南地区农业土地多,因此主要推行土地使用权招标、拍卖、挂牌制度,最大限度减少协议转让,并增强其透明度等,实现城镇规划的法制化和科学化。

4. 大力推进流通现代化

积极发展连锁经营、物流配送、电子商务等现代流通方式,通过现代流通方式推进传统商品批发市场的转型和改造,整顿和规范流通秩序。

5. 大力推进河南矿产资源市场化改革

河南地区矿产资源较为丰富,使河南的矿产资源优势转为经济优势是亟待解决的问题。以矿产产权制度入手,实行市场化改革等制度创新,无疑将对河南地区这些优势的充分发挥产生巨大效应。以制度的方式确定土地的产权,鼓励投资者开发并给河南矿产区一定的所有权,除少数战略性资源和稀有资源外,允许国内外投资者依法获得河南矿产资源的探矿权和采矿权。

8.4.4 河南地方政府制度的创新

在新时代背景下,正确处理政府与市场的关系,着力构建"有为政府+强市场"的均衡调节机制。该调节机制是实现高质量发展的制度保障。

1.正确处理好政府与企业和市场的关系

在市场机制基本缺失的产业部门,政府可引入直接快速的干预措施,如重点科技创新等领域。在市场存在一般性失灵的产业部门,政府不能简单采用强制干预方式,而要通过不断完善市场本身进行调节。取消不合理的行政审批项目,公开办事制度和办事程序,提高服务水平,建设依法行政、廉洁高效、公平公正的营商环境。

2.进行政府决策制度创新

实现决策的民主化和科学化,遵循科学的决策程序,推行社会咨询和听证制度,以最大限度地避免决策失误。立足"小政府,大社会"的改革新目标和精简的原则,精简机构,强化政府综合管理和行政管理职能,逐步建立大行业、大系统管理模式。

8.4.5 河南社会保障制度的创新

河南社会保障制度关键是要在社会保障问题和基本养老保险个人账户两个重点上取得突破,进一步完善河南社会保障体系,包括:重点解决重点行业、企业职工生活最困难群众的社保问题;多渠道筹集社保资金,通过减持国有资产等方式充实社保基金;解决好企业办社会负担,有步骤地剥离大企业办社会职能,实现主辅分离;清除各种不利于增加就业的体制障碍,建立有利于促进创业与再就业的机制,认真落实促进创业、再就业的各项政策措施。

8.4.6 河南区域协调制度的创新

我国区域差距、区域矛盾日益突出,区域协调发展任务十分艰巨,区域经济已形成东、中、西、北的板块结构,建议成立相关主管机构,统一协调各项工作。建立联席会议制度,邀请各相关省市领导参加,研究决策区域联动发展的有关重大问题。通过论坛集中探讨促进河南发展的战略、政策和措施,为河南创新体系建设营造良好的氛围和环境。打破区域行政壁垒、市场壁垒和体制壁垒,制定实施包括金融、交通、市场、信息共建平台、人才自由流动在内的区域一体化政策。

第 9 章
河南文化创新体系建设

文化创新是河南创新体系建设的重要支撑。从创新型区域建设的需求分析出发,总结创新型区域的文化特色,结合评价指标体系,分析河南创新型文化建设的现状,提出文化创新的主要内容。

9.1 文化创新体系建设

9.1.1 文化创新

文化创新的主要内容有价值观创新、人文创新和精神激励创新。文化创新的根本特征是价值观创新,文化创新应以群众精神为核心,追求超前、开拓、变革、卓越的文化。人文创新是要依托人文资源,突出文化底蕴,彰显区域人文内涵。激励创新是通过有效的措施正确引导群众趋向,是激励体系的重要组成部分。

1. 价值观创新

价值观是由群众的需要构成的价值体系。它是群众对社会价值的根本观点,并由此形成他们的理想、信念、追求和目标,成为支撑社会健康发展的原则。价值观是文化的核心部分,它根植于社会文化,是社会文化的主要标志,是联系群众和社会的重要纽带,是整个社会生存和发展的基础。区域价值观往往隐含于一个区域的经济和文化之中,并与它们一起共同构成强有力的区域信仰体系。事实上,区域价值观是区域文化创新以及一切文化特征的源泉和动力。

随着经济的快速发展,社会价值观和社会经济环境等发生了巨大变化,区域价值观必须与时俱进,不断创新,形成新的价值取向和价值观念。

2. 人文创新

文化是一个国家、地区、民族的文明程度、发达程度的标识和体现。区域的发展既要加快经济建设,更要充分考虑人文资源,突出文化底蕴,彰显区域人文内涵。

①以人为本的创新。坚持以人为本,促进人的全面发展。以人为本,是一切工作的立足点和出发点,是治党、治国的新理念。文化建设的根本是全面提高人的素质。

②文化自觉和文化自信。费孝通提出文化自觉,其含义是生活在既定文化中之人,对其文化要有自知之明,明白其来源、形成、特色和发展趋向。文化和自然遗产是不可再生的珍贵资源,一旦失去文化记忆,我们便难以找到回家的路。文化兴国运兴,文化强民族强。党的十九大将"加强文物保护利用和文化遗产保护传承"作为坚定文化自信的一部分写进报告。

③人文环境建设创新。人文环境指居民赖以生存的、复合型的、多层面的综合背景力度。优化区域人文环境是系统工程,包括硬件和软件优化。在对硬件加大建设力度的同时,还要注入人文内涵,体现个性化、人性化和知识化的特点。

3. 精神激励创新

精神激励创新通过有效的措施正确引导群众,是激励体系的重要组成部分。

①文化激励。文化是区域得以发展的核心,因此,要注意引导群众从实际出发构建特色鲜明的区域文化。同时,采取多种措施将区域文化真正融入群众的思想中,使区域文化成为群众人生观、价值观的重要组成部分,为区域经济发展提供强大的精神动力。

②情感激励。区域力量的大小并非取决于该区域人口数量或资源多少,而取决于区域内的人际关系。人际关系协调的团体具有强大的亲和力,能激发成员的奉献热情。因此,处理好区域间及群众间的关系,通过情感激励构筑良好的人际关系,为群众发挥才智创造良好的氛围。要营造"尊重劳动、尊重知识、尊重人才、尊重创造"的浓厚氛围,爱惜人才,关心人才,把区域人才特别是优秀人才

当作区域的宝贵财富,使他们时时处处体会到来自区域政府的真情。

③荣誉激励。荣誉激励的方式有多种,如提高优秀群众的社会地位和政治地位;吸收优秀群众为党代表、人大代表和政协委员,让他们参政议政等。

9.1.2 文化创新在创新体系建设中的作用

1.文化创新为创新体系建设提供精神动力

文化创新通过共同理想的确立,使文化成为为理想而奋斗的精神力量,把社会发展的内在要求转化为广大人民群众的奋斗目标;通过对社会制度建构的指导,实现社会经济体制和政治体制的优化;通过促进人的全面发展,为区域经济的提升提供智力支持。文化不仅是一种精神活动,也能创造经济效益,是区域经济发展的重要组成部分。

2.文化创新有助于区域创新意识的培养

价值观是一种群体的心理状态的外化,是基于自身宗旨、性质、任务、时代要求和发展方向,经过长期培育而逐步形成和确立的思想成果和精神力量,是区域赖以生存和发展的精神支柱,是区域内部凝聚力和向心力的有机结合体。人们对区域创新的价值观的认同具体表现为:人们会想方设法主动创新,在自己获得合法经济利益的同时促进区域经济的发展,为促进区域发展积极出谋划策,付出更多监督的精力。

人文内涵即所有追求技术创新的区域所面临的基本一致的处境,是一个国家、地区、民族的文明程度、发达程度的标识和体现,作用在于树立一种创新氛围,这是技术、制度创新动力形成的基石。

精神激励是以人为中心的综合行为过程体系,由五个变量组成:激励者、激励对象、激励目标、激励内容、激励形式。精神激励通常以个人或集体为对象,着眼点放在调动更多人的积极性、完成创新目标上。如果只有创新的价值观和创新氛围而缺乏必要的精神激励创新,那么这种创新只能停留于观念上,不能激发人们的行为。

9.2 河南文化创新的现状

大力推进文化创新,是繁荣河南文化事业、发展河南文化产业的必然要求。同时,发展创新文化也是河南创新体系建设的必由之路。近年来,河南省经济体制和文化领域改革不断推进,促进了河南文化的创新发展。

9.2.1 文化资源丰富

河南位于黄河中下游,因大部分地区位于黄河以南,故称河南。远古时期,黄河中下游地区森林茂密,野象众多,河南被形象地描述为人牵象之地,这就是河南简称"豫"的由来。《尚书·禹贡》将天下分为"九州",现今河南大部分地区属九州中的豫州,位居九州之中,故河南有"中原""中州"之称。

河南是中华民族和华夏文明的重要发祥地,历史悠久,人杰地灵,文华昌盛,同时,河南也是中国姓氏的重要发源地。从夏代到北宋,河南长期是全国的政治、经济、文化中心,先后有20个朝代建都或迁都于此。中国八大古都中位于河南的有十三朝古都洛阳、八朝古都开封、殷商古都安阳、商都郑州。河南历史文化代表有中华姓氏文化、黄帝文化、裴李岗文化、仰韶文化、龙山文化、功夫文化、汉字文化、元典文化、河洛文化、客家文化之源等文化资源,地下文物和馆藏文物均居全国首位。文化遗址:淮阳伏羲太昊陵、新郑黄帝故里和轩辕丘、内黄颛顼帝喾陵、商丘燧皇陵、桐柏盘古之乡、泌阳盘古圣地、西华女娲城、濮阳帝舜故里、天文台周公测景台、"中国第一名刹"嵩山少林寺、最早的禅院白马寺、闻名中外的相国寺和最早的关隘函谷关等文化遗迹。洛阳龙门石窟、安阳殷墟、登封嵩山"天地之中"古建筑群、中国大运河通济渠郑州段、丝绸之路河南段5项24处文化遗址被列入世界文化遗产名录。山水文化代表:嵩山(郑州)、龙门山、白云山(洛阳)、鸡公山(信阳)、云台山(焦作)、王屋山(济源)、石人山(平顶山)、太行大峡谷(安阳)、宝天曼、老界岭(南阳)、云梦山(鹤壁)、嵖岈山(驻马店)等均属山水奇观;黄河自西向东流经河南,出三门峡后经小浪底流入黄淮平原,郑州至开封段河床高出地面,形成地上悬河的独特自然景观。郑、汴、洛沿黄"三点一线"和南太行景区成为国内外知名的伏牛山生态旅游区,黄河流域人口约占全国人口的30%,经济总量约占全国的26.5%。2019年9月,习近平主席在黄河流域生态保护和高质量发展座谈会上强调"黄河宁,天下平"。黄河流域是我国重要的生态屏障和重要的经济地带,保护黄河是事关中华民族伟大复兴和永续发展的千秋大计。黄河流域生态保护和高质量发展是重大国家战略。

河南省有国家级风景名胜区8处,省级风景名胜区23处;红色文化代表有驻马店确山县竹沟革命纪念馆、信阳市红色旅游系列景区(点)、南阳桐柏英雄纪念馆、郑州二七纪念堂等,全省共有红色旅游景区26家,20个国家级历史文化名城和名镇、名村。河南省民间文化丰富,民间艺术、民间故事等历史悠久,风格独特。

9.2.2 文化事业基础扎实

截至2019年,全省共有公有制艺术表演团体171个、文化馆205个、公共图书馆164个、博物馆346个;有全国重点文物保护单位420处,省文物保护单位1171处,入选国家级非物质文化遗产名录113个;有线电视实际用户918.31万户。全年图书出版总印数3.32亿册,期刊出版总印数0.75亿册,报纸出版总印数16.03亿份。年末共有综合档案馆177个,已开放各类档案543.32万卷(件)。河南不少文艺作品在全国有一定影响,许多文化人才在全国享有较高知名度。河南素有戏剧大省和文学大省之称,2021年河南春晚的《唐门夜宴》以博物馆里的汉唐舞俑为范本,走红网络,让人共飨了传统文化盛宴。

河南省社科研究门类齐全,广播影视蓬勃发展,广播综合人口覆盖率99.44%,电视综合人口覆盖率99.47%,网络发展迅速。近年来先后有一大批哲学社会科学研究成果、文学作品、广播电视节目、新闻作品和图书、电子音像出版物获得国家乃至国际各种大奖,获奖数量居中西部前列。

9.2.3 文化产业具有一定规模

河南省文化产业自20世纪90年代开始发展步伐加快,相继成立河南日报报业集团、河南省广播电视总台、中原出版传媒集团有限公司、河南省新华书店集团等大型文化集团。现有1个国家级文化产业示范园区和12个国家文化产业示范基地,建成和在建53个文化产业园区。已初步形成报业、出版发行业、广播电视业、文娱演艺业、文化旅游业、印刷复制业、文博业、动漫游戏业等优势文化产业。

9.2.4 存在的主要问题

存在的主要问题如:管理体制待创新,行业垄断、地方垄断格局没有打破;

运行机制待优化,面向市场、适应市场的能力较差,市场开放度不高,民营市场主体培育不够;资源整合与开发不够,资源优势没有转化为产业优势,经济贡献率较低;缺乏文化经营管理人才;文化经济政策落实不够,公益性文化事业投入不足。

9.2.5 面临的机遇与挑战

全面建设小康社会为文化建设提供了良好机遇。河南省已进入全面加快推进社会主义现代化建设的新阶段。物质生活水平的提高必将给文化事业和文化产业发展带来极好的机遇。

文化与经济的相互融合已使文化产业成为经济社会发展的重要增长点。文化已成为社会经济发展的重要组成部分,文化产业已成为拉动消费的重要增长极,文化产业将产生巨大的社会效益和经济效益。

高新技术发展对文化建设提出了更高要求。现代科技引发了传统文化形态的更新和新兴文化形态的崛起。文化生产方式日益更新,文化管理方式和流通方式也发生了深刻变革,电子传媒、电子政务、电子商务等的作用日益凸显。

国内外文化发展态势对文化建设提出了严峻挑战。现代数字化媒体的广泛运用、中外文化的相互交流越来越频繁、便捷。我们既要应对其他国家传播意识形态、抢占文化阵地、进行文化渗透的挑战,又要应对其他国家凭借其经济、科技、文化的强大实力抢占文化资源和市场份额的挑战。面对严峻挑战,河南省要快速推进文化事业和文化产业发展,加快文化体制改革,增强文化产业竞争力。

9.3 河南文化创新体系建设的目标和主要内容

9.3.1 河南文化创新体系建设的目标

河南文化创新体系建设的主要目标是把河南建成中西部文化强省,做到文化体制机制顺畅、文化事业产业全面繁荣、文化精品不断涌现、文化人才结构优化、文化市场开放有序、文化发展主要指标和文化综合实力居中西部前列。

第一,文化事业产业全面繁荣。进一步发展文化事业,提高城乡居民的文化生活质量,建成完善的文化产业生产、服务、销售网络体系,提升文化产业竞争力,力争使文化产业成为新的经济增长点和支柱产业之一,主要经济指标在全国的位次稳定上升。

第二,文化市场开放有序。形成统一、开放、竞争、有序的文化市场体系,逐步打破区域分割、行政分割的市场壁垒,使市场主体充满活力、市场中介有序发展、市场管理逐步规范、人均文化消费支出位居中西部前列。

第三,文化设施布局合理。逐步形成结构优化、布局合理的文化设施和文化服务网络体系。

第四,文化区域特色明显。充分发掘区域文化资源优势,着力打造"一区域一特色"的若干文化带。逐步建立健全河南省文化政策法规体系,完善文化经济政策,营造良好的文化发展环境。

9.3.2 河南文化创新体系建设的主要内容

1.文化体制的革新

文化体制革新的目的是解放和发展文化生产力,充分调动文艺工作者的积极性和创造性,多出精品,多出人才;充分调动和动员广大人民群众和全社会的力量广泛参与文化建设,使文化建设真正成为人民群众自己的事业;充分发挥市场机制的作用,发展文化产业,使之成为繁荣文化艺术、满足人民精神文化需求的重要途径。进一步完善文化管理体制,实行政企、政事分开和管办分离。区分文化的公益性和经营性,公益性文化单位享受扶持政策,加大内部改革力度,全面引入竞争机制;经营性文化单位创新体制机制,培育市场主体,加大产权改革力度,建立现代企业制度。发挥市场在国家宏观调控下对文化资源的配置作用,以资产为纽带,运用市场机制,重点发展一批拥有自主知识产权和文化创新能力、主业突出、核心竞争力强的大型文化产业集团。公益性文化事业以政府投入为主,确保国有文化在重要文化领域的控制力、竞争力;经营性文化产业放宽市场准入条件,在法律法规未禁入的行业和领域,积极支持、鼓励和广泛吸纳非公有资本,谁投资、谁决策、谁收益、谁承担风险,实现投资主体多元化,使股份制成为公有制文化的主要实现形式。

2. 文化氛围的塑造

弘扬科学精神,培育创新意识,加强科学技术的宣传和普及,使企业和公众了解科学,支持科学研究,参与科技创新,形成有利于文化创新的社会氛围;倡导人们之间发展新型的竞争与合作关系,思想和知识的交流是创新不可缺少的要素,在组织或一定区域内加强人们之间的交流,政府有关部门,特别是管理部门要多组织知识讲座和各种类型的研讨活动,增强人们的文化创新意识;重视科技、创新、文化、体育设施建设,为创新者提供交流、学习的场所和机会,举办各种研讨、交流活动,倡导新文化、新观念,鼓励创新,不断追求新思维、新知识、新理念。

3. 文化观念的变革

文化创新乏力、观念保守滞后,是欠发达地区落后的重要原因。欠发达地区因地理环境的相对封闭性和过渡性导致区域文化以传统的农业文化为主,具有封闭性、保守性和排外性。文化观念落后导致建设投资不足、部门协调不足、政策引导不足、制度创新不足。根据文化观念的区域差异性,通过对区域群体观念和文化心理结构的探寻、描述、分析,扬长避短,并通过改善地方交通、增加内外交流、进行制度创新、加强政策引导、发展要素市场促进观念变革。

4. 文化产业的创建

数字经济时代,文化产业已成为朝阳产业。要运用高新技术推动文化产业升级,使文化产业向高附加值的技术密集型产业转变。加强文化领域核心技术研究开发及其产业化。组织实施一批重大科技项目,加强数字技术、数字内容等核心技术的研究和应用。加快建立支撑河南省文化产业发展的技术创新平台。创新文化传播方式和手段,推动文化业态更新。加快大容量数字化文化资源库建设,实现资源共享。加快广播电视传播和电影放映数字化进程。加快传统出版发行业向现代出版发行业的转换。鼓励具有自主知识产权的网络文化产品的创作和研发。加强文化产业园区建设,开发具有自主知识产权的文化产品。重点支持旅游业、娱乐业、新闻出版业、广播影视音像业、信息服务业等产业的发展,塑造一批文化产业的知名品牌,提升文化产业整体技术水平和竞争力。

第 10 章
河南创新体系建设的推进行动及保障措施设计

10.1 河南创新体系建设的八大专项行动

积极推行科技投融资专项、产学研生态体系建设专项、"专精特新"企业建设专项、农业科技创新体系建设专项、科技型企业成长路线图计划专项、创新城市建设专项、创新型政府建设专项、开放发展专项等八大专项行动。

10.1.1 科技投融资专项行动

科技部统计显示,至 2020 年 8 月 31 日,河南省在科技型中小企业评价系统入库企业首次突破万家,较去年同期增长 57.66%,达到 10 218 家,居中西部首位,全国第四。

入库科技型中小企业呈现出三个特点。一是新兴领域科技型中小企业发展迅猛。信息技术及服务企业数量 4294 家,占科技型中小企业总量的 42%,较上年同期增长 57.5%。二是研发投入强度较高。2019 年研发投入总额 151.75 亿元,占其销售收入总额的 8.4%,占全省企业研发经费投入总额的 21.9%。三是科技创新人才集聚。科技型中小企业拥有科技人员 14 万人,占其职工总数的 33%,占全省企业科技人员总数近 60%。

在此基础上,继续实施科技投融资专项行动"一面向、三引导、六手段、两体系",即:面向科技型中小企业发展需求;引导和激发企业增加科技投入,引导银行金融机构扩大对科技型中小企业的贷款支持,引导民间资本投向科技型中小企业;综合运用创投引导基金、项目跟投、贷款贴息、风险补偿金、担保补助和无偿资助等六种财政资金投入方式;建设科技金融体系和创业投资体系。

1. 推进创业投资体系建设

通过引导基金阶段参股的形式,使政府财政资金实现倍数的放大效应,为我省高新技术企业和创新型企业的发展提供强大的资金支持。通过创投引导基金的运行,吸引一批国内外知名创投机构和团队常驻并投资河南。通过河南创投股份有限公司设立省级创投引导基金,扩大省创业投资引导基金规模,发起设立新兴产业创投基金和天使基金,加快创业投资主体培育。

2. 引导创投机构投资科技型中小企业

探索发展河南省创业投资风险补偿制度,坚持政府引导、市场运作方式,对资金投资方向、投资地域等政策性目标实行监督,为合作机构提供支持,增强创业投资落户并投资河南的信心。探索省创业投资引导基金的使用方式,在现有阶段参股的基础上,拓展跟进投资、融资担保、投资保障、风险补助等支持手段,更好地促进创投机构向科技型中小企业投资。促进创业投资机构与科技型企业的对接,搭建省内外创业投资机构与科技型企业的信息交流、项目洽谈、投融资需求对接平台。

3. 促进科技与金融结合

建立科技管理部门与银行的合作机制,金融科技是技术驱动的金融创新。按照2019年8月中国人民银行印发的《金融科技(FinTech)发展规划(2019—2021年)》,健全河南省金融科技发展的"四梁八柱",增强金融业科技应用能力,赋能金融服务,鼓励银行加大对科技型企业及企业创新活动的信贷投放力度。鼓励各级担保机构为科技型企业创新活动开展融资担保业务。建立科技型中小企业、银行、担保机构、创业投资机构、券商、管理咨询机构等相互联系的机制,为科技型企业融资提供服务。2016年,省科技厅分别与中国银行河南省分行、中国建设银行河南省分行、中信银行郑州分行、中原银行、郑州银行等6家"科技贷"合作银行签署了科技金融战略合作协议,标志着河南省在完善创新创业投融资体系、加强科技金融生态环境建设上进入了发展新阶段。此外,还针对通过诚信度评估的创业者,采用联保或担保机构认可的其他反担保方式,按规定给予创业担保贷款扶持。推进银行业机构科技支行建设,推进知识产权质押融资工作,推广"专利贷"金融产品,开展科技小额贷款试点。2018年底累计发放创业担保贷款超1000亿元人民币,为全国首个发放总量突破千亿元的省份。

10.1.2 产学研生态体系建设行动

在2020年突如其来的新冠疫情防控中,形成了不少产学研相结合的典范。要创新科技成果转化机制,发挥企业主体作用和政府统筹作用,促进资金、技术、应用、市场等要素的对接,解决基础研究"最先一公里"和成果转化、市场应用"最后一公里"有机衔接问题,打通产学研创新链、价值链。产学研生态体系建设的目标是从组织上、制度上促进产学研结合。河南省要重视顶层设计,做强优势领域,完善高校专业设置,加强基础学科教育和人才培养,努力多出"从0到1"的原创性成果。把科教资源优势转化为经济发展优势,加快建设以企业为主体、产学研结合的生态创新体系。

1.组织产业技术创新战略联盟绩效评估

按照《河南省产业技术创新战略联盟构建与发展实施办法》(豫科〔2013〕146号),面向全省优势产业和支柱产业,以提升产业竞争力为目标,以产业共性关键技术、产业链环节关键技术和重要技术标准为重点,以企业为主体,加强政府引导,运用市场机制,优化配置创新要素,对省级产业技术创新战略联盟、产业技术联盟和产业技术创新团队跟踪调研及对2013年以来的实施绩效进行评估。

2.建设产业技术创新基地和产学研结合的创新平台

面向全省产业发展,依托我省重点实验室,推动基础研究面向产业应用,建设一批产业技术创新基地,引导高校科研与地方经济社会发展对接。全面推进应用研究与产业需求对接,建设产学研结合技术创新平台。

3.建设产业公共技术服务平台

以实现产业共性技术的研发、扩散并提供产业公共信息、设备、测试等公共服务,降低企业创新成本,提高产业整体技术水平为目的,整合建设专业公共技术服务平台及公共服务平台二级服务站。探索新的管理体制和运行机制,构建资源开放共享的服务网络系统,扩大平台覆盖面和服务群体数量。

10.1.3 "专精特新"企业建设专项行动

中小企业的韧性是我国经济韧性的重要基础,是提升产业链供应链稳定性和竞争力的关键。2013年7月,工业和信息化部发布《关于促进中小企业"专精特新"发展的指导意见》,贯彻国务院《关于进一步支持小型微型企业健康发展的意见》(国发〔2012〕14号),落实《"十二五"中小企业成长规划》提出的任务和要求,以促进中小企业转型升级、增强自主创新能力为目标,加强对"专精特新"中小企业的培育和支持,促进中小企业走专业化、精细化、特色化、新颖化发展之路。2021年1月23日,财政部、工业和信息化部(统称"两部门")联合印发《关于支持"专精特新"中小企业高质量发展的通知》(财建〔2021〕2号),启动中央财政支持"专精特新"中小企业高质量发展政策,通过中央财政资金引导,助力实体经济特别是制造业做实做强做优,提升产业链供应链稳定性和竞争力。截至2020年,全国范围内已认定国家级"专精特新""小巨人"企业1832家,省级"专精特新"中小企业2.6万家。在"十四五"期间,中央财政将累计安排100亿元以上中小企业发展专项奖补资金,分三批(每批不超过三年)重点支持1000余家国家级"专精特新""小巨人"企业高质量发展,引导地方完善扶持政策和公共服务体系。

河南省根据《关于促进中小企业"专精特新"发展的指导意见》,贯彻落实《中华人民共和国中小企业促进法》及中共中央办公厅、国务院办公厅印发的《关于促进中小企业健康发展的指导意见》(中办发〔2019〕24号),在全省选择有创新需求和创新基础、年销售收入在1000万元以上的中小企业,开展为期三年的"专精特新"建设工作,帮助企业整合科技资源,建立创新体系,提升竞争能力,培育一批细分市场的龙头企业。申请基本条件:在省内工商注册登记存续三年以上;近两年营业收入均不少于1000万元;近两年主营业务收入或净利润的平均增长率不低于10%;近两年研发经费支出占营业收入平均比重不低于3%。主要开展以下三个方面的工作。

1.支持企业创新能力建设

加大创新投入,加快技术成果产业化应用,推进重点产业领域"补短板"和"锻长板";与行业龙头协同创新、产业链上下游协作配套,实行研发投入和创新平台建设经费后补助,支撑产业链补链延链固链,提升产业链供应链稳定性和竞争力;促进数字化网络化智能化改造;支持企业加快上市步伐,加强国际合作等,增强发展潜力和国际竞争力。

2.落实国家鼓励自主创新的财税政策

指导企业建立规范的研发费用辅助账目,"专精特新"企业全部享受150%研发费用加计扣除所得税优惠政策。积极开展国家自主创新产品认定及政府采购政策。

3.多渠道解决创新企业的融资问题

推动上市融资,争取50%的入库企业成为省上市后备企业;开展知识产权质押试点和发行企业债券试点;引入创业投资机构投资;建立"四位一体"贷款模式,即由政府、担保公司、银行和试点企业构成的合作融资模式。

10.1.4 农业科技创新体系建设行动

建立科技支撑引领现代农业发展的长效机制,引导和促进科技资源向农业农村一线聚集,从根本上提升河南省农业主体的创新能力和县市科技支撑能力。2021年1月4日中共中央、国务院发布《关于全面推进乡村振兴加快农业农村现代化的意见》,指出加快推进农业现代化涵盖七项主要内容:提升粮食和重要农产品供给保障能力,打好种业翻身仗,坚决守住18亿亩耕地红线,强化现代农业科技和物质装备支撑,构建现代乡村产业体系,推进农业绿色发展,推进现代农业经营体系建设。河南省作为农业大省,要围绕以上七项任务做好相应工作。

1.提升农业龙头企业技术创新能力

重点培植农业科技创新示范企业,引导科技资源向龙头企业聚集,加快建立具有国际竞争力的企业标准、产品标准和工艺流程。通过示范和带动,提升全省农产品加工转化率和市场竞争力。

2.建设农业科技创新示范基地

按照"一县一产业一基地"的思路,以示范基地为平台,建立基于目标认同、高度互信、利益共享的长效合作机制,确保科技创新与农业板块经济有效对接,形成支撑种养业发展的技术创新示范体系,提升优势特色种养业的产出效益。

3. 推进农业科技源头创新

加强农业科技创新领军人才培养和团队建设,重点支持开展动植物品种选育、疫病防治、农产品质量安全、生态环境保护、资源高效利用等共性技术攻关,形成具有自主知识产权和良好应用前景的创新成果,满足现代农业高质量发展的共性技术需求。

4. 建立完善新型农业科技推广服务体系

创新服务模式和机制,进一步提高科技服务的质量和效率,提高农村基层科技服务能力。

10.1.5 科技型中小企业成长路线图计划专项行动

面向科技型中小企业成长需求,构建全过程服务的孵化抚育体系、投融资服务体系、产学研合作促进体系和成长辅导服务体系,主要工作如下。

1. 坚持平台孵化,建立科技型中小企业孵化抚育体系

河南省 2014 年出台《河南省省级科技企业孵化器管理办法》,2019 年 3 月进行了修订。该管理办法支持科技型中小微企业快速成长,引导河南省科技企业孵化器高质量发展,构建良好的科技创业生态和孵化育成体系,打造河南省"双创"升级版。2018 年对入孵的 74 家省级科技企业孵化器进行考核评价,评价内容主要包含服务能力、孵化绩效、社会贡献。其中 12 家被评为 A 类(优秀),28 家被评为 B 类(良好),28 家被评为 C 类(合格),6 家被评为 D 类(不合格)。

结合河南实际,加强孵化器间的交流与合作,整体提升孵化器建设水平,促使科技企业孵化器朝着专业化、品牌化、网络化的方向发展,围绕生物、高端装备制造、绿色农业等产业领域,一批具有成长性和竞争力的高新技术企业从孵化器脱颖而出,正成为河南省经济增长中最活跃的因素之一。

2. 坚持项目牵引,构建科技型中小企业产学研合作的促进体系

根据企业成长路线图的规划,针对重点企业的孵化、融资、产学研合作等需求,开展创业辅导、政策培训、专家帮扶、投资跟进、平台支撑等专项服务,促进初创、成长、扩张等全生命周期内各类企业"上阶晋级"。

3. 突出重点企业培育,构建科技型中小企业的成长辅导体系

以培育上市后备企业为目标,针对企业发展不同阶段的需求,编制企业成

长路线图,引领企业成长。以推进郑洛新国家自主创新示范区建设为重要契机,完善自主创新体制机制,发挥示范区建设的辐射带动作用,推动科技资源和创新要素向企业聚集,支撑和促进经济高质量发展。

10.1.6 智慧城市推进专项行动

2020 年 27 个省会城市首位度排名中,按惯例用"省会 GDP/全省 GDP"衡量省会首位度,郑州首位度为 21.8%,排名 22 位(见表 10-1),与中部城市武汉差距较大,武汉首位度 35.7%,位居第 7。增强中心城市和城市群等经济发展优势区域的经济和人口承载能力。产业和人口向优势区域集中是客观经济规律,要推动城市组团式发展,但城市单体规模不能无限扩张。中西部有条件的省区,要有意识地培育多个中心城市,避免"一市独大"的弊端。河南要突出优化城市创新空间布局,加快郑州国家中心城市和洛阳副中心城市建设,大力推进郑汴同城,加大创新型城市人才培养和引进力度,健全和完善城市创新体系,形成多中心、多层级、多节点的网络型城市群。

表 10-1 2020 年各大省会城市的首位度

序号	城市	GDP	省份	省份 GDP	2020 首位度	变化
1	长春	6638.03	吉林	12 311.32	53.9%	3.6%
2	银川	1964.37	宁夏	3920.55	50.1%	-0.5%
3	西宁	1372.89	青海	3005.92	45.7%	-1.0%
4	西安	10 020.39	陕西	26 181.36	38.3%	2.1%
5	哈尔滨	5183.3	黑龙江	13 698.5	37.8%	-0.7%
6	成都	17 716.7	四川	48 598.8	36.5%	0.0%
7	武汉	15 616.1	湖北	43 443.46	35.9%	0.5%
8	拉萨*	678.16	西藏	1902.74	35.6%	-0.8%
9	海口	1791.58	海南	5532.39	32.4%	0.9%
10	兰州	2886.74	甘肃	9016.7	32.0%	-0.5%
11	长沙	12 142.52	湖南	41 781.49	29.1%	0.0%
12	昆明	6733.79	云南	24 521.9	27.5%	-0.4%
13	沈阳	6571.6	辽宁	25 115	26.2%	0.2%
14	合肥	10 045.72	安徽	38 680.6	26.0%	0.6%
15	杭州	16 106	浙江	64 613	24.9%	0.3%
16	乌鲁木齐	3337.32	新疆	13 797.58	24.2%	-0.9%
17	贵阳	4311.65	贵州	17 826.56	24.2%	0.1%
18	太原	4153.25	山西	17 651.93	23.5%	-0.1%

续表

序号	城市	GDP	省份	省份 GDP	2020 首位度	变化
19	福州	10 020.02	福建	43 903.89	22.8%	0.7%
20	广州	25 019.11	广东	110 760.94	22.6%	0.5%
21	南昌	5745.51	江西	25 691.5	22.4%	-0.2%
22	郑州	12 003	河南	54 997.07	21.8%	0.5%
23	南宁	4726.34	广西	22 156.69	21.3%	0.1%
24	石家庄	5935.1	河北	36 206.9	16.4%	-0.2%
25	呼和浩特	2800.68	内蒙古	17 360	16.1%	-0.1%
26	南京	14 817.95	江苏	102 719	14.4%	0.3%
27	济南	10 140.91	山东	73 129	13.9%	0.6%

1.优化智慧城市的空间布局

智慧城市能够通过构建数字孪生城市直观展现城市全量信息。在数字孪生城市中全面融入城市感知数据、政府数据、商业数据等,并通过空间计算技术,在时间和空间维度下立体呈现城市运转的全貌,助力实现城市治理精细化。利用城市数字化、智能化所释放出来的数字生产力,以升维后的视角和手法治理城市,帮助政府更好地实现多目标平衡,进而提高河南各城市的综合竞争力,增强对外综合服务功能,完善综合交通运输体系,利用梯度转移模式处理好中原城市群中各城市之间的经济发展关系,提升郑州首位度,按照郑州"东强、西美、南动、北静、中优、外联"的功能布局,有序推进智慧城市建设。

2.加快创新型人才的培养和引进

在建设创新型城市的过程中,培养、选拔、合理使用创新型人才,形成尊重创新型人才的观念,树立对创新型人才的分配激励新观念,是建设创新型城市各方面工作的重中之重。2017 年,郑州市出台了《关于实施"智汇郑州"人才工程加快推进国家中心城市建设的意见》(郑发〔2017〕23 号)精神,对郑州市创新型人才培养和引进提供了强有力的政策支撑。

3.完善产学研相结合的城市创新体系

坚持政府抓环境、企业抓动力、高等学校和科研院所抓实力,形成政府主导作用良好、市场基础强大、企业主体地位突出、中介体系健全、各类创新主体共治共享的城市自主创新体系,形成以企业为主体、市场为导向、产学研相结合的城市创新体系,形成以高等学校和科研院所为主体的知识创新体系,形成审批程序简化、管理服务高效、政策法规完备的创新公共服务体系;加快技术产权交易网和技术市场网络建设,培育专利代理、项目招标、知识产权评估、技术转让、检测监测等科学技术中介服务机构,形成社会化、网络化的创新中介服务体系。

4.营造创新氛围浓厚的城市文化

以学习型和创新型"两型互动"、同创共建为主要特色和重要支撑,发挥城市文化优势和地域特色,开展丰富多彩的广场文化活动,引导和鼓励广大人民参与自娱自乐的业余文化活动;组织专家学者或科学技术报告团开展不同形式的科普宣传;开展不同层次的科学技术发明大赛,推动具有地域特色的社区文化、校园文化、企业文化、机关文化等和谐文化、创新文化活动纵深发展。

5.建立多渠道的城市科学技术投入体系

建立以政府投入为引导、企业投入为主体、直接和间接融资为支撑的多元化、多渠道的全社会科学技术投入体系。通过提供贷款担保或贴息方式支持市级以上重大科学技术产业化项目、科学技术成果转化项目。设立自主创新专项资金用于重点产业技术创新、重大科学技术成果转化、创新服务平台及孵化器建设、知识产权创造与保护以及科学技术投融资引导等。吸引社会资金参与改善科学技术型企业的信贷服务和融资环境。加快担保市场发展,建立贷款风险由企业、银行、担保机构、政府逐级分担和适当补偿的机制,降低科技型中小企业融资门槛。建立自主创新产品政府采购制度,财政部门在预算审批过程中,优先安排采购自主创新产品的预算。

10.1.7 创新型政府推进专项行动

创新型政府推进专项行动突出推进转变政府职能,实现科学决策,加强政府自身建设,提高服务水平,培育政府创新文化,营造创新环境。

随着社会经济的不断发展,政府需要面对的问题和挑战也在不断发生变化,主要体现在政府职能的持续优化、治理能力的持续提高、治理体系的持续完善。深化党和国家机构改革是推进国家治理体系和治理能力现代化的一场深刻变革。2018年的机构改革是一场系统性、整体性、重构性的变革,此次改革力度规模大、涉及范围广、触及利益深,既有当下"改"的举措,又有长久"立"的设计,是一个比较全面、比较彻底、比较可行的改革顶层设计。

为适应党和国家工作重心转移、社会主义市场经济发展和各方面工作发展需要,党和国家机构改革不断深化。1981年至今,党中央部门先后于1982年、1988年、1993年、1999年、2018年进行了5次改革,国务院机构先后于1982年、1988年、1993年、1998年、2003年、2008年、2013年、2018年进行了8次改革。这一系列改革坚持了正确方向,抓住了重点领域,解决了突出问题,为坚持和发展中国特色社会主义提供了重要体制机制保障。

地方机构改革是深化党和国家机构改革的重要组成部分。党中央、国务院批准了《河南省机构改革方案》,该方案是河南省机构改革的规划图、施工图。2018年10月26日,第十届委员会第七次全体(扩大)会议审议通过了《河南省关于市县机构改革的总体意见》,对全省深化机构改革工作进行动员部署。河南省坚持把加强党的全面领导贯穿始终,坚持机构职能与中央基本对应,坚持贯彻以人民为中心的发展思想,坚持社会主义市场经济的改革方向,坚持优化协同高效,坚持改革和法治相互统一相互促进,严格遵循党中央关于机构改革的顶层设计和要求部署,不折不扣落实机构改革各项任务,努力构建系统完备、科学规范、运行高效、符合河南特点的机构职能体系。

1. 转变政府职能,实现科学决策

在构建区域创新系统中,政府部门通过创新氛围营造,建立良好的创新环境,使知识、信息在区域创新系统组成要素与行为主体之间的传递与扩散更加准确有效;完善创新政策,强化对创新企业及企业家的激励,确立企业在创新中的主体地位。推动各领域数字化优化升级,积极参与数字货币、数字税等国际规则制定,加快数字经济、数字社会、数字政府建设,塑造新竞争优势。

(1)消除行政过度行为,确保企业创新主体地位

行政过度会导致创新活动的不确定性和内耗增加,损害创新系统的创新能力。在"放管服"背景下政府职能应保留及强化应有的职能,如维持社会治安、规范市场秩序、建立社会保障制度等,将一部分职能转交社会中介组织和行业协会,致力于本区域科技交流和产学研合作平台建设。充分发挥市场的导向作用,形成以企业为主体的区域创新体系。

(2)利用区域创新政策,助力夯实创新成效

区域创新政策工具有创新补贴、税收优惠、金融倾斜、知识产权保护、反垄断、创新产品的公共采购等鼓励创新扩散的扶持政策。针对河南省的特点,具体措施可以有:由政府出资建立基金,扶持具有核心技术或较强创新能力的中

小型高科技企业;鼓励和培育一批民营资本建立风险基金,利用市场规律为创新主体注入资金;在政府采购中,优先选择自主创新产品;对首台首套自主创新产品,实行政府订购;制定和实施知识产权保护战略,激励各类创新主体的积极性;在项目审批和土地规划等方面为中小型高科技企业建立"绿色通道";发挥河南省处在中部地区中心位置的区位优势,由政府主导,为科技企业在外融资或发展业务提供支持。

(3)充分发挥政府创新引导职能

政府职能主要围绕培育创新主体、引导产业发展方向实现。构建区域创新系统的关键是使企业成为创新主体、研发主体、利益分配主体。政府应建立有利于创新的市场机制,制定和落实有利于创新的规则,加强对市场的监督和管理,帮助企业建立区域创新系统的管理体系,创造和维护区域创新环境,帮助企业树立创新的理念,制定鼓励风险投资的政策。

2.加强政府自身建设,提高服务水平

智慧型政府要适应数字经济的挑战,需要设立城市数据中心,打造一个统一平台,构建三张基本网络,通过分层建设达到平台能力及应用的可增长、可扩充,构建智慧型城市系统框架。通过数智管理带动政府的创新服务,提升执政能力和行政效能。

在建设智慧河南的过程中要做到以下几点。

(1)文化创新

2003年,联合国经济合作与发展组织(OECD)调研指出:各国中央政府在改善知识管理的实务上已超越信息技术、流程再造等工具,而着重于建立稳定的组织文化。政府必须塑造注重知识、以人为本的组织文化,真正做到尊重人、理解人和关心人,才有可能促进政府官员个人创造力的发展,促使各级公务员自觉地进行知识生产、分享、学习与应用,促进智慧政府建设的良性发展。

(2)理念创新

智慧政府是应对数字经济时代挑战的产物,数字经济要求摒弃各种旧理念,树立新理念,从"官本位、政府本位"束缚中解脱出来,变得更加勇于学习、借鉴和创新,向"社会本位、民本位和市场本位"体制转变,从管理型的"控制行政理念"向"服务行政理念"转变,体现智慧政府的组织价值取向。在数字经济时代,更加强调"创新、协调、绿色、开放、共享"的五大发展理念,并把新发展理念贯彻到智慧政府建设中。

（3）组织创新

智慧政府有组织开放交互性、灵活应变性、知识中心性的特点，2018年的机构改革促进了机构的整合与归并，促进组织机构的扁平化和网络化，借助"大智移云"等新兴的科技方式实现和扩大公民对政府决策与管理的参与，建立迅速、有效的沟通途径和意见反馈机制，使决策更科学、更合理、更民主，有助于提高政府竞争力和反应速度，促进实现"小政府、大社会"的行政管理体制。

（4）管理方式的创新

智慧政府建立在现代信息技术的基础上，通过政府信息化建设打破时间、空间以及条块的制约，将政府管理和服务职能通过精简、优化、整合、重组到网上通办，增强政府竞争力和创新能力。通过建立知识库、知识中心、知识地图及决策支持系统等构建政府智慧管理系统，提高政府对环境、形势的适应性和反应速度，提高决策的科学性和政策的合理性。

3.培育政府创新文化，营造创新环境

（1）加强文化交流，培养文化的开放性

弘扬优良传统文化，加强文化交流，扩大国际科技交流与合作，在多元文化的交融与碰撞中吸取有益的成分。鼓励科研院所、高等院校与海外研究开发机构建立联合实验室或研究开发中心，支持企业扩大高新技术及其产品的出口和在海外设立研究开发机构或产业化基地。支持科学家和科研机构参与或牵头组织国际和区域性大科学工程，促进文化和信息交流手段的现代化。

（2）培育创新意识，营造创新氛围

大力倡导敢于创新、勇于竞争和宽容失败的精神，自主创新必有风险，奖赏敢冒风险、敢于冒尖的人，鼓励大胆地标新立异、勇敢地开拓荒芜领域，使整个文化环境保持乐观向上、积极进取的精神状态，实现跨越式高质量发展。

10.1.8　高度开放创新专项行动

实施深度科技开放合作计划，主动融入全球生产研发网络，创新招商引资方式，健全开放合作机制。

1. 实施深度科技开放合作计划

受地域和城市影响力等的限制,河南科技工作采取深度开放战略既是现实的倒逼,也是在短期内迅速提升区域科技创新能力的有效手段。一是要推进实施科技创新"走出去"战略。采取"走出去"主动整合全球科技资源战略,通过研发中心攀贵、专利品牌收购、供应商研发合作等方式,突破河南自我积累缓慢发展的瓶颈。选择一批规模在10亿元以上、发展后劲较大的大型企业,引导其通过多种方式整合全球科技资源,进一步将企业做大做强。到所属产业的全球重要产品研发和技术发布城市设立研发中心,利用国外优秀研发设计团队提升河南企业研发实力。二是深入实施科技创新"引进来"战略。利用产业并购契机,收购行业内国际知名品牌,整合该品牌企业的经营管理队伍、技术研发队伍和销售网络,结合企业原有基础进行重新配置,提高企业整体技术创新和管理水平。三是要强化科技创新国际合作。在关键零部件上选择全球知名供应商,并与供应商合作,采取 EVI(供应商早期介入)方式,邀请供应商一起参与研发和设计工作,在合作中学习国际先进技术、设备、工艺和创新管理经验,拓宽河南企业科技创新眼界。

2. 主动融入全球生产研发网络

充分利用河南地处中部、资源丰富的优势,出台专项政策,积极吸引一批跨国公司的制造中心、运营总部和采购中心到河南落户;选择一批规模较大、管理比较规范的零部件供应商,鼓励其扩大配套范围,争取进入大型跨国公司的配套网络,借助跨国公司的精益管理提高企业的零部件品质和技术开发能力;选择一批发展潜力大但是依靠自我积累很难再上台阶的民营企业,鼓励其与大型外资企业合资合作,利用跨国公司的技术溢出和管理溢出带动企业跨越发展瓶颈;鼓励大型企业在创建品牌的同时继续为国外知名品牌贴牌,利用知名品牌的市场份额扩大生产规模,谋取更大的规模经济和市场势力。

3. 创新招商引资方式

推进专业招商,与境外以及国内的专业招商机构、产业投资基金等进行合作,制定合适的分成机制,利用其社会资源和专业水准进行招商;加强产业链招商,研究主导产业的产业链构成,编制招商对象目录,瞄准产业链关键环节上的境内外优势企业进行针对性招商,重点瞄准一批目前规模不是很大,但是发展势头明显、发展潜力大的企业进行针对性招商;深化企业招商,鼓励民营企业将其上下游企业引入河南,引导大型企业利用其社会关系引入大项目;做大以外引外,争取若干个大型外资及其配套企业的抱团转移项目,加快新兴产业产业链的培育。加强市级领导在招商引资中的作用,投资千万美元或者亿元人民币以上项目,每个项目确定一名牵头市级领导,协调解决谈判、落户、生产、发展中的各种问题。

4.健全开放合作机制

完善、健全地区对内、对外开放合作交流等机制,充分整合全球创新资源,不断强化河南外生发展动力。健全河南对内开放合作交流机制,完善扩大对内开放的领导机制和工作机制、政策体系和工作措施,创新对内开放激励机制,深化对内开放领域,把河南地区对内开放工作推向一个新的高度。完善对外开放合作交流机制,改善投资环境,建立利用外资工作的一把手机制,建立分管领导与重点外资项目的联系机制,建立利用外资工作监督检查机制和外商投诉处理机制,切实保护外商的合法权益。

10.2 河南创新体系建设的七大保障措施

10.2.1 加强组织与领导,形成创新合力

建设创新型河南,从体制机制创新、营商环境优化等方面形成鼓励、支持创新的良好氛围。按照《国家中长期经济社会发展战略若干重大问题》的第四项"调整优化科技投入和产出结构"要求,结合河南省委、省政府对全省科技工作的部署,切实加强对科技工作的领导,科学决策,统筹协调,增加投入,组织示范,及时研究并解决河南创新体系建设中遇到的问题和困难。

省科技教育领导小组加强统筹协调和检查督办,形成全社会支持自主创新的强大合力。建立综合经济部门配置科技资源的协调机制,建立政府采购自主创新产品协调机制,建立引进技术消化吸收和再创新协调机制,建立区域间、部门间资源配置信息交流机制,将建设创新型河南的有关任务纳入工作规划,落实具体政策措施,制定实施细则并认真组织实施。

10.2.2 拓宽渠道与路径,增强创新投入

建立以政府财政投入为引导,企业投入为主体,风险投资为补充,多元化、多渠道、高效率的创新投入体系,形成稳定增长的创新投入机制。充分发挥政府引导作用,增强政府调动全社会科技资源配置的能力。按照《国家中长期科学和技术发展规划纲要(2006—2020年)》和《中华人民共和国科学技术进步法》的要求,逐步提高财政性科技投入占全省生产总值的比例。

加大对企业自主创新投入的所得税前抵扣力度,允许企业加速研究开发仪器设备折旧,鼓励企业消化吸收再创新。积极引导社会资本进入创新投入体系,充分发挥风险资本、证券市场、科技信贷等在促进高新技术产业化和科技型中小企业创新创业发展中的作用。力求建立政府补一块、企业投一块、银行贷一块、社会集一块、风投参一块、上市融一块,多管齐下、百川汇聚的创新投入机制,切实解决河南创新体系建设中的资金短缺问题。

10.2.3 培育人才与团队,夯实智力支撑

人才决定经济发展,创新改变发展未来。提高区域自主创新能力,在关键技术领域取得重大突破。促进区域经济增长方式的根本性转变关键在创新,而创新离不开大批高素质的创新型人才。人才,尤其是创新型人才是河南发展最重要的战略资源,也是当前城市激烈竞争的关键因素。河南创新体系建设在人才建设方面要将科技、教育和人才这些潜在的优势转变为竞争的优势、发展的优势,才能取得在新一轮发展中的主动权。

在创新人才培育方面,主要是高素质创新型人才的培养和引进。第一,提高创新型人才的培养教育水平。继续扩大高等教育规模,培养高学历高素质的研究型人才,同时大力发展职业技术教育,培养智能型技能人才;加强党政人才、经营管理人才、专业技术人才和技能型人才的培训,培育出战略型、创新型、复合型的高层次人才。第二,加大创新型高素质人才引进力度。建立公开公平的人才竞争机制和科学的人才评价机制,以国内外科技前沿重大课题、国家战略项目、重大建设和产业科技攻关项目等为载体,集聚有重大影响的科学家、技术和管理专家及企业家,引进一批急需的领军人才、紧缺人才、实用专业人才和创新团队。第三,营造鼓励创新、宽容失败的人文环境。坚持以人为

本、创新为魂,鼓励冒尖、宽容失败,营造百家争鸣的学术环境,搭建各类交流平台,推动学术交流和思想碰撞,形成不同学术思想、观点之间展开公平竞争的学术氛围,促进创新人才的更进一步发展。

在创新团队建设方面,通过对企业、高校、科研院所等机构的创新团队培育,建设创新型河南人才团队。建立产学研联合、专兼职结合、多资源整合的运作模式,加强载体平台建设,着力打造创新人才集聚、创新机制灵活、持续创新能力强、创新绩效明显的创新团队集群。其中,企业创新团队以成果转化为重点,发挥应用实践平台集聚、创新载体多样、产学研平台融合等优势,主要从事新产品研发、新成果转化、新技术应用。高等院校创新团队以知识创新为重点,发挥学科专业综合、实验室集群、人才资源集聚等优势,主要从事学科专业创新、人才培养创新、科学技术创新。科研院所创新团队以研究开发为重点,发挥创新人才聚集、研发设施齐全、科学技术领先等优势,主要从事原始创新、系统集成创新、消化吸收再创新。河南创新体系建设过程中,只有加强对创新型人才的培养、引进,把人力资源顺利转化为知识、科技,进而转化为现实生产力,才能进一步增强河南省的经济实力,为河南在中部甚至整个国家的崛起提供人才保证和智力支撑。

10.2.4 发展战略性产业,再塑创新需求

战略性新兴产业是国家产业发展的重点目标和主要方向,是新兴科技和新兴产业的一个深度结合,在产业结构调整中承担重要作用,对国民经济发展和国家安全具有战略性的影响力,可以推动新一轮的产业革命,决定一个国家或地区发展的未来。2010年,国务院通过《国务院关于加快培育和发展战略性新兴产业的决定》。战略性新兴产业主要有节能环保、新一代信息技术、生物、高端装备制造、新能源、新材料和新能源汽车等七大产业。

全球经济发展史表明,新兴产业既代表着产业发展的方向,也代表着科技创新的方向。世界各国尤其是发达国家正在大力抢占经济、科技发展的制高点。美国强调新能源、干细胞、航天航空、宽带网络的技术开发和产业发展,日本强调商业航天市场、信息技术应用、新型汽车、低碳产业、医疗与护理、新能源(太阳能)等新兴行业,英国启动"绿色振兴计划",德国政府批准 5 亿欧元的电动汽车研发计划预算,韩国制定《新增长动力产业规划及发展战略》。新

一轮新兴产业革命将成为推动世界经济发展的主导力量,并带动新一轮国际产业与技术转移。

战略性新兴产业在我国正稳步发展,极大地刺激了创新需求,在解决人民日益增长的美好生活需要和不平衡、不充分的发展之间的矛盾中起着决定性作用。新兴产业是高技术含量的朝阳产业,对人才、技术、管理、制度等方面的创新都有很高的要求,这样也将会对国内各行业的创新需求有更进一步的刺激,进而带动其他行业的创新发展。在构建河南创新体系的过程中,河南省需要围绕战略性新兴产业,建立以市场为导向、企业为主体、产学研相结合的创新体系,引导创新要素向战略性新兴产业集中,向企业聚集,提升产业核心竞争力。在认清产业和技术优势的情况下,重点把握新能源、节能环保、生物医药、新材料、高端制造等产业的实质及其发展思路。在现有人才基础和技术基础的条件下,坚持"有所为有所不为"原则,突出重点和特点,做大做强生物、信息技术、环保、装备等新兴产业,瞄准物联网、人工智能、云计算等新领域,培育一批拥有自主知识产权、具有国际竞争力的科技型领军企业。同时,在产业新技术开发应用方面,在激励技术创新的同时,也要拉动技术应用的需求,使新的高技术得到充分的运用。

10.2.5 加速示范区建设,强化辐射带动

以国家自主创新示范区、国家中心城市、郑州航空港等国家战略为契机,坚持以产业化为出发点和落脚点,确立以用立业的研发导向、以资化智的动力导向,推动自主创新的可持续发展。在政府行政管理、科技成果转化、金融改革创新、股权激励等方面全方位推进创新试验。锐意改革、先行先试,不断探索区域创新发展的成功经验,根据各地实际情况在全省其他地市推广试行,努力建成一批河南创新体系建设的排头兵、辐射源。

10.2.6 发展科技服务业,推进联动发展

科技服务业是以技术和知识向社会提供服务的产业,其服务手段是技术和知识,服务对象是社会各行业,主要涉及技术、信息、法律、融资、会计等多个领域,业务范围主要有科技咨询、技术贸易、科技人才培训交流、科学成果评审、科技信息、专利技术、技术标准化等。科技服务业具有知识智力密集性、效

益的高外部性、高度的交互性等特点。这些特点决定了科技服务业是一个将经济和技术、工业和服务业紧密结合在一起的行业。

建设河南创新体系,要大力发展科技服务业。第一,科技服务业将经济和技术紧密联系在一起,以技术的创新和发展促进经济的腾飞,而且在经济快速发展的同时,为技术的创新提供强大的经济支撑,在相互促进的过程中,使河南省的产业创新和经济实力得到进一步的发展。第二,科技服务业又加强了工业和服务业的联动,使两大产业更好地融合,一方面可以在工业中增加科技服务的附加值,提高工业产品的技术含量,另一方面可以推动服务业的更进一步发展。

10.2.7 强化科普与教育,激发创新活力

创新能力是民族进步的灵魂、经济竞争的核心;当今社会的竞争,与其说是人才的竞争,不如说是人的创造力的竞争。民族创新能力的提高、创新型国家的建设,关键在人才,希望在青少年。国家的发展要靠科技和创新,科学技术的学习和创新精神的培养则需要教育和科普来促进,只有有了足够的科学知识积累,才有可能进行创新。因此,科普和教育作为我国青少年学习和创新所需知识的两个重要来源,在创新性河南建设中占据着重要地位。科普要坚持从青少年抓起,为国家培养更多创新型科技后备人才,激发全民创新活力。

河南创新体系建设需要在强化科普和教育的过程中,围绕建设创新型国家,充分发挥科普工作主力军作用,大幅度提高全民科学素质,形成社会化科普工作新格局。对全民进行有针对性的义务教育和科技知识的普及,重点是青少年的教育:中小学要将科技知识纳入教学内容中去,培养学生的思维能力、动手能力和创造能力,激发青少年的创新意识和创新欲望,培养他们的创新兴趣,改变思维定式,促进学习创新。农民科普工作要围绕农业结构调整和增加农民收入展开,将科普活动与推广先进适用技术、扶贫济困、计划生育和小康村建设结合起来,培养高素质的农民,为实现社会主义新农村服务。城镇职工科普工作,要与科技创新、结构调整与再就业相结合,促进职工在工作中的创新,为提高生产效率、促进生产力变革提供原动力。举办各级领导干部的科技系列讲座,领导干部的科普工作要与提高管理水平、推进决策科学化和民主化有机结合起来。通过对科普和教育工作的强化,激发各类人群的创新活

力,为河南创新体系建设提供创新的源泉和动力。

项目是经济社会发展的动力和后劲所在,同时也是建设河南创新体系的总抓手,贯彻实施"引进大项目、培育大企业、建设大基地、带动大发展"的战略方针,要以引进资金、技术、管理等生产要素作为产业项目的主要内容,发挥项目推动产业优化升级和产业聚集的作用,以项目催生项目,以项目吸引项目,以项目推动项目。实施项目带动战略,必须抓住两点。一是抓项目,要一抓到底、落到实处,才能真正达到引进资金、技术等生产要素的目的。高度重视产业集聚区建设,围绕主导产业上项目,按照功能分工和规划布局抓招商,形成特色产业集群。建立和完善项目跟踪制度,对项目签约、资金到位等任务细化到部门、责任到个人。二是抓招商引资,明确招商主体,坚持省、市、县齐抓共管的工作机制,真正形成各地有特色、产业能互补、优势更集中、全省一盘棋的格局。以落地为目标,招入一批科技含量高、产业接续好、市场潜力大的项目和产业带动强的项目。

参考文献

2019年河南省国民经济和社会发展统计公报[EB/OL].https://news.dahe.cn/2020/03-10/615194.html.

2019年全球创新城市指数[EB/OL].https://www.innovation-cities.com/.

河南省科技创新"十三五"规划[EB/OL].https://www.henan.gov.cn/2016/12-15/368123.html?wscckey=ec554697cd193b37_1605103953.

中国现代化报告2020发布,中科院专家提出世界现代化的度量衡[DB/OL].http://finance.sina.com.cn/tech/2020-11-26/doc-iiznctke3396574.shtml.

ASHEIM B T, COENEN L, 2005. Knowledge Bases and Regional Innovation Systems: Comparing Nordic Clusters[J]. Research Policy:(34).

ANTONELLI C, QUÉRE M, 2002.The Governance of Interactive Learning within Innovation Systems[J]. Urban Studies:(5).

ARTHUR W B, 1989. Competing Technologies, Increasing Returns, and Lock-in by Historical Events[J]. The Economic Journal:(3).

BATHELT H, MALMBERG A, MASKELL P, 2004.Clusters and Knowledge: Local Buzz, Global Pipelines and the Process of Knowledge Creation[J].Progress in Human Geography:(28).

ASHEIM B T, ISAKSEN A, 2002. Regional Innovation Systems: The Integration of Local'Sticky'and Global Ubiquitous Knowledge[J].Journal of Technology Transfer:(27).

BANJI,2005.Systems of Innovation and Underdevelopment: An Institutional

Perspective[J]. Science Technology Society:(11).

COOKE P, 2002. Regional Innovation Systems: General Findings and Some New Evidence from Biotechnology Clusters[J]. Journal of Technology Transfer:(27).

DAWKINS C J,2003.Regional Development Theory: Conceptual Foundations, Classic Works, and Recent Developments[J]. Journal of Planning Literature:(18).

DAHL M S, PEDERSEN C R, 2004. Knowledge Flows Through Informal Contacts in Industrial Clusters: Myth or Reality? [J].Research Policy:(33).

FESER E J, BERGMAN E M,2000. National Industry Cluster Templates: A Framework for Applied Regional Cluster Analysis[J].Regional Studies:(1).

FRITSCH M, 2002. Measuring the Quality of Regional Innovation Systems: A Knowledge Production Function Approach[J]. International Regional Science Review:(1).

GIULIANI E, 2002.Cluster Absorptive Capability: An Evolutionary Approach for Industrial Clusters in Developing Countries[J]. Paper Presented at the DRUID Summer Conference:(6).

GUTH M, 2005.Innovation, Social Inclusion and Coherent Regional Development:A New Diamond for a Socially Inclusive Innovation Policy in Regions[J]. European Planning Studies:(2).

GREUNZ L,2004. Industrial Structure and Innovation-Evidence From European Regions[J].Journal of Evolutionary Economics:(5).

HEGDE D, 2005. Public and Private Universities: Unequal Sources of Regional Innovation? [J].Economic Development Quarterly:(19).

IAMMARINO S, McCann P,2006.The Structure and Evolution of Industrial Clusters: Transactions, Technology and Knowledge Spillovers [J]. Research Policy:(7).

LEVER W F, 2002. Correlating the Knowledge-base of Cities with Economic Growth[J]. Urban Studies:(39).

LARANJA M, 2004. Innovation Systems as Regional Policy Frameworks: The

Case of Lisbon and Tagus Valley[J].Science and Public Policy:(4).

MEEUS M T H, OERLEMANS L A G, HAGE J, 2004. Industry–Public Knowledge Infrastructure Interaction:Intra- and Inter-organizational Explanations of Interactive Learning[J]. Industry and Innovation:(4).

PENG YuWen,2011. Study on Dynamical Mechanism of Industrial Agglomeration Innovation System[C]//2011 International Conference on Management and Service Science(MASS 2011).

ROMANELLI E, KHESSINA O M, 2005.Regional Industrial Identity:Cluster Configurations and Economic Development[J].Organization Science:(4).

SANTOS D, 2000.Innovation and Territory:Which Strategies to Promote Regional Innovation Systems in Portugal？[J]. European Urban and Regional Studies:(7).

WILLIAMSON O E,1985. The Economic Institutions of Capitalism[M]. New York:The Free Press.

白俊红,王林东,2016.创新驱动是否促进了经济增长质量的提升？[J].科学学研究:34(11).

毕新华,李建军,2015.创新驱动对经济发展的制度设计研究[J].学习与探索:(11).

蔡地,万迪昉,2012.制度环境影响企业的研发投入吗？[J].科学学与科学技术管理:(4).

蔡乌赶,2012.技术创新、制度创新和产业系统的协同演化机理及实证研究[J].天津大学学报(社会科学版):(5).

曹邦英,2006.产业集群与西部区域创新体系构建研究[J].经济体制改革:(2).

陈辞,2014.中国农业水利设施的产权安排与投融资机制研究——基于SSP范式的分析视角[J].技术经济与管理研究:(2).

陈瑞莲,2006.区域公共管理导论[M].北京:中国社会科学出版社.

陈光,王永杰,1999.区域技术创新系统研究论纲——兼论中国西部地区的技术创新[J].中国软科学:(2).

祁茗田,等,2001.文化与浙江区域经济发展[M].杭州:浙江人民出版社.

陈雪梅,陈鹏宇,2004.广东产业集群的形成、发展和升级[J].宏观经济研究:(10).

陈艳艳,2006.基于因子分析模型的区域技术创新能力体系评价及地域差异化研究——兼议中西部地区技术创新能力的提升[J].软科学:(3).

程开明,2013.城市专业化、多样性与技术创新能力——基于195个地级以上城市面板数据的实证分析[J].经济统计学(季刊):(1).

崔露露,2020.产业技术与政策制度影响突破性技术创新阶段转换的机理[D].西安理工大学.

戴维斯,诺思,2019.制度变迁与美国经济增长[M].上海:格致出版社,上海人民出版社.

戴卫明,陈晓红,肖光华,2005.产业集群的起源:基于区域效应和聚集效应的博弈分析[J].财经理论与实践:(1).

丁焕峰,2001.区域创新系统的理论来源分析[J].世界科技研究与发展:(5).

丁焕峰,2004.国外集群与区域创新研究综述[J].经济地理:(6).

董秋玲,常玉,庄宇,2005.科技园区区域技术创新能力评价综述[J].科学管理研究:(3).

方磊,赵紫剑,2020.财政补贴政策对区域技术创新的门槛效应研究[J].经济问题:(9).

冯梅,2014.比较优势动态演化视角下的产业升级研究:内涵、动力和路径[J].经济问题探索:(5).

冯之浚,1999.国家创新系统的理论与政策[M].北京:经济科学出版社.

盖文启,王缉慈,1999.论区域的技术创新型模式及其创新网络——以北京中关村地区为例[J].北京大学学报(哲学社会科学版):(5).

盖文启,王缉慈,2000.全球化浪潮中的区域发展问题[J].北京大学学报(哲学社会科学版):(6).

龚荒,2003.关于区域创新体系中几个关系的界定[J].科技进步与对策:(3).

龚艳萍,周育生,2002.基于R&D溢出的企业合作研发行为分析[J].系统工程:(5).

何传启,等,2020.中国现代化报告2020:世界现代化的度量衡[M].北京:北京大学出版社.

何明俊,刘静,廖祖君,2019.中国创新型城市区域创新空间关联性特征研究——基于社会网络分析法[J].中国西部:(4).

何婷英,2007.区域创新网络下产业集群与技术集群的发展模式研究[J].科技管理研究:(12).

贺恒信,崔剑,2006.地方政府在构建城市自主创新体系中的角色定位[J].经济问题:(7).

侯景新,2003.论区域文化与经济发展的相关关系[J].生产力研究:(1).

胡志坚,2000.国家创新系统:理论分析与国际比较[M].北京:社会科学文献出版社.

黄继,管顺丰,2007.武汉城市创新系统创新能力评价与提升对策[J].科技进步与对策:(5).

黄鲁成,2000.关于区域创新系统研究内容的探讨[J].科研管理:(2).

黄鲁成,2003a.论区域技术创新生态系统的生存机制[J].科学管理研究:(2).

黄鲁成,2003b.研究区域技术创新系统的新思路——关于生态学理论与方法的应用[J].科技管理研究:(2).

黄元元,2000.国家知识基础设施建设刍议[J].华东经济管理:(4).

黄宗远,2008.区域产业创新"涌现"与创新维治理机制研究[J].经济问题:(1).

贾亚男,2001.关于区域创新环境的理论初探[J].地域研究与开发:(1).

姜江,胡振华,2013.区域产业集群创新系统发展路径与机制研究[J].经济地理:(8).

姜军,2000.加速科技教育改革,建立城市创新体系[J].中国软科学:(7).

雷少华,2019.超越地缘政治——产业政策与大国竞争[J].世界经济与政治:(5).

冷俊峰,2007.湖南区域创新体系制度建设对策研究[J].科技管理研究:(7).

李飞,张晓立,覃巍,2007.城市创新系统理论研究综述[J].城市问题:

(10).

李虹林,陈文晖,2020.我国高科技产业集群竞争力评价——基于技术创新的 GEMI 模型[J].价格理论与实践:(6).

李瑞林,武友德,2006.落后地区产业集群研究综述[J].学术探索:(6).

李新功,2007.以社会资本为契机提高区域技术创新能力[J].管理世界:(1).

李新功,2007.社会资本理论与区域技术创新——河南技术创新体系建设[M].北京:中国经济出版社.

李一楠,2007.隐性知识管理研究综述[J].情报杂志:(8).

梁湖清,朱传耿,马荣华,2002.知识经济影响下城市创新问题的若干理论思考[J].经济地理:(3).

林迎星,2006.区域创新优势[M].北京:经济管理出版社.

刘番安,2020.推动粤港澳大湾区深度融合的制度创新研究[D].广东省社会科学院.

刘恒江,陈继祥,2004.国外产业集群政策研究综述[J].外国经济与管理:(11).

刘乃全,吴友,赵国振,2016.专业化集聚、多样化集聚对区域创新效率的影响——基于空间杜宾模型的实证分析[J].经济问题探索:(2).

刘启强,孙进,2021.中国区域创新能力评价报告 2020:广东区域创新能力连续 4 年领跑全国[J].广东科技:(1).

刘曙光,田丽琴,2001.区域创新发展的模式与国际案例研究[J].世界地理研究:(1).

刘曙光,徐树建,2002.区域创新系统研究的国际进展综述[J].中国科技论坛:(5).

刘义,聂鸣,2007.价值网络型区域创新系统的建设过程研究[J].科技进步与对策:(5).

刘志彪,凌永辉,2020.结构转换、全要素生产率与高质量发展[J].管理世界:(7).

柳卸林,2004.工业创新经济学前沿(序)[J].科学学与科学技术管理:(10).

骆品亮,陆毅,王安宇,2002.合作R&D的组织形式与虚拟研发组织[J].科研管理:(6).

骆品亮,周勇,郭晖,2004.虚拟研发组织的知识转移机制:一个文献综述[J].研究与发展管理:(5).

诺思,2008.制度、意识形态和经济绩效[M].上海:格致出版社.

诺思,1991.经济史中的结构与变迁[M].上海:上海三联书店,上海人民出版社.

彭灿,2003.区域创新系统内部知识转换的障碍分析与对策[J].科学学研究:(1).

齐中英,苏树林,张建军,2001.关于资源型城市区域技术创新战略的思考[J].数量经济技术经济研究:(12).

强雁,徐俊峰,王荣寿,2000.区域创新网络建设与发展展望[J].科技进步与对策:(7).

乔洪武,2000.西方发展经济学的理论缺陷与中国的历史验证和思考[J].华中师范大学学报(人文社会科学版):(1).

邱成利,魏际刚,2003.论构建区域创新文化环境与对策[J].科学管理研究:(5).

仇保兴,1999.小企业集群研究[M].上海:复旦大学出版社.

渠爱雪,孟召宜,2004.区域文化递进创新与区域经济持续发展[J].经济地理:(2).

任强,管紫菀,秦轩,2019.区域创新系统指标体系的构建[J].广西质量监督导报:(11).

任寿根,2004.新兴产业集群与制度分割——以上海外高桥保税区新兴产业集群为例[J].管理世界:(2).

邵云飞,谭劲松,2006.区域技术创新能力形成机理探析[J].管理科学学报:(4).

盛小平,2002.国内知识管理研究综述[J].中国图书馆学报:(3).

施祖麟,2007.区域经济发展:理论与实证[M].北京:社会科学文献出版社.

施祖麟,刘盾,潘锡辉,2014.再论欧债危机的根源、治理与启示:基于对欧美国家工资政策的比较研究[J].经济社会体制比较:(6).

宋德勇,李金滟,2007.集成型和创新型:区域优势产业培育的两种思路——中部地区优势产业培育的案例研究[J].经济地理:(1).

宋栋,1999.我国区域经济转型发展的制度创新分析——以珠江三角洲为例[J].管理世界:(3).

孙伟,赵益,2006.基于产业集群的社会网络理论研究综述[J].工业技术经济:(9).

汤卫国,2006.试论区域跨越式发展路径的原始创新[J].扬州大学学报(人文社会科学版):(3).

唐炎华,石金涛,2006.国外知识转移研究综述[J].情报科学:(1).

王冰,顾远飞,2002.簇群的知识共享机制和信任机制[J].外国经济管理:(5).

王德禄,1999.区域创新——中关村走向未来[M].济南:山东教育出版社.

王核成,宁熙,2001.硅谷的核心竞争力在于区域创新网络[J].经济学家:(5).

王缉慈,2001.创新的空间:企业集群与区域发展[M].北京:北京大学出版社.

王缉慈,2005.解读产业集群[M].北京:机械工业出版社.

王江红,薛风平,2009.论创新型区域的特征、结构与建设[J].理论学刊:(9).

王三义,谢铁山,2007.企业间知识转移影响要素分析[J].中州学刊:(2).

王伟,黄瑞华,2006.知识转移的效率:知识特性和内部知识市场的影响[J].科学学与科学技术管理:(3).

王秀山,刘则渊,2004.区域技术创新集群的非线性问题研究[J].科学学与科学技术管理:(12).

王延觉,2010.以专项行动助推技术创新能力提升[J].政策:(6).

王燕,滕福星,2006.论区域经济发展的自主创新文化需求[J].经济纵横:(12).

王毅,吴贵生,2001.产学研合作中粘滞知识的成因与转移机制研究[J].科研管理:(6).

王永康,2002.论沿海开放城市创新系统建设[J].中国软科学:(11).

王玉灵,张世英,2001.技术创新溢出机制的研究与建模[J].系统工程理论方法应用:(4).

魏江,朱海燕,2007.集群创新系统的创新桥梁:知识密集型服务业[J].浙江大学学报(人文社会科学版):(2).

温新民,刘则渊,薛静,2002.基于技术群、产业群的区域技术创新体系建设[J].科学管理研究:(3).

吴贵生,王毅,2002.关于北京区域技术创新战略的思考与建议[J].科学学研究:(3).

吴贵生,王毅,杨德林,2003.北京区域技术创新体系的缺陷与对策[J].中国科技论坛:(2).

吴洁,刘思峰,施琴芬,2007.基于产业集群的知识创新体系与知识转移研究[J].企业经济:(3).

习近平,2020.国家中长期经济社会发展战略若干重大问题.[J].求是:(21).

谢华,2007.区域开发中的制度创新:美国经验及其启示[J].生产力研究:(13).

徐冠华,2001.大力构建有利于创新的文化环境[J].中国软科学:(3).

徐虹霞,2008.吉林省化工产业创新能力提升策略研究[D].吉林大学.

许庆瑞,2000.研究、发展与技术创新管理[M].北京:高等教育出版社.

杨培,2010.专业化、多样化对中国城市技术创新的影响[D].华中科技大学.

杨晓年,廖光辰,2001.构建欠发达地区地方科技创新体系的思考[J].科技进步与对策:(2).

杨迅周,杨延哲,蔡建霞,2001.产业群与区域技术创新体系建设[J].地域研究与开发:(2).

叶民强,吴承业,2001.区域可持续发展的技术创新与制度创新机制研究[J].数量经济技术经济研究:(3).

应力,钱省三,2001.企业内部知识市场的知识交易方式与机制研究[J].上海理工大学学报:(2).

尤振来,刘应宗,2008.西方产业集群理论综述[J].西北农林科技大学学报

(社会科学版):(2).

曾世宏,郑江淮,2009.产业赶超发展战略理论演进及其对中国产业发展的启示[J].改革与战略:(8).

曾小华,2004.文化、制度与社会变革[M].北京:中国经济出版社.

张殿臣,1998.依靠技术创新促进工业经济发展[J].中国科技论坛:(2).

张凤荣,2005.区域创新系统发展的制度创新经验研究[J].当代经济研究:(4).

张继林,2009.价值网络下企业开放式技术创新过程模式及运营条件研究[D].天津财经大学.

张洁,刘科伟,刘红光,2007.我国主要城市创新能力评价[J].科技管理研究:(11).

张璞,2003.区域产业创新体系构建研究[J].现代财经:(10).

张廷,王军川,2020.基于AHP的区域创新质量评价体系的构建[J].统计与决策:36(18).

张晓燕,2009.浙江省竹子科技园区结构功能分析和效益评价[D].浙江林学院.

张佑林,2007.区域文化与区域经济发展[M].北京:社会科学文献出版社.

张志勇,刘益,陶蕾,2007.企业网络与知识转移:跨国公司与产业集聚群的比较研究[J].科学管理研究:(4).

张忠德,冯晓莉,2009.中外信息产业技术创新体系建设的特点及启示[J].商业研究:(4).

中国科技发展战略研究小组,2006.中国区域创新能力报告2005-2006[M].北京:科学出版社.

中国科技发展战略研究小组,2019.中国区域创新能力报告2018-2019[M].北京:科学出版社.

中国科技发展战略演进小组,2020.中国区域创新能力报告2019-2020[M].北京:科学出版社.

钟瑛,2001.中国农业高新技术企业创新机制研究[D].中国社会科学院研究生院.

周松兰,2004.区域经济发展与制度创新互动——以建设广东第三大城市佛山为例[J].宏观经济研究:(5).